JORGE GONZÁLEZ
mit Stephanie Ehrenschwendner

Auf dem Laufsteg meines Lebens

WILHELM HEYNE VERLAG
MÜNCHEN

Verlagsgruppe Random House FSC-DEU-0100
Das für dieses Buch verwendete FSC®-zertifizierte Papier
Tauro liefert Sappi, Stockstadt.

Originalausgabe 04/2013

Copyright © 2013 by Wilhelm Heyne Verlag, München,
in der Verlagsgruppe Random House GmbH
Redaktion: Ulrike Nikel, München
Umschlaggestaltung: Hauptmann & Kompanie, Zürich
Umschlagfoto: Philipp Rathmer
Illustrationen: Maciej Jan Marchlewski
Illustration auf S. 213: Weiss Werkstatt München
Fotos 1. Bildteil: Seite 1–7: © Sundance Communications GmbH,
Seite 8: © Archivo:Ingenio
Fotos 2. Bildteil: Seite 1–5: © Sundance Communications GmbH,
Seite 6: © Steve Ryan/Image Bank/Getty Images, Seite 7–8:
© Sundance Communications GmbH
Fotos 3. Bildteil: Seite 1: © Philip Andre Hegger, Seite 2:
© Philipp Rathmer, Seite 3: © mauritius images/Alamy,
Seite 4–8: © Philipp Rathmer
Satz: EDV-Fotosatz Huber/Verlagsservice G. Pfeifer, Germering
Druck und Bindung: GGP Media GmbH, Pößneck
Printed in Germany 2013
ISBN: 978-3-453-60274-8

www.heyne.de

Für meine Mutter – die Chica meines Herzens
Du bist immer bei mir

Inhalt

¡Hola chicas y chicos! 9

Vorspiel:
Meine besten Freunde, die High Heels 11

1. Akt METAMORPHOSEN
Rhythmus im Blut 21
Chicas-Tage 29
Mein zweites Ich 34
Ein strenges Regiment 39
Let's glam 50
Das Ticket nach Europa 58

2. Akt PLAN B
Überlebenstraining 69
Die Magie der roten Dose 76
Die Waffen der Frauen 91
Kafka, ich komme 99
Bienvenido, Zukunft! 106

3. Akt MEINE ERSTEN MALE
Durchatmen 113
Like a Virgin 125
Die Geburt des Chicas Walk 131

Zurück zu den Wurzeln 140
Lambada für die Freiheit 150
Mi tierra – The show must go on 168

4. Akt PARALLELWELTEN

Jorge entdeckt die Welt 181
Lebenszeichen 189
Express yourself 197
Liebe auf den ersten Blick 204
Der deutsch-kubanische Cocktail 210

5. Akt MEIN DEUTSCHER TRAUM

Silbertage 219
Der schönste Moment
in meinem Leben 227
Die Stunde der Wahrheit 244
Kubanische Herzensbrecher 248
Tío Jorge und die magischen Schuhe .. 260
Mein größter Luxus 268

Nachspiel:
Auf dem Laufsteg meines Lebens 293

Saludos y Gracias 297

El mundo de las chicas – die Welt der Chicas 298

¡Hola chicas y chicos!
Mein Name ist *Jorge Alexis González Madrigal Varona Vila.*
Wir machen jetzt zusammen einen spannenden Walk auf dem Laufsteg meines Lebens. Los geht's: Gerade sitzen. Schultern nach unten. Mach mir kein Holzkreuz. Und egal, was passiert – konzentrierter Blick und Haltung bewahren.
¡Sube el telón! Vorhang auf!

Vorspiel:
Meine besten Freunde, die High Heels

»*Vamos*, Freunde, jetzt geht's los. Gleich werden wir den Saal zum Kochen bringen.« Als die Congas meiner Auftrittsmusik fürs Finale von GNTM 2010 erklangen, schaute ich ein letztes Mal auf meine High Heels, atmete tief durch und befahl mir: Konzentration, Jorge! Jetzt kommt dein Chicas Walk. Und raus auf die Bühne.

Der Zuschauerraum war ziemlich dunkel, nur ab und zu blinkten die Blitzlichter von Kameras auf. Ich konnte hören, wie Tausende von Menschen immer wieder meinen Namen schrien. Auf den riesigen Bildschirmen, die mich umgaben, liefen meine besten Freunde, die High Heels, zu den ersten Takten eines Medleys von Gloria Estefan, der kubanischen Queen of Latin Pop: *Turn the beat around, love to hear percussion …* Dazwischen blitzte immer wieder der Schriftzug »Chicas« auf.

Ich versank in der Musik und fing an zu tanzen. Meine Hüften schwangen im Takt der Absätze. Klack, klack, klack, klack. Links, rechts, links, rechts. High Heels geben mir einen sexy Touch, den ich in jeder Zelle meines Körpers spüren kann. Ich bewege mich damit ganz anders. Meine Attitude und mein Blick verändern sich, und mein ganzer Körper sendet das

Signal aus: »Ja, schaut mich an, denn ich will mich für euch präsentieren.«

Das Publikum an diesem Abend fing die Signale auf und schickte eine prickelnde Energie zurück. Die Leute klatschten, schrien und feuerten mich an mit »Jorge, Jorge« und »Hola, Chica«. Ich konnte die Musik fast nicht mehr hören, weil die 15 000 Menschen in der Arena so toll mitgingen. Wow, dachte ich, das hört man jetzt bestimmt bis nach Kuba.

Ich lief, wackelte mit den Hüften, drehte mich im Takt der Musik und flirtete dabei mit den Zuschauern. Unglaublich, aber wahr: Jorge feierte mit unzähligen Menschen auf einer riesigen Party. Ich war mitten in meinem deutschen Traum und vergaß alles um mich herum: die Kameras, die Livesendung, das Millionenpublikum ... Der Rhythmus hatte mich gepackt. Das war Adrenalin pur.

Mehr als die Hälfte des Chicas Walk war ich im Salsafieber. Ich wollte einfach nur tanzen und mich in meinem tollen Outfit präsentieren. An dem Abend trug ich einen Overall aus changierendem Stoff, dessen Farbe sich veränderte, je nachdem wie das Licht ihn anstrahlte – mal Kupfer, mal, Silber, mal Gold. Und dazu ein Paar Plateaustiefeletten – Sky Heels – mit einem glänzenden silberfarbenen Achtzehn-Zentimeter-Absatz.

Als ich etwa in der Mitte des riesigen Catwalk ankam, war der Boden auf einmal total rutschig. Da stimmt was nicht, dachte ich. Und im selben Moment schoss mir ein Bild aus den Proben durch den Kopf:

Die sexy Tänzer eines Showacts räkelten ihre wunderschönen, glänzenden Körper auf dem Laufsteg. O Gott, da ist Öl auf dem Boden. Ich versuchte auf den Fußspitzen weiterzutanzen, damit die dünnen Absätze der Schuhe die glitschige Oberfläche so wenig wie möglich berührten.

Als ich eine Drehung machte, passierte es. Ich rutschte mit dem Absatz des rechten Schuhs weg. Da mein Gewicht gerade auf dem rechten Bein lag, knickte der Absatz nach innen weg und brach. Und das alles mitten in der Drehung ... Ich ruderte ein paarmal mit den Armen, um mich wieder zu fangen, aber es war zu spät, das Gewicht aufs andere Bein zu verlagern. Ich fiel nach hinten – bumm! – auf den Popo, stützte mich mit den Händen ab, streckte die Beine durch und stand im nächsten Moment schon wieder aufrecht. Bumm! Bang! – so als wäre ich auf ein Trampolin gefallen. In dem Moment spürte ich keine Schmerzen. Nichts. Ich dachte nur: Jorge, lach und mach weiter.

Da waren die Leute im Saal schon aufgestanden. Sie klatschten und schrien: »Jorge! Jorge! Jorge!« Ihr Zuspruch riss mich mit und hob mich hoch. Tanzen, hinfallen, aufstehen, weitermachen. Und genau da setzten die Congas ein, als wollten sie mir sagen: *The show must go on, Jorge. Turn the beat around* ...

Ich weiß nicht, woher ich die Kraft nahm. Vielleicht war es das Adrenalin, die Energie, die aus dem Zuschauerraum kam, mein Wille oder Optimismus. Keine Ahnung. Ich tanzte die letzten Sekunden meines Auftritts auf den Fußspitzen weiter, denn der Absatz, obwohl er noch am Schuh hing, war zum Laufen nicht mehr zu gebrauchen.

Der Sturz war das Thema des Abends. Ausgerechnet der Catwalktrainer fiel auf den Popo. Hatten ihn seine besten Freunde, die High Heels, im Stich gelassen? Nein, denn dieser Sturz gab mir die Möglichkeit, einen wichtigen Aspekt meiner Persönlichkeit zu zeigen. Dass ich ein Kämpfer bin und über mich selbst lachen kann. Dass ich, wenn mir ein Fehler passiert, dazu stehe und weitermache. Ich bringe das zu Ende, was ich angefangen habe. Wenn ich diesen Willen nicht hätte, wäre ich vor lauter Peinlichkeit vielleicht sitzen geblieben, hätte geweint oder wäre weggelaufen. Vielleicht wollten mir die High Heels sagen: »Fühl dich nicht so sicher. Du kannst dich jederzeit auf den Popo setzen.« Dabei habe ich schon die unmöglichsten Dinge auf Zwanzig-Zentimeter-Heels gemacht.

Als ich klein war, sagte meine Oma immer, wenn etwas schieflief: »*No hay mal que por bien no venga.*« Alles Schlechte hat auch sein Gutes. Wenn du Probleme hast, bringt es nichts zu weinen. Du musst einfach weitermachen. Es gibt keine Probleme, es gibt nur Lösungen für das, was wir für Probleme halten. Es geht immer weiter, selbst im größten Schmerz – wenn man die richtige Haltung hat.

> Omas Glücksrezept Nr. 1
>
> Alles Schlechte hat auch sein Gutes.

Ich bin so froh, dass *mir* das beim Finale passiert ist und nicht einem der Models. Diese Chicas sind wie Rohdiamanten, sie haben noch nicht so viel Erfahrung wie ich mit High Heels. Außerdem bin ich schon ein paarmal in meinem Leben auf dem Popo gelandet ... Beim Catwalktraining hatte ich jeder Einzelnen dauernd gepredigt: »Egal, was passiert, du musst weitermachen. So ist das Leben nun mal. Aufpassen auf dem Walk! Hinfallen macht nix, das kommt ständig vor. Wenn du hinfällst, lach, schau in die Kamera und versuch einfach weiterzumachen, als sei alles ganz normal. Egal, was passiert, gib nicht auf!« Nach meinem Auftritt war ihnen klar: Ich hatte nicht gelogen, sondern bewiesen, dass so etwas passieren kann – und noch dazu in einem Moment, in dem sich wirklich niemand wünscht, dass es passiert.

Die Reaktionen der Leute waren super. Die einen sagten: »Jorge, wie hast du das geschafft? Das war grandios!« Die anderen: »Du hast die Bühne gerockt, dich kurz mal auf den Popo gesetzt und danach mit der gleichen Power deinen Job zu Ende gemacht.« Die Presse schrieb: »So schnell, wie er hingefallen war, stand Jorge auch wieder auf und tanzte weiter lächelnd über den Catwalk.« Und eine Illustrierte titelte: »Keiner stürzt so schön wie Jorge.«

Dieser Auftritt beim Finale war für mich voller positiver Energie und Lebensfreude. Ich liebe es, wenn die Menschen sich begeistern und lachen. Deshalb ist es mir egal, ob sie mit mir lachen, wegen mir oder über mich. Hauptsache, sie sind glücklich. Wenn ich jemanden glücklich machen kann, dann macht mich das genauso glücklich. Lachen ist wie ein Orgasmus, eine Befriedigung. Wenn du lachst, hast du in dem Moment keine Sorgen. Du bist happy, und die Welt gehört dir. Dieses Glücksgefühl kommt von ganz tief drinnen.

Viele Leute fragten mich damals, ob ich das absichtlich gemacht hätte. Ich kann dazu nur sagen, die Schmerzen im Popo und die blauen Flecken, die ich am nächsten Tag hatte, hätte ich mir gern erspart. Und dabei konnte ich noch von Glück sagen, dass bei dem Sturz nicht auch noch mein Overall kaputtgegangen ist …

Hinterher ist man immer schlauer: Vor meinem Auftritt hatte ich meine silbernen Stiefeletten anprobiert und gespürt, dass etwas komisch mit dem Absatz war. Aber weil die Schuhe perfekt zu meinem Outfit passten, ignorierte ich dieses Gefühl. Nein, Jorge, da ist nix, redete ich mir ein, das ist normal.

Kennt ihr das, Chicas, dass manchmal schon bei den ersten Schritten ein Heel stabiler wirkt als der andere? Aber ich hatte es mir in den Kopf gesetzt, unbedingt diese Stiefeletten zu tragen. Deshalb hörte ich nicht auf mein Gefühl und schnürte die Schuhe einfach zu. Ich wollte endlich raus auf die Bühne. Der Rest ist bekannt. Berufsrisiko …

Weil ich einfach aufgestanden bin und alles mit Humor genommen habe, lachten die Leute mit mir. Ich kam mir vor wie eines dieser Stehauftierchen aus Holz – wenn man unten draufdrückt, fallen – wumm – der Hund, die Katze, der Esel oder die Kuh in sich zusammen. Und sobald man den Druck wegnimmt, steht das Tierchen sofort wieder auf.

Es mag so ausgesehen haben, als hätten mich meine besten Freunde, die High Heels, in diesem Moment verlassen. Aber in Wirklichkeit ist dieser Sturz eine Metapher für viele andere Stürze in meinem Leben, denn ich bin immer wieder aufgestanden. Die High Heels sind seit meiner Kindheit im Spiel, wenn ich auf den Popo falle, doch sie haben mir immer eine neue Tür geöffnet.

1.
METAMORPHOSEN

Rhythmus im Blut

In meiner Familie begann der Tag mit einem Tanz. Sobald der Wecker um sechs Uhr morgens klingelte, stellte meine Mutter das Radio an. Jeden Morgen. Danach weckte sie meine Geschwister und mich. Während sie das Frühstück für die Familie zubereitete, summte sie leise zur Musik.

Ich wurde erst richtig wach, wenn das Aroma des starken kubanischen Kaffees unser Haus erfüllte. Meist blieb ich noch eine Weile im Bett und beobachtete durch die offene Tür meines Zimmers, was in der Küche vor sich ging: Während meine Mutter am Herd hantierte, bewegte sie ganz sanft ihre Hüften zur Musik aus dem Radio. Ein Bolero, der Lieblingstanz meines Vaters, denn dabei konnte er ganz langsam und eng mit seiner Frau tanzen. Er kam sofort in die Küche, umarmte meine Mutter von hinten und drückte ihr einen Kuss auf die Wange. »Ach, lass mich in Ruhe«, rief Mama lachend und fing dann doch an, mit ihm zu tanzen. Um sechs Uhr morgens.

Bei uns zu Hause wurde immer viel gelacht und gescherzt. Denn die Mentalität der Kubaner ist lebendig, warm, laut und voller Humor. Auch heute noch gibt es für mich nichts Schöneres als Menschen, die glücklich sind und lachen.

Meine Mutter, eine wunderschöne, liebevolle, hilfsbereite, geduldige und diplomatische Frau, hatte ein extra großes Herz und sah in jedem Menschen nur das Gute. Verwandte, Freunde, Nachbarn, alle liebten meine Mutter. Mein Vater war eine Respektsperson und ein Gentleman, vor allem meiner Mutter gegenüber. Sie war für ihn seine Blume, die tollste Chica überhaupt. Auf den Fotos, die meine Mutter als junges Mädchen zeigen, trägt sie meistens einen Bleistiftrock und Stöckelschuhe im Stil der Fünfzigerjahre, eine langärmelige weiße Bluse mit zarten Biesen, eine Hochsteckfrisur und eine Orchidee im Haar.

Sie war Floristin und liebte Blumen sehr. Mit ihren geschickten Händen konnte sie auch wunderschöne filigrane Blumengestecke aus Papier zaubern. Als Kinder waren meine Geschwister und ich verrückt nach ihren fantasievoll verpackten Geschenken und den schönen Kleidungsstücken, die sie uns nähte. Mein Vater, ein großer, starker Mann, war Lkw-Fahrer und transportierte mit seinem Laster das Zuckerrohr von der Plantage in die Zuckerfabrik von Jatibonico. Frühmorgens ging er zur Arbeit und kehrte erst spätabends zurück. Aber er kam fast jeden Mittag zum Essen nach Hause.

Zu Hause, das war ein kleine Stadt in Mittelkuba namens Jatibonico (sprich: »Hatiboniko«), die mir immer wie ein Dorf vorkam, weil jeder jeden kannte. Geboren wurde ich 1967 in Cabaiguán (sprich: »Kaweigwan«), aber aufgewachsen bin ich in Jatibonico, wo sich der *ingenio azucarero,* eine der erfolgreichsten Zuckerfabriken Kubas, befindet. Wenn man von Havanna kommt und über die Stahlbrücke am Ortseingang fährt, sieht man auch heute noch als Erstes die zwei großen Türme dieser Fabrik. Die *carretera central*, die Landstraße, führt direkt durch Jatibonico. Links und rechts davon reihen sich Wohnhäuser aneinander, und auf den Gehwegen stehen große Flammenbäume, an deren Ästen kleine grüne Blättchen und leuchtend rote Blüten hängen. Sie spendeten uns Kindern beim Spielen auf der Straße Schatten.

Meine Eltern, meine neun Jahre ältere Schwester Olga und mein fünf Jahre älterer Bruder Luis Miguel und ich wohnten ein Stück von der Hauptstraße entfernt in einem einfachen Holzhaus mit einem Ziegeldach. Drinnen gab es eine Küche, ein Wohnzimmer, ein Schlafzimmer und zwei Kinderzimmer, eins für meinen Bruder und mich und eins für meine Schwester. Das Badezimmer befand sich außerhalb in einem extra Häuschen. Um das Haus lief eine Veranda, von der aus man in den wunderschönen kleinen Blumengarten meiner Mutter gelangte, in dem Rosen, Mariposas, Orchideen, Oleander und Amaryllis wuchsen. Mariposas, auch Schmetterlingsjasmin genannt, und Orchideen waren Mamas Lieblingsblumen, die sie sich immer ins Haar steckte.

Direkt hinter dem Haus befand sich eine kleine Plantage mit vielen Bananenpalmen und ein paar Mango- und Papayabäumen. Vom Fenster meines Zimmers aus konnte ich eine Banane pflücken oder die kleinen Papageien füttern, die dort herumflatterten. Wenn ich etwas Leckeres für sie hatte, setzten sie sich sogar auf den Fenstersims. Dieses Leben mitten in der Natur war traumhaft schön – überall wuchsen exotische Früchte, duftende Blumen und *palmas reales,* die kubanischen Königspalmen. Heute würde ich sagen, dass wir ökologisch lebten, denn der Garten und die kleine Plantage waren unser Supermarkt. Wir hielten Hühner, Enten und sogar Brieftauben, um die sich mein Bruder kümmerte.

Unser Familienleben war sehr harmonisch, und es bestand ein starker Zusammenhalt nicht nur zwischen uns Kindern und den Eltern, sondern auch innerhalb der ganzen Verwandtschaft. Wir waren eine richtige Großfamilie: Mein Vater hatte vierzehn und meine Mutter zehn Geschwister. Das bedeutet, dass ich vierundzwanzig Tanten und Onkel und fast einhundert Cousins und Cousinen habe. Jeden Sonntag traf man sich zum Mittagessen im Haus meiner Großmutter, denn mein Großvater saß im Rollstuhl. Manchmal kamen dreißig, vierzig Verwandte zusammen. Die Frauen standen in der Küche, kochten, plauderten und sangen, während die Männer im Schatten auf der Veranda saßen und Domino spielten.

Am Nachmittag gingen die Chicas dann zu uns nach Hause – wir wohnten nicht weit entfernt von meinen Großeltern –, um einen alten spanischen Film oder einen Hollywoodstreifen im Fernsehen anzuschauen. Die Männer hielten in der Zwischenzeit Siesta oder spielten wieder Domino. Am späten Nachmittag trafen sich dann alle zu einem Spaziergang im

Park. Jeden Sonntag durfte ein anderes Enkelkind den Rollstuhl unseres Großvaters schieben. Das war immer der größte Spaß, denn unser Opa erzählte dabei spannende Geschichten: wie das Dorf früher aussah, was in der Zuckerfabrik alles passierte und wie die Menschen damals lebten. Schließlich gab es noch Abendessen mit der ganzen Familie, und danach wurde, bis alle nach Hause gingen, Domino gespielt und getanzt.

Auch bei meinen Großeltern lief den ganzen Tag das Radio. Während die Frauen in der Küche beim Kochen Musik hörten, kam immer wieder mal mein Vater rein, schnappte sich meine Mutter, um mit ihr zwischen den dampfenden Töpfen ein paar Runden Bolero zu drehen. Meine Mutter sagte dann meistens zu ihm: »Komm, Gude« – die Kurzform von Gudelio –, »wir tanzen jetzt einen *ladrillito*.« Bei diesem Tanz durfte das Paar die Fliese, auf der es stand, nicht verlassen. Man konnte das sinnliche Knistern zwischen meinen Eltern in der ganzen Küche spüren: Diese zwei Menschen, die da eng umschlungen auf der Stelle tanzten, waren nur noch eine Bewegung, eine Drehung, ein Hüftschwung.

Währenddessen machten meine Tanten und Onkel so ihre Späße. Hatte etwa eine Tante zu viel Salz in die *salsa* getan, kommentierte eine andere das sofort: »Sag mal, *mi corazón*, mein Schatz, die Soße ist ja total versalzen. Bist du in deinem Alter etwa noch verliebt?«

Ein Onkel, der Ehemann der Tante, die zu viel Salz verwendet hatte, setzte dann noch einen drauf: »Natürlich ist sie verliebt. Schau doch mal, was für eine Schönheit ich bin.« Während er das sagte, hatte er nur Augen für ihren großen Popo.

Diese sinnliche, lockere Lebensart und all die Scherze zwischen Mann und Frau bekamen wir Kinder von klein auf mit. Sexualität und Erotik waren für uns etwas Normales. Mit dieser Mentalität, der Lust am Flirten, der liebevollen Sinnlichkeit und diesem Humor bin ich aufgewachsen. Als ich vier war, hatte ich meine erste Erektion, mitten im Wohnzimmer und vor den Augen der ganzen Familie – vor meinen Eltern, Großeltern, Geschwistern, Tanten, Onkel, Cousins und Cousinen. Natürlich wusste ich damals nicht, was das war. Ich zog einfach meine Hose runter, schaute zu meiner Mutter und sagte: »Mama, Pipi.« Ich habe nicht kapiert, was da grade passierte und dass ich gar nicht aufs Klo musste. Aber wie soll man das einem kleinen Kind erklären? Meine Eltern und Verwandten blieben ganz locker, lachten und bewunderten den kleinen Jorge, wie er da unten ohne stand.

In dieser positiven und vertrauensvollen Atmosphäre meiner Familie fühlte ich mich geborgen und behütet. Mein Elternhaus war erfüllt von Liebe – und diese Liebe, das Lachen und das Tanzen haben mir Halt gegeben und mich für mein ganzes Leben geprägt.

Tanzen ist ganz wichtig in Kuba. Die Kinder bekommen den Rhythmus schon im Bauch der Mutter mit. Als Kubaner tanzt man ständig. Die Musik, der Rhythmus, die Bewegung, das alles liegt einem einfach im Blut. Ich wollte immer auf die Bühne, um zu tanzen, und habe schon als Zweijähriger zusammen mit meiner Familie auf dem Karneval die Hüften geschwungen.

Karneval in Kuba, das ist wie eine Miniausgabe vom berühmten Karneval in Rio: temperamentvoll, sexy, farbenfroh, schillernd und laut. Die *comparsa*, die Karnevalstruppe, zieht singend, tanzend und trommelnd durch die Straßen und präsentiert dabei eine Choreografie in wunderschönen bunten, glitzernden Kostümen. Alle sind auf den Beinen. Mütter tanzen mit ihren Babys im Arm oder schieben im Rhythmus der Trommeln die Kinderwagen, ein paar Chicas tanzen in einer Formation, Männer stehen am Straßenrand und machen ihnen schöne Augen ... Und mittendrin der kleine Jorge, der mit dem Popo wackelnd hinter den *carrozzas*, den Karnevalswagen, herlief und den Leuten am Straßenrand oder auf den Balkonen der Häuser zuwinkte.

Als Kind habe ich an allen Veranstaltungen unseres Kulturhauses teilgenommen, nur um auf der Bühne Salsa tanzen zu können, und beherrschte schon mit fünf Jahren die verschiedensten kubanischen und lateinamerikanischen Tanzstile: Bolero, Salsa, Danzón, Merengue, Contradanza – oder Habanera –, Danzonette, Samba, Mambo, Rumba. Besonders liebte ich *la rueda de casino*, das Salsarad, denn Salsa wird in Kuba *casino* genannt. Die Paare tanzen dabei alle zusammen in einer Formation, so ähnlich wie bei *Saturday Night Fever*. Alle kennen die exakte

Bewegungs- und Schrittfolge und tanzen paarweise im Kreis.

Eines Nachmittags, als ich im Schlafzimmer meiner Eltern spielte, entdeckte ich mein Lieblingsspielzeug – High Heels. Meine Mutter bewahrte alle ihre Schuhe und auch ein paar ältere Modelle meiner Großmutter in einer Kommode auf. Das war für mich wie der Hauptgewinn in der Lotterie, auch wenn ich damals noch nicht wusste, dass High Heels meine besten Freunde werden und mich mein Leben lang begleiten würden. Die meisten waren spitze Stöckelschuhe mit Pfennigabsätzen im Stil der Fünfzigerjahre, weiße, beigefarbene, braune und schwarze ... Meine Lieblinge waren weiß und hatten eine schwarze Schleife zum Anklipsen. Jorge im Glück!

Ich fing einfach spontan an, mit den High Heels zu spielen. Ich zog sie an und stolperte – äh, ich meine natürlich stolzierte – damit los. Ihr kennt das bestimmt, Chicas, wenn man in viel zu großen Schuhen über den Boden schlurft. Genauso sah das aus. Während ich, die Hände in die Hüften gestemmt, im Schlafzimmer herumspazierte, beobachtete ich mich aufmerksam im Spiegel, der an der Wand hing. Es fing also schon früh an. Aus dieser Zeit existiert auch ein Foto, auf dem ich tief ins Auge der Kamera schaue und richtig cool pose – natürlich noch ohne Heels – , eine Hand in der Hüfte, ein Bein zur Seite gestellt ...

Chicas-Tage

»*Una mujer nunca sale sin sus tacones y sin pintarse sus labios.* Eine Frau geht nicht aus dem Haus ohne hohe Schuhe und Lippenstift«, sagte meine Oma oft, die ein ganz wichtiger Mensch in meinem Leben war. Sie hatte wunderschönes weißes Haar, bewegte sich sehr sinnlich und elegant und machte sich jeden Tag sorgfältig zurecht. Eine richtige Dame! Sie benutzte »Violeta«, ein nach Veilchen duftendes Eau de Cologne, seidigen Körperpuder und roten Lippenstift. Am liebsten trug sie weiße Spitzenblusen und Bleistiftröcke, die übers Knie reichten. Und natürlich High Heels.

Deshalb habe ich schon als Kind immer als Erstes auf die Schuhe der Frauen geschaut. Manchmal, wenn wir im Dorf spazieren gingen, zeigte ich auf eine ungeschminkte Frau in Plastiklatschen und sagte: »*Mira, abuela.* Kuck mal, Oma, nicht elegant!«

»*Madre mía*, ach je, diese Frauen von heute«, rief sie dann meistens und schaute zum Himmel hoch. »Und dann wundern sie sich, warum sie Probleme haben mit ihren Männern. Ich habe fünfzehn Kinder zur Welt gebracht, aber mein Mann hat mich nie so gesehen.«

Meine Oma ermunterte mich auch, ihre alten Kleidungsstücke umzustylen. Zum Beispiel eine Bluse mit einem filigranen Spitzenbesatz. Es wäre schade gewesen, sie einfach wegzugeben. Deshalb schlug ich vor: »Oma, die Spitze wäre doch schön als Besatz für deinen weißen Rock.« Sie nickte, und wir schnitten die Spitze ab, die Oma dann als Applikation an den Rock nähte. Ihr kleiner Jorge war ein richtiger Stylist!

Jeden zweiten Sonntag durfte ich, während wir alte Filme anschauten, meiner Oma die Haare machen. »Komm, *niño*, mach mich hübsch«, forderte sie mich immer auf. Ich hatte ein paar grauhaarige Frauen aus meinem Dorf beobachtet, wie sie sich die Haare auf der Veranda mit Durchschlagpapier färbten, und probierte das zu Hause aus. Als Erstes feuchtete ich Omas Haare an, wickelte anschließend die einzelnen Strähnen in Durchschlagpapier und rieb die Farbe ab. So wurden die Haare nach und nach blau.

Meine Oma liebte Handarbeiten. Sie strickte mir Pullover – für die kalten Winter in Kuba!?! – oder häkelte Tischdecken. Sie konnte sogar beim Fernsehen stricken, ohne auf ihre Finger zu achten. Ich wollte das auch unbedingt lernen. Also haben wir eine Weile versucht, zusammen beim Filmeschauen zu stricken, aber ich war einfach nicht geduldig genug und hatte bloß Augen für die Hollywooddiven in ihren eleganten Seidenroben und Pelzmänteln.

Diese Chica-Sonntage habe ich sehr genossen. Meistens verbrachte ich sie mit meiner Oma und meiner Mama, manchmal auch noch mit meiner Schwester oder ein paar meiner vielen Tanten. Ab vierzehn Uhr trafen sich alle bei uns zu Hause im Wohnzimmer, und dann saßen die Chicas und ich in geflochtenen Schaukelstühlen vor dem alten Schwarz-Weiß-Fernseher, um auf einem der beiden staatlichen Fernsehsender das Spielfilmprogramm anzuschauen – ich immer neben meiner Oma auf einem Minischaukelstuhl. Draußen brütete die Mittagshitze, doch drinnen war es angenehm kühl. Während der Film lief, klingelte auf der Straße der Eiswagen, der das berühmte »Coppelia«-Eis aus Havanna in Jatibonico verkaufte. Meine Oma liebte Vanille und Schokolade, meine Mama Nuss und Schokolade und ich Erdbeere und Schokolade. An so einem Sonntagnachmittag habe ich während des Films locker zehn oder zwölf Portionen Eis verputzt. Ich kann heute noch bei einem schönen Film einen ganzen Becher »Strawberry Cheesecake« aufessen. Aber das mache ich natürlich nicht jeden Tag.

Sobald die Heldin des Films in Gefahr geriet oder irgendwas Schlimmes geschah, rief meine Mutter: »Ay, pass auf!!!« oder »Nein, glaub ihm das nicht!!!« Wurde die Spannung unerträglich, brach sie schon mal in Tränen aus, denn Mama war eine sehr emotionale Chica. Meine Oma hingegen kommentierte immer nur, was gleich passieren würde. Und wenn die Heldin etwas besonders toll machte oder das Gute am Ende siegte, dann applaudierten wir alle begeistert.

Ganz besonders liebten Oma, Mama und ich die Filme von Sara oder, wie wir in Kuba sagen, Sarita Montiel. Einer spanischen Schauspielerin und Sängerin, die in den Fünfzigern, Sechzigern eine richtige Diva und nicht nur in den spanischsprachigen Ländern, sondern auch in den USA ein Star war. In einem unserer Lieblingsfilme: *Mi último Tango* (»Mein letzter Tango«), spielt sie ein junges Dienstmädchen namens Marta, das auf einer Reise mit einer großen Sängerin verwechselt wird und so aus Versehen in Buenos Aires zum Star aufsteigt. Ich mochte diese Cinderellageschichte deshalb so sehr, weil Marta es schaffte, ihren Traum zu verwirklichen. Spätestens bei der Szene, in der sie als Mann verkleidet – in Hosen und Jackett, den Hut frech in die Stirn gezogen und einen Zigarillo zwischen den Fingern – mit verwegenem Blick die Filmbühne betritt, bekamen Mama und ich glasige Augen. Und die Tränen flossen, sobald Sarita mit rauchiger Stimme sang: »*Aunque te quiebre la vida, aunque te muerda un dolor, no esperes nunca una ayuda, ni una mano, ni un favor.*« Selbst wenn das Leben dich zerbricht oder ein Schmerz dich zerreißt, erwarte dir keine helfende Hand und auch keine Gunst. Natürlich ging der Film gut aus, so wie meine Oma es vorhergesagt hatte. Deshalb applaudierten wir erleichtert, als Sarita ihre große Liebe endlich küsste.

Die alten Filmklassiker, die wir damals anschauten, waren für die Entfaltung meiner Kreativität ebenso stilprägend wie meine Oma mit ihrer Eleganz und ihrer Haltung. Aus nichts etwas zu machen, lautete ihr Motto damals. »Guter Stil ist keine Frage des Alters und hängt auch nicht davon ab, wie schön du bist«, sagte sie immer. »Egal, ob klein, groß, dick, dünn, hell oder dunkel – du kannst immer elegant sein.«

Kleider machen Leute, heißt es. Aber ich glaube das nicht – das ist etwas ganz Wichtiges, das ich von meiner Oma gelernt habe. Denn obwohl die Menschen im Kuba der damaligen Zeit fast nichts hatten, waren meine Chicas immer sorgsam zurechtgemacht und elegant. Meine Oma kleidete sich zwar nicht nach dem neuesten Schrei, aber wenn sie in High Heels, weißer Bluse und mit roten Lippen im Wohnzimmer auf dem Sofa saß, verkörperte sie Eleganz und Haltung. So blieb sie bis ins hohe Alter. Als sie nicht mehr so gut in den High Heels laufen konnte, versteckte sie ihre besten Freunde unter dem Schaukelstuhl, in dem sie saß. Kam überraschend jemand zu Besuch, zog sie schnell die Hausschuhe aus, steckte sie unters Kissen und schlüpfte – zack – in die High Heels.

Von meiner Oma habe ich auch viele Tricks gelernt. Zum Beispiel, dass man ein heißes Fußbad mit Zitrone nimmt, wenn man Schmerzen in den Füßen hat. Das entspannt und ist gut für die Füße. Ich mache das heute noch, Chicas, wenn ich stundenlang in High Heels gelaufen bin.

Den Frauen meiner Familie verdanke ich meinen Sinn für Schönheit. Sie haben mich geprägt, gaben mir Selbstbewusstsein und waren eine Quelle der Inspiration für mich. Ich habe viel von ihnen gelernt und durfte mein zweites Ich mit ihnen ausleben. Es waren immer die Chicas, mit denen ich mich wohlfühlte. Und alle Frauen meiner Familie – meine Mutter, meine Oma, meine Schwester, meine Tante und Cousinen – teilten meine Leidenschaft für High Heels.

Mein zweites Ich

Zwischen meinem vierten und meinem sechsten Lebensjahr explodierte meine Persönlichkeit. Damals begann ich zu spüren, dass ich anders war als die anderen Jungs. In der Vorschule war ein kubanischer Junge japanischer Abstammung, den ich bewunderte, weil er so schöne schwarze, glatte Haare hatte. Ich freute mich jeden Tag darauf, ihn zu sehen. In dem Alter weißt du ja noch nicht genau, was mit dir los ist. Du merkst nur, dass dir Jungs gefallen, aber die Bedeutung des Wortes Homosexualität ist dir nicht klar. Ich fühlte mich damals einfach zu Jungs hingezogen. Auch in den Zeitschriften, die meine Mutter zu Hause hatte, gefiel mir zwar die Mode der Frauen, aber sonst klebten meine Blicke an den Männern.

Als ich vier Jahre alt war, schenkten mir meine Eltern einen roten Arztkoffer mit einem weißen Kreuz drauf. Damals spielte ich oft mit den Nachbarsjungen – drei Brüdern –, die ein bisschen älter als ich und richtig schlimm waren. Sie prügelten sich und stellten ständig irgendwelche Sachen an. Mit ihnen kam der Arztkoffer zum Einsatz, in dem sich eine Miniausrüstung für Juniorärzte befand: ein Stethoskop, eine Lupe, ein Reflexhammer, ein Holzspatel, eine Plastikspritze und Verbandszeug. Einer der Jungs musste der Kranke sein, und ich war – Dr. Jorge.

Nach einer genauen Untersuchung mit Lupe und Stethoskop stellte ich meinem Patienten die Diagnose: »Du bist sehr krank und brauchst unbedingt eine

Medizin.« Diese Medizin bestand aus einem Kuss. Und am nächsten Tag, wenn mir mein Patient wieder begegnete, ordnete Dr. Jorge an: »Ich muss dich noch mal untersuchen.«

Bei diesen Doktorspielen fingen wir an, uns anzufassen, zu necken und auch manchmal zu küssen. Meine Freunde imitierten die größeren Jungs, die auf der Straße mit den Mädchen flirteten. Für mich war es ganz normal, Jungs zu küssen. Aber es war nicht normal in der Welt, in der ich lebte. Denn die meisten Jungs wollten lieber Mädchen küssen. Nach diesen Doktorspielen wusste ich, dass ich Jungs mochte, auch wenn ich keine Lust hatte, mit Autos oder auf der Straße vor unserem Haus Baseball zu spielen, wie sie das taten. Es machte mir auch keinen Spaß, mit meinem Vater in seinem Lkw zu fahren. Alles, was für viele Jungs ein Traum war, habe ich gehasst.

Ich träumte von etwas ganz anderem. Bei meiner Oma hatte ich einmal eine Fernsehdokumentation über Alicia Alonso, die große Ikone des kubanischen Balletts, gesehen, die heute noch viele Menschen verehren. Sie war schon damals eine Legende, eine Primaballerina assoluta. Ihre stolze Haltung, die Eleganz ihrer Bewegungen, der Ausdruck ihres Gesichts und ihrer Hände – unvergleichlich. Ich sah die Reportage über sie und ihre berühmte Ballettkompanie in Havanna, das *Ballet Nacional de Cuba,* und war fasziniert. Das wollte ich auch!

Natürlich konnte ich damals kein Ballett, aber ich machte einfach die Bewegungen der Tänzer im Fernsehen nach: zweite Position, dritte Position, vierte und fünfte Position. Von dem Tag an übte ich jeden Tag zu Hause: Ich lief stundenlang auf den Zehenspitzen, drehte Pirouetten durchs Wohnzimmer, machte Stretching am Geländer der Veranda, sprang vom Wohnzimmertisch in den Spagat oder zog das Bein hinter dem Rücken bis an den Kopf. Ich tanzte und tanzte und tanzte. Es war wie ein Spiel, in dem ich die Ballerina war. Und in meiner Fantasie trug ich so ein schönes Tutu wie Alicia.

Trotz aller Liebe für den Salsa schlug mein Herz von diesem Moment an fürs Ballett. Und von da an hatte ich einen Traum: Ich wollte nach Havanna in die Ballettkompanie von Alicia Alonso. Weil ich groß war für einen Fünfjährigen, dachte ich perfekt geeignet zu sein als Balletttänzer. Ich stand und ging von morgens bis abends aufrecht und elegant wie eine Primaballerina. Oder anders gesagt: Ich lief herum wie eine stolze Ente, die Füße nach außen gedreht. Ich hatte meine zweite Leidenschaft gefunden: nach den High Heels nun das Ballett.

Etwa zu der Zeit erwischte mich mein Vater dabei, wie ich mit meinen besten Freunden im Schlafzimmer spielte. Anfangs bemerkte ich ihn gar nicht, weil ich vor dem Spiegel mit den High Heels hin und her posierte. Er kam von draußen und schaute durchs Fenster. Erst als sein langer Schatten alles um mich herum verdunkelte, drehte ich mich um.

»Was machst du denn da?«, fragte er streng.
»Ich spiele«, antwortete ich lachend.

»Wieso spielst du denn mit den Schuhen von deiner Oma? Das sind Frauenschuhe!«

»Ja, aber die sind so schön«, gab ich zurück und blieb wie angewurzelt in meinen High Heels stehen, weil seine Stimme so komisch klang.

»Männer tun so was nicht«, sagte er ernst. »Die spielen nicht mit solchen Sachen. Komm jetzt da raus und geh zu den anderen Jungs.«

Nachdem ich die High Heels in die Kommode zurückgeräumt hatte, lief ich verstört hinaus in den Garten. Was hatte ich bloß falsch gemacht? Obwohl ich überhaupt nicht verstehen konnte, was geschehen war, gab es ab diesem Zeitpunkt die Definition: Männer spielen nicht mit solchen Sachen. Und es gab meine Frage: Warum darf ich, warum dürfen Jungs nicht mit diesen Schuhen spielen? Warum?

Nach diesem Vorfall versuchte mein Vater mir unbedingt Baseball schmackhaft zu machen. Er nahm mich so oft es ging mit ins Stadion. Aber das Einzige, was mir an dem Spiel gefiel, waren die hübschen Baseballspieler. Ich wollte nicht Fußball oder Baseball und auch nicht mit Autos spielen wie die anderen Jungs. Die Welt der Frauen zog mich magisch an. Ich liebte Kleidung, Schminke, Schuhe und Tanzen und verbrachte meine Zeit lieber mit den Chicas meiner Familie, als draußen mit den Jungs zu spielen.

Ich interessierte mich viel mehr für das, was meine Cousinen taten. Wir spielten zusammen mit Puppen oder taten so, als würden wir auf eine Party gehen und müssten uns hübsch machen. Ich schminkte und frisierte die Chicas, zog ihnen schöne Kleider an und stylte sie mit den Accessoires meiner Mutter. Kurz bevor sie fertig waren, lief ich in den Garten, holte Orchideen oder Mariposas und steckte sie ihnen ins Haar, so wie meine Mutter das immer machte. Meine Cousinen und ich waren unzertrennlich.

Sobald mein Vater dazukam, ging ich weg, auch wenn ich viel lieber bei den Chicas geblieben wäre. Ich habe damals nicht wirklich verstanden, warum ich nicht mit High Heels spielen durfte. Trotzdem versteckte ich ab diesem Zeitpunkt mein zweites Ich – vor allem, wenn mein Vater in der Nähe war. Damals begann mein Doppelleben. Denn trotz aller Liebe, die ich von meiner Familie bekam, fühlte ich mich tief in meinem Inneren ein bisschen wie ein Außenseiter.

Doch sobald der Spielverderber außer Haus war, lief ich wieder ins Schlafzimmer, holte die High Heels raus und zog sie an. Ich trug Lippenstift auf, legte den Schmuck meiner Mutter an und imitierte meine Oma, indem ich elegant im Schlafzimmer herumspazierte. Manchmal unterrichtete ich die High Heels sogar und erzählte ihnen, was ich in der Schule gelernt hatte. Dazu nahm ich ein Paar aus dem Regal, stellte es auf einen Stuhl und begann mit meinem Vortrag. Wenn ich mit den Ersten fertig war, mussten sie zurück in die Reihe und ein anderes Paar kam dran. Allein mit meinen besten Freuden war mein zweites Ich glücklich. Zwischen den hohen Schuhen und all dem Bling-

Bling konnte ich meine Fantasien ausleben. Chicas, ich verstehe gut, warum ihr glücklich seid, wenn ihr viele beste Freunde im Schrank habt.

Ein strenges Regiment

Als ich ungefähr sechs Jahre alt war, wurde meine Mutter an der Schilddrüse operiert und musste wochenlang in Havanna im Krankenhaus bleiben. Meine vierzehnjährige Schwester versorgte meinen Vater und meinen Bruder. Wenn sie von der Schule nach Hause kam, benahm sie sich wie die Chefin des Hauses. Deshalb war ich ganz froh, dass ich als jüngstes Kind zu meiner Tante Fela musste, einer kleinen blonden Powerfrau, die nebenan wohnte. Sie hatte vier Söhne. Ihr Ältester, ein hübscher Junge mit blonden Locken, blauen Augen und ganz weißer Haut, war ein Vorbild für mich, weil er es geschafft hatte, im Ausland – in der Sowjetunion – zu studieren. Ich will das auch, sagte ich mir insgeheim, wenn er davon erzählte.

Weil meine Tante Fela ein strenges Regiment führte, fand ich es schon nach ein paar Stunden ganz furchtbar in ihrem Haus. Als kleiner Junge mochte ich nämlich das Essen nicht, das es im Kindergarten und in der Schule gab. Deshalb bereitete meine Mutter immer etwas Besonderes für mich zu: Ich wollte keine Milch trinken – sie mixte mir Milchshakes oder machte Flan Caramel, einen spanischen Pudding, damit ich genug Eiweiß bekam. Ich mochte keine Eier, keinen Fisch und, und, und. Meine Leibspeisen waren Schokolade und Eiscreme!!!

Das alles ging bei Tante Fela, dem kleinen Feldwebel, plötzlich nicht mehr. Sie hatte vier Jungs großgezogen und war gewohnt, sich bei Auseinandersetzungen mit dem männlichen Geschlecht durchzusetzen. Meine Tante hatte ein wunderschönes gepflegtes Zuhause, kochte gern und achtete auf eine gesunde Ernährung. Zum Frühstück gab es ein Glas Milch – ohne Zucker, ohne alles – und dazu ein hart gekochtes Ei und Toast mit Marmelade. Das war ein Muss. Tante Fela kannte keine Extrawurst.

Gleich am ersten Morgen stellte sie mir ein Glas Milch vor die Nase. Nur fürs Protokoll: Sie wusste, dass ich das nicht mochte. Während ich entsetzt auf das Glas starrte, kamen schon Toast und Eier. Ich beschloss, etwas Toast zu essen und den Rest zu ignorieren. Meine Tante arbeitete in der Zwischenzeit schweigend in der Küche weiter. Als ich aufstehen wollte, fragte sie plötzlich: »Wo willst du hin?«

»Ich bin fertig.«

Sie schaute mich skeptisch an und sagte: »Fertig!?!? Und was ist mit der Milch?«

»Aber meine Mama ... Und ich mag doch keine ...«, jammerte ich.

»Alle Jungen trinken Milch. Wenn dir die Milch nicht schmeckt, dann hast du ein Problem. Denn du musst sie trinken, weil Kinder in deinem Alter Milch brauchen. Da sind Kalzium und Vitamine drin. Ach ja, das Gleiche gilt für die Eier. Du kannst aufstehen, sobald du alles aufgegessen hast.«

Zwei Stunden saß ich am Frühstückstisch, ohne etwas anzurühren.

Irgendwann sagte meine Tante: »Jorgito, du kannst zwei Stunden, zwei Tage oder zwei Monate so dasitzen. Du bekommst nichts anderes. Und du darfst nicht aufstehen, bis du das Ei gegessen und die Milch getrunken hast.«

»Aber ich muss mich übergeben«, heulte ich, nahm das Glas, trank die Milch und spuckte alles auf den Boden. Ich hörte, wie Tante Fela tief durchatmete.

»Dort ist der Wischmopp«, sagte sie einen Moment später ganz ruhig und stellte mir ein neues Glas Milch hin.

Ich habe alles versucht, mein ganzes schauspielerisches Talent aufgeboten, um den Leidenden zu mimen. Vergeblich, Tante Fela blieb hart.

Irgendwann setzte sie sich neben mich und sagte: »Schau mal, *niño*, du nimmst das Glas und machst so« – sie hielt sich die Nase zu –, »und dann stellst du dir vor, du trinkst Kakao.«

Ich machte alles genauso, wie sie es vorgemacht hatte, und spuckte trotzdem die Milch sofort wieder aus. Diesmal ergoss sich alles über meine Hose.

»Ich muss mich duschen«, wimmerte ich.

»Ja, du hast recht«, sagte Tante Fela, nahm mich an der Hand und brachte mich ins Bad.

Als ich zurückkam, stand ein neues Glas Milch für mich auf dem Tisch.

Dieses Essensdrama fing um acht Uhr morgens an. Es war ein Samstag, und normalerweise wäre ich schon längst draußen beim Spielen gewesen. Aber ich saß bis zwölf Uhr mittags am Tisch – dann endlich hatte ich es geschafft, meine Milch auszutrinken. Ich lief so schnell ich konnte nach draußen, denn um dreizehn Uhr musste ich schon wieder zurück zum Mittagessen sein. Als ich in die Küche kam, stand da ein Teller mit Fisch!!! Meine Tante schaute mich an, ich schaute sie an, und dann aß ich den Fisch, als wäre er aus Schokolade. Denn ich wusste: Gegen Tante Fela hatte ich keine Chance.

Ihr könnt euch vorstellen, wie sehr ich die Rückkehr meiner Mutter herbeisehnte. Die Zeit ohne sie kam mir endlos vor. Meine Mutter war ein Engel. Bei ihr musste ich mich nicht verstellen, sie erlaubte mir immer alles und nahm mich so, wie ich war, ohne groß darüber zu reden.

»O, mi niño«, schwärmte sie nach ihrer Rückkehr tagelang. »Wie schön du bist. Und so kräftig.« Denn der kleine Jorge war von all der Milch und dem Essen richtig dick geworden. Von da ab warf Tante Fela, wenn sie zu Besuch kam, immer ihren strengen Blick auf mich und sagte in Richtung meiner Mama: »Und, hat der Junge da seine Milch getrunken?«

Ich war erleichtert, nicht nur meine Mutter, sondern auch meine Freiheit wiederzuhaben. Tante Felas Regime hatte mir zwar irgendwie imponiert, mich aber gleichzeitig gewaltig eingeengt. Mir reichte es schon, dass ich mich dauernd selbst kontrollieren musste. In der Schule, auf der Straße, überall in der Öffentlichkeit – immer achtete ich darauf, mein zweites Ich nicht zu zeigen. Da wollte ich wenigsten zu Hause ich selbst sein.

Im Gegensatz zu meiner Tante Fela verwöhnten mich meine Mutter und meine Großmutter und förderten sogar meine Neigungen. Vor ihnen durfte ich die Ballerina spielen. Meine Oma wollte unbedingt, dass ich mich bei der Ballettkompanie von Alicia Alonso in Havanna vorstellte. Auch meine Mutter wünschte sich das, wollte aber meinem Vater nicht in den Rücken fallen. Der sagte nur, als er von meinem Traum erfuhr: »Jorge, hör zu, mein Sohn! Das geht nicht! Ich will keine Ballerina in der Familie. Ich will einen Arzt oder einen Baseballspieler.«

In Kuba herrschte damals der Machismo, der totale Männlichkeitswahn. Jeder Mann war ein Macho, auch mein Vater. In ihren Augen standen Männer, die mit Ballett zu tun hatten, automatisch in dem Ruf, verweichlicht und homosexuell zu sein. Ein Mann musste ständig seine Männlichkeit unter Beweis stellen. Im Kuba meiner Kindheit und Jugend war ein homosexueller Sohn deshalb das Schlimmste, was einem Vater passieren konnte. Ein Tabu! Oft hörte ich auf der Straße: »Lieber einen Kriminellen zum Sohn haben als einen *maricón*, eine Schwuchtel!«

Homosexualität wurde nicht geduldet, jeder Schwule generell diskriminiert. Die Gesellschaft sah Schwulsein als eine Krankheit an, die man bekämpfen musste. Das bedeutete im Klartext: Homosexuelle riskierten, ihren Studien- oder Arbeitsplatz zu verlieren und unter einem Vorwand ins Gefängnis zu kommen. Sie waren gefangen wie in einem Käfig, galten als Schande, und selbst ihre Familien und Freunde mussten ihretwegen Schikanen erdulden. Homosexuelle seien wie ein Virus, hieß es, sie wurden offen beschimpft und verfolgt – und hatten keine Chance. Lieber tot, als geoutet zu werden!

In unserem Ort lebten zwei Homosexuelle, von denen jeder wusste, dass sie schwul waren. Die Leute schikanierten die beiden, sobald sie ihnen auf der Straße begegneten, und riefen ihnen hinterher: »Hey, *mamita*,« Hey, Süße! Eines Nachmittags, da war ich vielleicht sechs, spielte ich mit meinen drei Kumpels, meinem Bruder und dessen Freunden, die schon ein paar Jahre älter waren, in unserer Straße im Schatten eines großen Flammenbaums mit *bolas*, Murmeln. Da kam einer der beiden Schwulen vorbei. Mein Bruder und seine Freunde drückten uns Kleineren Steine in die Hand und sagten: »Hey, aufgepasst. Das ist ein *pajarito*, ein Vögelchen, eine Tunte. Den muss man töten.« Also liefen alle Kinder dem Mann hinterher, schrien im Chor: »*Pajarito*, Vögelchen … Tunte, Vögelchen … Tunte«, und warfen Steine nach ihm.

Ich werde diesen Moment nie in meinem Leben vergessen. Denn ich wusste ja, was ich tief in mir fühlte. Nein, das will ich nicht, schrie mein Innerstes, aber ich hatte zu viel Angst davor, was passieren würde, wenn meine Freunde, meine Familie, die Nachbarn mein zweites Ich entdeckten. Deshalb tat ich so, als würde ich meinen Stein werfen, ließ ihn jedoch in Wirklichkeit heimlich fallen. Noch heute überkommt mich eine tiefe Traurigkeit, wenn ich daran denke, dass ich nichts dagegen getan habe, nichts tun konnte. Ich hätte diese Schikane so gern gestoppt. Stattdessen machte ich mit – um mich selbst zu schützen, um zu verbergen, dass ich genauso war wie dieser Mann.

Als mein Vater entschied, dass ich nicht zu Alicia Alonso durfte, brach für mich eine Welt zusammen. Beim Tanzen war ich in meinem Element, konnte nicht nur meine Kreativität und meine künstlerische Ader ausleben, sondern auch meine Hüften und meinen ganzen Körper so bewegen, wie ich wollte. Wenn ich tanzte, war mein zweites Ich frei. Denn die Leute sahen in diesem Moment nur den guten Tänzer in mir und nicht den *maricón*, den *pajarito*, die Schwuchtel.

Wenn du ein Kind bist, verstehst du das alles noch nicht. Du weißt weder, was Homosexualität bedeutet, noch was Sozialismus oder Kapitalismus unterscheidet. Du hörst nur, wie jemand sagt: »Der Schwule gehört doch eingesperrt.« Oder: »*Cuba sí, Yankees no*«. Und wunderst dich. Denn du weißt ja nicht einmal genau, wo Amerika liegt. Wir lernten bloß, dass dort böse Menschen wohnten, aber wussten nicht, ob das auch wirklich stimmte. Die meisten Kinder wiederholten einfach, was die Größeren sagten.

Ich hatte eine schöne und idyllische Kindheit. Wir lebten und spielten sehr frei draußen in der Natur.

Kein Mensch sperrte die Tür ab, wenn er das Haus verließ. Auch die Hautfarbe war kein Problem – selbst innerhalb der Familie gab es meist viele Schattierungen.

Alle Kubaner waren auf den ersten Blick gleich. Ich lebte in einer Familie, die mich liebte, hatte ein Dach über dem Kopf und genug zu essen. Ich wuchs auf, ohne Neid zu kennen, denn es gab generell nicht viel. Außerdem konnte ich zur Schule gehen, ohne dass meine Eltern dafür bezahlen mussten, weil es die Ausbildung ebenso wie die medizinische Versorgung und die sportlichen Aktivitäten gratis gab. Natürlich war das alles sehr angenehm im sozialistischen Kuba, aber als Kind versteht man noch nicht, dass diese idealistische Welt auf Dauer nicht machbar ist.

Mir war sehr früh klar, dass diese Idylle nicht der Realität entsprach, dass es doch einen Unterschied gab. Denn ich war ein Kind mit einem zweiten Ich. Und weil ich nicht so sein durfte, wie ich war, fing ich an, die Gesellschaft mit anderen Augen zu sehen. Ich fragte mich immer wieder: Was ist falsch an mir? Warum darf ich nicht sein, wie ich bin? Wieso redet mein Bruder so schlecht über die Homosexuellen? Warum wollen Eltern lieber einen Kriminellen als einen Homosexuellen als Sohn?

Als Siebenjähriger hörte ich einmal auf dem Pausenhof einen Lehrer über eine Familie aus unserem Ort sagen: »Der eine Sohn sitzt im Gefängnis, der andere ist schwul. Die sind alle krank.« Danach dachte ich eine ganze Weile, ich müsste unbedingt zum Arzt gehen. Wann immer die Sprache auf die Ursachen von Geschlechtskrankheiten kam, waren die Schwulen die Schuldigen. Homosexualität war sogar noch schlimmer als der böse Feind aus den kapitalistischen Ländern. »Die gehören dorthin«, sagten die Leute immer, sobald die Rede auf Schwule kam.

Wenn du das alles als homosexuelles Kind hörst, dann fühlst du dich verkehrt und fragst dich automatisch: Bin ich ein Mensch oder ein Monster?

Millionen Male habe ich mich im Spiegel angeschaut und mich dabei mit anderen Jungs verglichen: »Ich habe zwei Hände und zwei Beine. Ich rede und lache wie sie und spreche die gleiche Sprache. Ich habe genau das Gleiche zwischen den Beinen wie sie. Ich habe eine Familie wie sie. Ich spiele mit ihnen. Ich gehe zur Schule, bin ein guter Schüler und ein netter Junge. Ich kann nicht mal einer Mücke was zuleide tun. Was habe ich an mir, das mich zu einem bösen kriminellen Menschen macht?«

Dieses Gefühl, anders zu sein, schnürte mir manchmal die Luft zum Atmen ab. Auf der einen Seite war ich ein glückliches und geliebtes Kind, auf der anderen Seite musste ich mich immer kontrollieren. Sobald ich das Haus verließ, verknotete sich alles in mir. Dann achtete ich auf meine Bewegungen, meinen Gang, meine Sprache, mein Verhalten und meine Worte. Damals habe ich eine dicke Mauer um mich herum aufgebaut, die mich beschützte. Vielleicht bin ich deshalb so früh erwachsen geworden.

Beim Tanzen und beim Spielen mit den High Heels wusste ich, dass ich okay war. Und trotzdem fühlte ich mich ganz tief in meinem Inneren verletzt. Jemand hatte mir einen Stempel verpasst, und ich wusste nicht, warum. Ich kam mir vor wie eine Marionette, aber das wollte ich nicht sein. Nein, ich gehöre nicht mehr zu diesem Theaterstück, begehrte eine Stimme in mir auf, ich will mein eigenes Stück spielen. Mir nicht mehr von einem Regisseur sagen lassen, welche Rolle ich zu übernehmen habe – ob sie nun zu mir passt oder nicht. Ich will mir meinen Part selbst aussuchen.

Weil ich mich in meinem Körper gefangen fühlte und mein zweites Ich nicht zeigen durfte, habe ich mir als kleiner Junge eine Fantasiewelt geschaffen. Wenn ich allein war, stellte ich mir immer vor, ich sei ein Prinz. Ich stand vor dem Spiegel und sprach zu meinem Königreich. So wie ich das sonntagnachmittags in Filmen wie *Die drei Musketiere* oder *Drei Haselnüsse für Aschenbrödel* gesehen hatte. Da trugen die Männer – sogar der König – langhaarige Perücken, prächtige Kleider, Spitzen, Pumphosen, hohe Schuhe und Puder. Warum durften die das? Und ich nicht?

Die drei Musketiere waren sogar Helden. Ich war fasziniert von der Zeit Ludwigs XIV. und lernte in der Schule fechten, weil ich so sein wollte wie D'Artagnan. Im Karneval verkleidete ich mich meist als Prinz und stand immer in der Nähe des hübschen japanischen Jungen mit den glänzenden, glatten Haaren. Tief drinnen fühlte ich mich dann manchmal wie eine Prinzessin und sehnte mich nach einem Platz, wo ich so sein durfte, wie ich war, und wo man mich akzeptierte. Diesen Ort wollte ich finden.

Nach der Entscheidung meines Vaters, mich nicht zum Ballettunterricht zu lassen, war ich das erste Mal so richtig auf dem Popo gelandet. Deshalb fing ich an, mir einen Plan B zu überlegen. Es musste doch einen Ausweg geben. Langsam wuchs in mir der Gedanke heran, später nach Europa zu gehen, wo die Leute viel freier lebten. Das hatte ich in den alten Filmen gesehen. Bereits mit etwa sieben Jahren begann ich, mich auf diesen Plan B vorzubereiten. Das mag ungewöhnlich früh für ein Kind sein, aber ich bin sicher, dass ich nicht der Einzige war, dem es so erging. Denn sobald ich verstanden hatte, was Homosexualität bedeutete, nämlich Männer zu lieben, habe ich mich dauernd gefragt: Gehöre ich wirklich, wie die anderen sagen, in die Klapsmühle?

Vielleicht verkleidete ich mich so gerne als Prinz, weil er der Gute, der Nette, der Hübsche war. Die Leute liebten den Prinzen, er war angesehen und sein Leben ging immer gut aus: »Und wenn er nicht gestorben ist, dann ...« In meiner Fantasie hatte ich meine Rolle gefunden, und es war nicht die, die andere mir zugeteilt hatten. Meine Rolle war die des Prinzen, der gut und beliebt war – mit einem zweiten Ich. Deshalb wollte ich auch in der Realität, dass die Menschen mich so akzeptieren. In meinen Spiegelspielen sagte ich mir vor: »Jorge, auch wenn du kein Prinz bist – du bist gut so, wie du bist. Kämpfe für dich selbst.«

Let's glam

Als Kind habe ich mich für meine *bemba*, meine dicke Unterlippe, geschämt und ständig versucht, sie einzuziehen, auch wenn ich manchmal fast keine Luft bekam. Die Kinder auf der Straße hänselten mich deswegen, riefen mir manchmal *negro bembón* hinterher, was so viel wie *dicklippiger Schwarzer* bedeutet. Ich habe das gehasst und entwickelte mit der Zeit einen richtigen Komplex.

Meine krausen Haare mochte ich auch nicht und wollte sie lieber glatt haben wie der hübsche japanische Junge. Mit zehn, elf Jahren zog ich mir jeden Abend vor dem Schlafengehen eine Damenstrumpfhose über den Kopf, damit meine Haare am nächsten Tag glatter waren. Das hatte ich mir von meiner Schwester abgeschaut. Sie drehte ihre Haare mit den Papprollen vom Klopapier wie auf Wicklern ein. Dann machte sie aus ihren alten Nylons einen Turban, den sie so straff über den Kopf zog, dass die aufgedrehten Haare ganz platt gedrückt wurden. Am Wochenende lief sie oft den ganzen Tag so herum, damit abends die Haare wie gebügelt aussahen. Weil ich das auch wollte, klaute ich ihr eine Strumpfhose und quälte mich nachts mit meinem selbst gebastelten »Haarnetz« herum. Morgens dauerte es eine halbe Stunde, bis die Abdrücke der Nähte auf meiner Stirn verschwunden waren. Doch die Mühe hat sich nicht wirklich gelohnt, denn kaum waren die Abdrücke weg, kamen die Locken wieder, weil die Luftfeuchtigkeit in Kuba so enorm hoch ist.

In den Achtzigerjahren erlebte ich dann die große Überraschung: Meine *bemba*, meine großen Lippen, waren auf einmal total in. Es war die Ära der Supermodels, und viele Frauen ließen sich damals die Lippen aufspritzen. Ich bekam jede Menge Komplimente: »Ach, du hast so wunderschöne volle Lippen.« Toll, sagte ich mir und präsentierte von da ab meine Lippen richtig. Das war ein supergutes Gefühl. Da habe ich begriffen, wie dumm wir manchmal sind. Jeder Mensch hat das Recht, sich schön zu fühlen, denn Schönheit ist relativ und liegt im Auge des Betrachters. Was für mich schön ist, muss es für einen anderen nicht automatisch sein.

In den Fünfzigerjahren sollten die Frauen so vollbusig wie Sophia Loren und in den Siebzigern so dünn wie Twiggy sein. Heutzutage sind schon die Schulkinder davon überzeugt, dass Schönheit bedeutet, groß und dünn zu sein, Modelmaße und vielleicht noch blonde Haare und blaue Augen zu haben. Aber macht das auch glücklich? Viele Frauen entsprechen dem Schönheitsideal unserer Gesellschaft nicht und fühlen sich trotzdem wohler in ihrer Haut als manche, die dieses Ideal eins zu eins verkörpern.

In Kuba hat man ein ganz anderes Schönheitsideal als in Europa. Dort muss eine Frau etwas auf den Rippen und vor allem einen Popo haben – ohne Popo ist sie verloren. Deshalb machen die Chicas ein Holzkreuz[1], um ihr Hinterteil noch stärker zu betonen.

---

[1] Ich meinte natürlich: Hohlkreuz

Dieses Schönheitsideal wird der Kubanerin schon als Kind eingeimpft – das lernen die kleinen Chicas bereits von ihren Müttern. Und sie merken, dass die Jungs und Männer total darauf abfahren. Deshalb präsentiert eine kubanische Frau ihren großen Popo sogar in hautengen Leggins oder Jeans und bewegt sich stolz wie eine Königin.

Ich kenne Frauen in Deutschland, die meinen, sie hätten zu breite Hüften. Deshalb verpacken sie sich und bewegen kaum den Popo, weil sie ihr »Handicap« verstecken wollen. Aber so kreieren sie sich ihre Komplexe selbst. Wenn diese Frauen in mein Land kommen und sich von den Komplexen befreien, dann sagen sie immer: »O Jorge, ich fühle mich hier so sexy.« Chicas, ich habe das schon bei einigen Freundinnen erlebt. In Kuba reden die Leute nicht über breite Hüften, sie finden sie toll. Und nicht nur in Kuba gilt: Eine Frau, die an ihre Schönheit glaubt und sich sexy findet, so wie sie ist, kann sich in Szene setzen.

In der Modewelt kann ich akzeptieren, dass ein Model bestimmte Maße haben muss. In diesem Job ist das eben so. Aber im realen Leben finde ich es falsch, wenn eine Frau kritisiert wird, weil sie ein paar Kilo »zu viel« auf den Hüften hat. Es kennt doch keiner den Grund, warum eine Chica so ist. Manche essen zu viel. Und manche sind einfach so, wie sie sind – egal wie viel sie essen. Deshalb ist es nicht richtig, darüber zu urteilen. Wichtig ist nur, dass eine Chica sich selbst gut findet. Meint sie es ernst mit sich selbst, dann nehme ich ihr das ab. Wenn nicht, dann spüre ich das auch. Den Chicas meiner Familie konnte ich das fast immer glauben.

Vor ein paar Jahren organisierte ich ein Abendessen bei mir zu Hause in Deutschland. Zu der Zeit war gerade mein Vater zu Besuch. Es kamen einige gute Freundinnen, darunter auch ein paar Chicas mit den Traummaßen 90-60-90. Mein Vater schaute nur und sagte irgendwann: »Hör mal, *mi hijo*, mein Sohn, deine Freundinnen, sind die alle krank, oder essen die nicht?«

»Warum, Papa?«

»Die haben nur Knochen«, sagte er, »und gar kein Fleisch.«

Er war aus Kuba ein ganz anderes Schönheitsideal gewöhnt: Popo, Kurven und etwas auf den Rippen. Die dünnen deutschen Chicas, die nach Meinung meines Vaters keinen Popo hatten, beschäftigten ihn noch tagelang. »Die müssen doch essen«, sagte er immer wieder.

Von da an machte er allen deutschen Frauen, die seiner Vorstellung von Schönheit entsprachen, sofort Komplimente. Zu einer Freundin, die etwas mehr Figur hatte, sagte er mit einer Handbewegung, als würde er sich Wind zufächeln: »Uhhhh, das ist aber ein Fahrgestell.«

Ein paar Wochen später nahm ich meinen Vater mit zur Fashion Week in Berlin. Während bei einer Modenschau eine Armada superschlanker Frauen in wunderschönen Roben an ihm vorbeizog, schüttelte er nur den Kopf und flüsterte mir zu: »*No*, die sehen alle aus wie Kleiderbügel. So dünn und überall nur Stoff. Wo ist da die Frau? Diese Chicas sind ja wie Gespenster.«

Um ihn wieder aufzurichten, schlug ich ihm vor, ein Wiener Schnitzel essen zu gehen. Als die Bedienung im Restaurant meinem Vater den Teller mit einem riesigen panierten Schnitzel servierte, rümpfte er die Nase, schaute mich an und sagte: »Diese Falle stellst du mir nicht noch mal, *hijo*. Das Schnitzel da sieht aus wie die Chicas auf dem Laufsteg. Zu wenig Fleisch, zu viel Verpackung!« Dann nahm er sein Messer und fing an, die Panade vom Fleisch abzukratzen.

Schönheit ist eben relativ. Das ist wie mit der Mona Lisa, die eigentlich gar nicht so schön ist. Aber dieses kleine Lächeln, bei dem du dich fragst: Lacht sie oder lacht sie nicht? Dieser Glanz in den Augen, dieses Strahlen und dieser Blick – das alles kann einem Betrachter so viel geben, dass er alles andere darüber vergisst. Kann, aber muss nicht ... Manche Menschen gewinnen der Mona Lisa einfach gar nichts ab.

Als ich mit meinen Eltern einmal in Frankreich war, besuchten wir auch den Louvre, denn meine Mutter wollte unbedingt die berühmte Mona Lisa sehen. Wir liefen kilometerlang an alten Gemälden und Skulpturen vorbei, weil meine Mutter sich alles, wirklich alles, ganz genau anschauen wollte. Mein Vater folgte uns erst etwas gelangweilt und mit der Zeit ungeduldig.

Als wir schließlich in den Raum kamen, wo die Mona Lisa hängt, konnten wir fast nichts sehen. Denn vor dem Bild, das viel kleiner ist, als ich es mir vorgestellt hatte, stand eine große Menschentraube. Es dauerte eine Weile, bis wir uns ganz nach vorn durchgekämpft hatten und endlich vor dem Bild standen. Mein Vater warf einen Blick auf Chica Mona Lisa, machte ein entsetztes Gesicht und sagte dann ganz laut: »Ich bin doch nicht so weit gelaufen, um diese hässliche alte Frau anzuschauen, die nicht lachen kann, oder?«

Um uns herum wurde es totenstill. Da sich auch spanisch sprechende Touristen in der Menge befanden, sprach sich sofort herum, was der alte Kubaner gesagt hatte. Meine Mutter lief rot an und wäre vermutlich am liebsten im Erdboden versunken. Mein Vater ignorierte das alles, setzte sich etwas weiter entfernt auf eine Bank und fing an, den Chicas um ihn herum schöne Augen zu machen. Er blickte ihnen demonstrativ auf den Popo und kommentierte, was er sah. Dann rief er an meine Mutter gewandt, die ihm immer wieder böse Blicke zuwarf: »*Mi corazón*, mein Schatz, beschäftige du dich nur mit der Kunst. Ich schau mir lieber die Realität an.«

Die Kinder nannten mich *bembón*, weil das Schönheitsideal in Kuba damals glatte Haare, helle Haut und eine schmale Unterlippe vorgab. Als Kind habe ich das nicht verstanden. Damals versuchte ich nur, mich in meine Fantasiewelt zu retten. Wenn ich allein zu Hause spielte, stellte ich mich vor den Spiegel, machte einen Kussmund, lachte mich an und sagte zu meinem Spiegelbild: »Ich finde dich schön, Jorge. Und mit diesen Lippen kannst du gut küssen!« In meiner Fantasiewelt spielte ich alles, was ich nicht erleben durfte. Da war ich glücklich mit meinem Äußeren. In diesen Selbstgesprächen tankte ich Energie, um am nächsten Tag wieder in der Realität zu überleben.

Wenn du als Kind wegen deines Körpers gehänselt worden bist, dauert es, bis diese Wunden verheilt sind, auch wenn jede Kritik relativ ist. Wichtig ist, was du daraus machst. Meine Oma hat immer zu mir gesagt: »Wenn dich jemand nicht mag, dann such dir einen anderen, der dich so nimmt, wie du bist. Du wirst jemanden finden, denn die Welt ist groß.« Ganz ehrlich, ich habe erst lernen müssen, Omas Glücksrezept Nummer zwei auf mein Leben anzuwenden. Denn aufzustehen und weiterzuziehen, das erfordert viel Kraft. Vor allem setzt es voraus, sich erst einmal so zu akzeptieren, wie man ist. Wer sich in seiner Haut wohlfühlt, dem kann es egal sein, was die anderen sagen oder denken.

> Omas Glücksrezept Nr. 2
>
> Wenn dich jemand nicht mag, dann such dir einen anderen, der dich so nimmt, wie du bist. Du wirst jemanden finden, denn die Welt ist groß.

Ich habe erst lernen müssen, dass ich es nicht jedem recht machen kann. Es gibt Leute, die mich toll finden, und andere, die mich nicht mögen. Und das ist gut so. Der Einzige, der mir ganz sicher weiterhelfen kann in Sachen »mögen«, bin ich selbst.

Meine Übung mit dem Spiegel hat mir nicht nur als Kind, sondern auch noch als Jugendlicher geholfen. Bevor ich ausging, lachte ich mich im Spiegel an und machte mir Komplimente: »Du bist toll, Jorge. Oh, was für ein schönes Hemd. Uuuh, deine Beine, ganz toll. *Vamos!*« Das mache ich sogar heute noch, vor allem wenn es mir schlecht geht. Das ist meine Waffe oder mein System, um mich nicht unterkriegen zu lassen. Ich will meine Zeit nicht mit negativer Energie verschwenden, sondern die schönen Seiten des Lebens genießen, mir die Rosinen aus dem Kuchen picken ...

Wie meine Oma schon sagte: Auf ihre Art hat jede Chica etwas Schönes. Jede Frau hat ihren Glam, der ihre Schönheit ausmacht. Glam oder Glamour hat nichts mit dem zu tun, was man trägt, sondern mit der inneren Haltung. Glam ist das Besondere, das Faszinierende an einer Chica, was sie aus der Menge heraushebt. Glam sieht bei jeder Frau anders aus. Sie muss ihn nur entdecken.

Glam entsteht aus der inneren Haltung und hat etwas mit deiner Energie zu tun. Diese innere Haltung wirkt sich auf die äußere aus. Glam kommt von innen, du musst ihn fühlen. Denn nur was du innerlich fühlst, kannst du auch äußerlich rüberbringen. Dann spürst du deine Selbstsicherheit, deine Kraft, deine Haltung und deine Energie. In dem Moment bist du frei – und bereit, etwas von dir selbst zu geben. Wenn Menschen unsicher sind und ihren Glam noch nicht in sich entdeckt haben, dann sind sie wie unsichtbar, selbst wenn sie Haute Couture tragen und groß und blond sind und die Maße 90-60-90 haben. Ohne Glam nützt dir das alles nichts.

Egal, ob du groß, klein, dick, dünn, blond oder schwarz bist, es zählt nur eins, Chicas: Wie man »läuft«, so geht man auch durchs Leben.

Let's glam!

Das Ticket nach Europa

Als Neunjähriger war ich total verschossen in meinen Lehrer, einen großen, muskulösen und gut aussehenden Mann Anfang dreißig. Ich saß in meiner Schulbank, schaute seine schönen Lippen an, während er sprach, seinen starken Körper, während er sich bewegte. Und dabei träumte ich vor mich hin: Hm, wie er wohl ohne dieses Hemd aussähe?

Wer schwatzte, musste in der Pause oder nach Schulschluss hundertmal an die Tafel schreiben: »Ich darf den Unterricht nicht stören.« Oder der Lehrer stellte einen in die Ecke, wo man auch nach dem Unterricht noch so lange stehen bleiben musste, bis er am Pult die Hausarbeiten korrigiert hatte. Ich habe mich manchmal extra schlecht benommen, nur um in der Ecke stehen zu dürfen oder nach dem Unterricht hundertmal an die Tafel zu schreiben: »Ich darf nicht während der Schulstunde mit meinem Nachbarn schwätzen.« Und das alles nur, weil ich in der Nähe dieses Lehrers sein wollte.

Diese Gefühle, die ich für ihn empfand, waren aufregend, elektrisierend und zart zugleich. In meiner Fantasie stellte ich mir vor, mit ihm zusammen zu sein. Weil der Lehrer nicht verheiratet war und auch nicht wie ein Casanova jedem Frauenrock hinterherlief, kam immer wieder das Gerücht auf, er sei vielleicht homosexuell. Für mich ein Lichtblick: Denn wenn mein Lehrer, den ich bewunderte, war wie ich, dann konnte ich doch nicht so schlecht sein.

In Julio Iglesias war ich auch verschossen. Besonders toll fand ich ihn in dem Film *La vida sigue igual – Das Leben geht weiter*, in dem er sich selbst spielt: Wie ein Autounfall seine Karriere als Fußballer in der Jugendmannschaft von Real Madrid beendet und er mit Mitte zwanzig einen erfolgreichen Neuanfang als Sänger schafft. Der Film kam auch ins Kino von Jatibonico. Die erste Vorstellung begann um dreizehn und die letzte um zweiundzwanzig Uhr. Insgesamt wurde der Film viermal am Tag gezeigt. Ich ging so oft ich konnte ins Kino, bezahlte einmal und sah mir den Film viermal an – von mittags bis abends, alle Vorstellungen. Ich habe gekuckt und geweint und geweint und gekuckt, weil ich so in Julio Iglesias verliebt war und weil mir die Geschichte von dem geplatzten Traum und einem Plan B, der sich zum Guten wendet, so naheging.

Mein Onkel Che, ein Matrose, fuhr zur See und bereiste so die ganze Welt. Von einer Reise nach Frankreich brachte er der Familie Modezeitschriften mit, die ich wieder und wieder anschaute wegen der Fotos von wunderschönen Schauspielern. Ich war ganz hin und weg von Alain Delon, Jean-Paul Belmondo und Terence Hill, dessen blaue Augen und blonde Haare mich faszinierten. Wann immer ich ein Foto meiner Favoriten in einem der Magazine fand, schnitt ich es aus und klebte es in ein Album, das ich unter meiner Matratze versteckte. Abends im Bett schaute ich mir dann die Fotos an, machte die Augen zu und träumte mich in ihre Filme: »Was wäre wenn …« Ich sah mich in meiner Fantasie als Hauptdarsteller neben all diesen wunderbaren Chicos.

Eines Tages entdeckte meine Oma das Album. Ich kam an dem Tag ein bisschen früher von der Schule nach Hause, und als ich in mein Zimmer gehen wollte, sah ich, wie sie am Kopfende meines Bettes stand, das Album in einer Hand hielt und mit der anderen darin herumblätterte. Ich blieb ganz still im Türrahmen stehen. Eine Weile sagte keiner von uns ein Wort. Meine Oma schaute mich lange an und sagte dann ganz leise: »*Mi niño*, wir verstecken das lieber wieder. Alles ist gut, mein Kind. Du bist gut so, wie du bist.«

> **Omas Glücksrezept Nr. 3**
>
> **Du bist gut so, wie du bist.**

Dass Großmutter das sagte, hat mich stark gemacht und mir Halt gegeben. Denn es bedeutete, dass es nicht schlimm war, schwul zu sein. Ich konnte so bleiben, weil es jemanden gab, der mich akzeptierte. Ich war gut so, wie ich war, und nicht krank, wie die Gesellschaft in Kuba es mir einreden wollte.

Viele Kubaner flohen damals illegal in die USA, meist nach Miami, wo sie sich in einem Stadtteil niederließen, der Little Havanna heißt. Viele schafften es bis dorthin, aber viele ertranken auch im Meer. Als ich all diese schrecklichen Geschichten hörte, redete ich mir gut zu: Okay, Jorge, es ist so, wie es ist. Hier in Kuba darfst du dein zweites Ich nicht zeigen und auch kein klassischer Tänzer werden. Also los, überleg dir was anderes. Du willst weg aus Kuba, aber nicht nach Miami schwimmen. Du willst auf ganz legalem Weg nach Europa kommen. Und dafür brauchst du einen Plan B: ein Stipendium für ein Auslandsstudium in einem osteuropäischen Land.

Von diesem Moment an verfolgte ich diesen Traum: Ich wollte nach Europa – für mich ein Synonym für Paradies und Freiheit. Als Student ins Ausland zu gehen bedeutete, diesem Traum einen großen Schritt näher zu kommen. Allerdings stammte mein ganzes Wissen über Europa nur aus Büchern, Zeitschriften oder aus Filmen, die in einer Zeit gedreht worden waren, als ich noch nicht einmal geboren war.

In der Schule hatte man uns gesagt, dass die besten Schüler im Ausland – genauer gesagt in den sozialistischen Ländern Europas – studieren dürften. Das Eintrittsticket für ein Studium in einem Ostblockland bekam ich also nur, wenn ich einen ausgezeichneten Schulabschluss machte. Dazu musste ich auf eine sogenannte *Escuela Vocacional*, damals ganz moderne Internatsschulen mit einem hohen Bildungsstandard, die Fidel Castro ins Leben gerufen hatte und protegierte. Ein *Vocacional* zu besuchen, war in meiner Kindheit das Nonplusultra. Das sozialistische System ermöglichte es besonders guten Schülern, unter besten Unterrichtskonditionen kostenlos eine Eliteausbildung zu erhalten, um die Zukunft des Landes zu sichern.

Mein Entschluss stand fest: Ich wollte unbedingt auf das *Vocacional Ernesto Che Guevara* in Santa Clara, das etwa eine Autostunde von meinem Heimatort entfernt lag. Deshalb bereitete ich mich ab der vierten Klasse darauf vor, am Ende des sechsten Schuljahrs einer der besten Schüler zu sein und auf ein solches Internat gehen zu dürfen. Ich nahm Nachhilfe bei der Mutter eines Mitschülers, die als chemische Ingenieurin in der Zuckerfabrik arbeitete und eine sehr gebildete und kluge Frau war. Sie unterrichtete ihren Sohn, mich und noch zwei andere Jungs viermal die Woche abends bei sich zu Hause. Unser Ziel war es, in diesen drei Schuljahren die besten Noten von allen zu haben, da aus Jatibonico nur insgesamt elf Schüler aufgenommen wurden. Ich wusste, dass ich mich anstrengen musste, um einer von ihnen zu sein.

Jeden Abend nach dem Essen schaute ich mir mit meiner Familie bis acht Uhr eine Telenovela im Fernsehen an. Danach lief ich zum Haus meines Schulfreunds, wo wir mit seiner Mutter bis zehn Uhr Hausaufgaben machten und uns auf die Prüfungen in der Schule vorbereiteten. Ich habe sogar so gut Englisch dort gelernt, dass ich mich mit elf Jahren mühelos unterhalten konnte.

Es war für mich ein Muss, in der Schule einer der Besten zu sein. Vielleicht auch deshalb, weil ich nicht so sein konnte, wie ich war. Um nicht schikaniert zu werden, musste ich immer darauf achten, dass niemand merkte, dass ich schwul war. Denn so sind Kinder nun mal: Es fängt mit *bembón* an und endet mit *maricón*. Die anderen wussten es nicht hundertprozentig, aber sie vermuteten es. Hätten sie mein zweites Ich entdeckt, wäre ich verloren gewesen. Deshalb musste ich mich manchmal mit den Jungs prügeln, denn das war ihre Sprache.

Aber ich wollte mit Worten Achtung gewinnen. Also habe ich versucht, anders zu kämpfen. Um stark zu sein, war ich ein guter Schüler. Ich wünschte mir sagen zu können: Ja, ich bin homosexuell, aber ich bin besser als du in der Schule. Damit habe ich den Respekt der anderen gewonnen.

Um mich fernzuhalten von den Kindern, die Sprüche klopften und sich auf der Straße prügelten, nahm ich an den unterschiedlichsten Schulkursen teil: Literaturclub, Sport- und Tanzgruppe – Hauptsache beschäftigt. Vor allem das Tanzen war meine Passion. Mit meiner Partnerin studierte ich richtig akrobatische Nummern ein, mit denen wir bei Schulwettbewerben mitmachten. Die Gewinner durften ihre Klasse bei regionalen und nationalen Wettkämpfen repräsentieren – einmal gewannen wir sogar einen nationalen Preis. Nach den Aufführungen klatschten die Leute immer begeistert – selbst die, die mir auf der Straße *bembón* oder *maricon* hinterhergerufen hatten.

Das war meine Revanche. In diesen Momenten verspürte ich Genugtuung. Siehst du, dachte ich, wenn ich einen im Publikum klatschen sah, der mich früher schikaniert hatte, jetzt applaudierst du dem Schwulen mit der dicken Unterlippe. Der, den du ausgelacht hast, holt gerade den Pokal für deine Schulklasse. Solche Situationen haben mir Kraft gegeben, waren Teil meiner Überlebensstrategie: Die anderen brauchten mich, weil ich ein sehr guter Schüler war.

Im Sommer 1978 beendete ich die sechste Klasse als einer der Besten und durfte nach Santa Clara aufs *Vocacional Ernesto Che Guevara* gehen, ein Internat für etwa 4500 Schüler im Alter von elf bis sechzehn Jahren. Dort blieb ich in einem wöchentlichen Turnus: einmal von Montag bis Freitag und einmal von Montag bis Samstag. Nur die Wochenenden und die

Ferien verbrachte ich zu Hause mit meiner Familie. Eine echte Herausforderung für mein gut verstecktes zweites Ich!

2.
PLAN B

Überlebenstraining

Als ich mit elf Jahren ins Internat kam und auf einmal all diese fünfzehn-, sechzehnjährigen Jungs sah, war ich ständig hin- und hergerissen zwischen dem Ich, das ums Überleben kämpfte, und dem Ich, dessen Sexualität in einer Umgebung erwachte, wo diese Jungs ihre Männlichkeit zeigten und erprobten.

Das Internat lag auf einem riesigen Schulgelände und bestand aus mehreren großen Gebäuden, in denen sich die Unterrichts-, Aufenthaltsräume und Schlafsäle der einzelnen Einheiten befanden. Alles war sehr modern: Es gab Sportplätze, Laboratorien, Turnhallen, Schwimmbäder, ein Kino, mehrere Kantinen, ein Restaurant und Versammlungsplätze, auf denen die Schüler regelmäßig zum Appell antreten mussten.

Einmal im Monat konnten wir in der Schule einen Etikettekurs besuchen, wo man uns Tischmanieren beibrachte. Alle Schüler freuten sich darauf. Denn zu diesem Zweck wurde das internatseigene Restaurant sehr elegant hergerichtet mit blütenweißen Damastdecken, Stoffservietten, mehreren Gläsern und Silberbesteck. So etwas gab es sonst nicht im Internat, da saßen wir in der Kantine an Resopaltischen und aßen mit billigem Besteck von einem Tellertablett aus Aluminium. Ich liebte die dekorierten Tische – das kannte ich von zu Hause.

Ich war mit sechzig anderen Schülern in einem Schlafsaal untergebracht, der vollgestellt war mit Etagenbetten. Nebenan gab es eine Großraumdusche – der pure Horror, denn bis dahin hatte ich mein zweites Ich immer gut versteckt. Und auf einmal war ich Tag und Nacht mit anderen Kindern und Jugendlichen zusammen. Ich kam mir vor, als hätte mich jemand in einen Boxring gestellt und gesagt: »Los, *chico*, kämpf ums Überleben!«

Als ich das erste Mal den Schlafsaal betrat, der eher wie ein Militärcamp aussah, dachte ich nur: »O je, das wird ein Kampf.« Und der fing schon in der ersten Nacht an. Kaum ging das Licht im Schlafsaal aus, flogen die ersten Kissen, Schuhe, Steine. Einige Jungs prügelten sich, andere machten Pipi auf das Bett von einem der Neuen. Die Stärkeren und Größeren klauten den Kleineren ihre Sachen – das Essen, die Klamotten, alles, was wir von zu Hause mitgebracht hatten.

Auch tagsüber schikanierten die älteren Schüler die jüngeren, verfolgten sie zu viert oder zu fünft und verprügelten sie, sobald niemand in der Nähe war. Was eine zukunftsweisende Schule des Geistes sein sollte, entpuppte sich zugleich als eine qualvolle Schule des Lebens. Ich hatte weder Lust, mich zu prügeln, noch war ich stark genug dafür. Wie soll ich das bloß durchstehen, fragte ich mich nicht nur in der ersten Nacht, in der ich kaum schlief. Das Einzige, was mir helfen konnte, war mein Verstand. Und der riet mir, mich ganz schnell mit einem zu verbünden, der stärker war als ich.

In jedem Schlafsaal führte ein Schüler, meistens der größte, die Aufsicht. In meinem Saal war das ein muskulöser Fünfzehnjähriger. Er liebte Musik, vor allem Michael Jackson, die Beatles und Queen. Ich beobachtete, wie er sich jeden Abend aufs Dach schlich, um auf seinem tragbaren Radio amerikanische Sender zu hören, die in Kuba verboten waren. Sein Problem bestand darin, dass er kein Englisch konnte.

Eines Abends folgte ich ihm und ertappte ihn auf frischer Tat. »Was tust du hier?«, rief ich.

»Oh, ich will nur ein paar Songs hören«, antwortete er, und obwohl es verboten war, diese Musiksender zu hören, machte er sich nicht mal die Mühe, das Radio leiser zu stellen.

Da sang Freddie Mercury gerade *We are the Champions.*

»Verstehst du überhaupt, was der da singt?«, fragte ich.

»Nein, leider nicht. Warum?«

»Ich kann Englisch und könnte es dir übersetzen, wenn du willst.«

Er überlegte einen Augenblick und sagte dann ganz locker: »Okay.«

Und so fing ich an, den Song für ihn zu übersetzen.

»Aber ich will etwas dafür«, sagte ich, als Freddie Mercury zu Ende gesungen hatte.

Er zog nur die Augenbrauen hoch und fragte: »Und was?«

»Das Bett unter deinem Bett.«

Er kapierte sofort und wies mir, als wir wieder im Schlafsaal waren, vor versammelter Mannschaft meinen neuen Schlafplatz zu: »Wer dem González etwas tut, bekommt Probleme mit mir.«

Meine Eltern freuten sich, dass ich die Möglichkeit zu einer Eliteausbildung bekam, die nichts kostete. Was ihnen jedoch nicht klar war: Im Grunde genommen bezahlten wir mit unserer Arbeitskraft. Alle, selbst die gerade Elfjährigen, mussten um sechs Uhr morgens aufstehen. Ein Teil der Schüler war direkt nach dem Frühstück zur Feldarbeit eingeteilt, bei der wir harte Vorgaben zu erfüllen hatten. Und das alles in Gummistiefeln bei vierzig Grad in der glühenden Sonne. Wir haben so gestunken …

Mittags liefen wir schnell zurück zum Internat, wo sechzig Studenten dann um fünfzig Duschen kämpften – manchmal gab es auch gar kein Wasser –, um möglichst schnell in der Kantine zu sein. Wer zu spät kam, bekam nichts mehr zu essen. Anschließend hatten wir Unterricht bis zum Abendessen, und von zwanzig bis zweiundzwanzig Uhr hieß es, Hausaufgaben machen. Bei der anderen Hälfte der Schüler verlief der Zeitplan genau umgekehrt. Sie gingen morgens in die Schule und nachmittags aufs Feld, und das Gerangel um die Duschen sowie das Essen fand bei ihnen erst am Abend statt.

Wieder einmal half mir mein Kopf aus der Misere. Wer besonders gut in bestimmten Fächern war, konnte an einem Förderunterricht teilnehmen und bei regionalen und nationalen Wettbewerben mitmachen.

Diese Schüler mussten nicht so oft in der Landwirtschaft arbeiten, weil es ihre Aufgabe war, Preise zu gewinnen. Da ich in Mathematik, Literatur und Sport sehr gut war, machte ich mit, wo ich nur konnte; nur um nicht auf dem Feld arbeiten zu müssen. Trotzdem ließ es sich manchmal nicht verhindern.

Ich erinnere mich noch gut, wie wir eines Morgens auf dem Weg zum Feld an einem riesigen Propagandaplakat vorbeimarschierten, auf dem der berühmte Dichter und Nationalheld José Martí abgebildet war. Neben ihm stand der Satz: »Hinter jeder Schule sollte ein Feld sein ...« Der kubanische Poet und Philosoph ist eine Symbolfigur des Unabhängigkeitskampfs und forderte schon im 19. Jahrhundert eine allgemeine Volksbildung. Deshalb standen in den Schulen oft Martí-Büsten oder solche propagandistischen Plakate.

Als ich den Satz las, kam der ganze Frust über die harte Arbeit in mir hoch. Was hatte ich von dem Anspruch auf allgemeine Volksbildung, wenn ich dafür jeden Tag auf den Feldern schuften musste? Ich fing an, mit der Hacke, die wir für die Feldarbeit brauchten, auf das Plakat einzustechen. Dabei hatte ich eigentlich gar nichts gegen José Martí. Im Gegenteil, von ihm stammte eines meiner Lieblingsgedichte: *Los Zapaticos de Rosa* (»Die rosaroten Schühchen«), in dem ein kleines privilegiertes Mädchen seine heiß geliebten rosafarbenen Schuhe einem anderen Mädchen schenkt, das sehr arm ist. Ich mochte Gedichte und schrieb selbst welche. Eine meiner Lehrerinnen in der Grundschule hatte mich dazu ermuntert, an Literaturwettbewerben teilzunehmen. Und ich habe sogar einige gewonnen. Meine Gedichte drehten sich meist um Liebe und Familie und hatten immer einen romantischen Touch. Wahrscheinlich hat mich die Beziehung meiner Eltern beeinflusst.

Und nun stand ich da in Gummistiefeln und schweißgebadet und schlug mit der Hacke wutentbrannt auf den Verfasser meines Lieblingsgedichts ein. Irgendwann zog mich einer der Vorarbeiter weg und brachte mich zum Direktor. Ich bekam richtig Ärger. Meine Mutter wurde in die Schule zitiert und musste mein Verhalten rechtfertigen, während ich am darauffolgenden Wochenende nicht nach Hause fahren durfte, sondern Strafdienst in der Schule ableisten musste – das hieß putzen, aufräumen, reparieren.

Ich habe die Feldarbeit gehasst und sie oft als »Kinderarbeit« beschimpft. Doch sie machte mich auch stark. Wie sehr, merkte ich erst, als ich Jahre später überhaupt keine Angst davor hatte, als grade mal Achtzehnjähriger allein nach Europa zu gehen. Ich wusste, ich würde das schaffen. Denn ich hatte schon mit elf im Internat überlebt.

Das Internat war aber nicht nur körperlich anstrengend, sondern auch intellektuell eine Herausforderung. In meinem *Vocacional* befanden sich die besten Schüler aus Mittelkuba, es herrschte ein extremer Konkurrenzdruck. Hundert Punkte waren das beste Resultat bei einer Prüfung – und wer in jedem

Fach nicht mindestens fünfundachtzig pro Prüfung schaffte, verlor seinen Platz in dieser Eliteschule. Das bedeutete: Egal wie müde wir von der Feldarbeit waren, wir mussten am Abend so viel lernen, um das zu erreichen. Ich wollte aber nicht nur 85 Punkte, ich wollte 95 oder 100 Punkte. Denn ich hatte meinen Plan B vor Augen, einen Studienplatz im Ausland, den nur die Schüler mit dem besten Abschluss bekamen.

All die Jahre habe ich viel gelitten. Beim Duschen rissen die älteren Jungs Witze über den »kleinen Pimmel« der Jüngeren. Ich bin heute noch dankbar, dass ich dadurch keine Komplexe bekommen habe – und dass meine Mitschüler meine Homosexualität nicht entdeckten. Das wussten nur die, die so waren wie ich, und davon gab es ein paar. Wir verbrachten unsere freie Zeit zusammen und erkundeten unsere Sexualität. Ein bisschen Küssen, ein bisschen Leidenschaft, ein bisschen Fummeln, aber immer in Angst und im Verborgenen.

Auch wenn es ein paar Jungs gab, die so wie ich waren, blieb das Internat ein ständiger Kampf. Als ich etwa zwölf Jahre alt war, stand ich einmal vor dem Unterricht im Klassenzimmer herum, eine Hand in die Hüften gestützt. Da kam meine Lehrerin, schlug mir mit dem Lineal auf die Hand und schrie mich an: »Ein Mann steht nicht so.«

Das Gefühl, anders zu sein, bewirkte, dass ich mich ständig kontrollierte. Ich durfte nicht spielen, was mir Spaß machte. Ich durfte meine Hüften nicht schwingen, wie ich wollte. Ich musste darauf achten, wie ich mich bewegte. Ich durfte nicht zeigen und auch nicht sagen, dass ich schwul war.

Die Magie der roten Dose

Das Überleben im Internat hat mir vor allem mein bester Freund Manuel erleichtert, der noch heute wie ein Bruder für mich ist. Wir waren unzertrennlich und wussten beide, dass wir homosexuell waren. Vor Manuel musste ich mein zweites Ich nicht verstecken. Ich konnte sein, wie ich war. Wir haben alles zusammen gemacht und sind gemeinsam durch dick und dünn gegangen.

Manuels Mutter Nelly war eine der besten Freundinnen meiner Mutter. Die beiden Frauen engagierten sich in unserem Dorf sehr aktiv in der Frauenorganisation *Mujeres Cubanas* und fuhren auch auf Kongresse nach Havanna. Manuel wuchs mit seiner Mutter und ihren vielen Schwestern auf, nachdem sein Vater die Familie schon früh verlassen hatte. Weil Manuel in der Nähe des Arbeitsplatzes meiner Mutter wohnte, ging ich häufig nach der Schule mit zu ihm. Und mit elf Jahren wohnten wir zusammen im gleichen Internat. Diese enge Bindung besteht bis heute, und es gibt kaum etwas, das wir nicht voneinander wissen.

Mit zwölf beschloss ich, die Welt außerhalb des Internats zu entdecken. Ich wollte dem harten Schulalltag entfliehen, etwas Neues erleben und auch andere

Homosexuelle kennenlernen. Kuba ist wie eine Überraschungskiste. Egal wo du bist, in der Stadt oder in der Pampa, du kannst immer tolle Leute treffen. Das ist heute noch so. »Komm, lass uns verreisen«, schlug ich Manuel vor. Von da ab schwindelten wir unseren Eltern, die uns zu Hause erwarteten, regelmäßig vor, dass wir am Wochenende im Internat bleiben müssten, um an einem Projekt zu arbeiten.

Und so wurden Jorge und Manuel zu Wochenendtouristen: Wir stellten uns in Santa Clara an die *carretera central*, die Landstraße, die durch Kuba verläuft, denn eine Autobahn gab es damals noch nicht. Manuel stand auf der einen und ich auf der anderen Seite der Straße. Sobald ein Auto anhielt, stiegen wir ein, egal in welche Richtung es ging. Auf diese Weise haben wir fast die ganze Insel bereist. An einem Wochenende fuhren wir von Santa Clara Richtung Süden nach Cienfuegos, einer malerischen Stadt am Meer, die auch Perle des Südens genannt wird, oder Richtung Osten nach Camagüey, der drittgrößten Stadt der Insel; ein andermal nach Havanna oder nach Varadero an den Strand. Erst unternahmen wir nur Ausflüge am Wochenende, doch irgendwann fingen wir an, unseren »Urlaub« zu verlängern, weil es so schön war unterwegs, und schwänzten ein paar Tage die Schule. »Warum zurückgehen?«, sagte ich zu Manuel. »Komm, wir bleiben.«

Einmal wäre uns meine Mutter fast auf die Schliche gekommen. Denn eine Bekannte unserer Mütter, die zufälligerweise auch unterwegs war, hatte gesehen, wie wir beim Trampen in einen Laster stiegen. Sie erzählte einer von Manuels Tanten davon: »*Imagínate*, stell dir vor, ich habe deinen Neffen und Jorge gesehen, wie sie in einem Lastwagen Richtung Cienfuegos gefahren sind. Was haben die denn da gemacht?« Die Tante erzählte es Manuels Mutter und die wiederum meiner Mutter. So was kommt vor, wenn man in einem Dorf lebt und eine große Familie hat.

Wir hatten echt Mühe, uns da rauszureden. Weil ich meine Mutter nicht enttäuschen wollte, erzählte ich ihr, wir hätten für ein Projekt in Cienfuegos etwas recherchieren müssen. Meine Mutter war so lieb. Statt uns Vorwürfe zu machen oder in der Schule anzurufen, machte sie sich Sorgen, was uns auf der Fahrt alles hätte passieren können. Ich glaube, sie wusste, dass ich homosexuell war und ab und zu der Enge des Internats entwischen musste. Aber weil ich ein guter Schüler war, nahm sie alles, was ich so anstellte, mit einem Zwinkerauge◢.

Für unsere Reisen brauchten wir natürlich Geld. Und hier kommen mal wieder meine besten Freunde ins Spiel, die High Heels. Manuels Mutter und seinen Tanten ging es vor der Revolution von 1959 sehr gut, und sie besaßen jede Menge Klamotten, Schmuck, Seidenbettwäsche und Schuhe, Schuhe, Schuhe. Es gab sogar noch Kosmetik aus der Zeit: Puder, Lippenstift, Eyeliner. Als wir all die Schätze in den Schränken

---

◢ Ich meinte natürlich: Augenzwinkern

und Kisten entdeckten, kam uns eine »Geschäftsidee«: Wir verkauften einzelne Teile – vor allem High Heels – an meine Schwester und ihre Freundinnen, die genauso verrückt wie ich nach Schuhen, Klamotten und Bling-Bling waren.

Und so finanzierten wir unsere Reisen eine Zeit lang mit dem Erlös aus diesen »Verkäufen«. Vor allem meine Schwester war eine dankbare Abnehmerin. Da sie einen verantwortungsvollen Job in einer Papierfabrik hatte und gut verdiente, konnte sie es sich leisten, ab und zu ein paar Teile unserer »Tantenkollektion« zu kaufen. Und meine Schwester war schlimmer als ich. Sie war immer auf dem Catwalk! Und erschien nicht nur zur Silvesterparty in einem neuen Kleid. Nein! Sie hatte vom 29. Dezember bis zum 1. Januar jeden Tag ein neues Outfit an. Deshalb kam ihr unser Business grade recht. Sie liebte es, sich extravagant anzuziehen. Und sie liebte die Farbe Weiß. Irgendetwas an ihrem Styling war immer weiß: die High Heels, die Bluse, das Haarband ... Dazu ein komplettes Make-up, lange rote Fingernägel und die Haare immer schön gemacht. Meine Schwester war eine Meisterin darin, sich in Szene zu setzen. Auch heute noch würde sie nie ohne High Heels aus dem Haus gehen. Sie wohnt im Haus neben meinem Vater und könnte ihn mit Hausschuhen besuchen. Aber nein, selbst auf diesem kurzen Weg lässt sie sich von ihren besten Freunden begleiten.

Unser Geschäft lief eine ganze Weile hervorragend, bis meine Schwester einmal topgestylt Manuels Mutter Nelly begegnete. Die schaute sie an und sagte: »*Ay, qué lindo*, ach, wie hübsch ... Als ich jung war, hatte ich genau die gleichen Ohrringe wie du.« Meine Schwester durchschaute die Sache sofort und fragte ganz scheinheilig: »Hast du die Ohrringe noch?« Während seine Mutter in ihr Zimmer ging, um nach dem Schmuck zu suchen, nahmen Manuel und ich ganz schnell die Beine in die Hand, um uns zu verstecken.

»Weißt du was«, meinte meine Schwester, als Manuels Mutter mit leeren Händen zurückkam, »ich glaube, du hast nicht nur die gleichen Ohrringe wie ich, sondern auch die gleichen Schuhe, die gleichen Pullover und die gleichen Blusen. Denn das sind alles deine Sachen, die dein Sohn und mein Bruder verkauft haben.« So kamen die Chicas unserem Business leider auf die Schliche.

Doch zurück zu den Reisen von Jorge und seinem besten Freund: 1983, da war ich fünfzehn Jahre alt, hatten wir mal wieder ein Paar Schuhe und eine Tasche an meine Schwester verkauft und beschlossen, auf das berühmte *Festival de Varadero* zu fahren. In Varadero, das etwa hundertzwanzig Kilometer östlich von Havanna liegt, sollte der berühmte venezolanische Musiker Oscar D'León auftreten – eine Salsalegende. Jeder auf Kuba wollte damals dorthin. Da das Festival eine ganze Woche dauerte, mussten wir nicht bloß unsere Eltern anschwindeln wegen des Wochenendes, sondern auch die Schule schwänzen.

Gesagt, getan. Wir fuhren per Autostopp nach Varadero, was bis heute in Kuba ganz normal ist, fanden eine billige Unterkunft und gingen sofort aufs Festival. Eine Woche lang haben wir ganz vorn in der ersten Reihe getanzt und getanzt und getanzt. Ihr könnt euch nicht vorstellen, wie ich damals ausgesehen habe: Afromähne, ein Hemd im Stil von Michael Jackson mit ganz vielen Reißverschlüssen, das eine Freundin meiner Schwester genäht hatte. Dazu Jeans und meine heißgeliebten »Popis«. Das waren zwar keine so schicken Sneakers, wie es sie heute gibt, aber ich fand diese halbhohen rot-weißen Turnschuhe damals extrem cool.

Wir hatten eine richtig gute Zeit in Varadero! Und weil wir bei ein paar netten Leuten wohnen konnten, die wir auf dem Festival kennenlernten, sparten wir sogar noch das Geld für die Übernachtung. Jeden Abend gingen wir aufs Festival und danach auf irgendeine Party. Wir tanzten die Nächte durch und erlebten den Sonnenaufgang am Strand. Manuel und ich liebten es, im Sand sitzend über den Horizont zu blicken und bis in den Morgen zu philosophieren.

»Denkst du wirklich«, fragte ich ihn in einer sternenklaren Nacht, »dass hinter dieser Linie die Leute machen können, was sie wollen? Einkaufen, auf Partys gehen, mit dem Flugzeug fliegen? Stell dir mal vor, wir wären jetzt in Paris ...«

»Mist«, antwortete Manuel, »und wir hocken hier.«

Eines Abends standen wir auf einer Party neben einer wunderschönen Chica und einem gut aussehenden jungen Mann. Die beiden gehörten zu einer Gruppe, die ganz anders als wir gekleidet waren – so europäisch – und Coca-Cola aus dieser für uns Kubaner magischen roten Dose tranken. Deshalb nahmen wir an, dass sie Ausländer sein mussten, denn kein Kubaner konnte sich damals so etwas leisten. Doch als sie anfingen zu tanzen, war mir klar, dass es sich um Kubaner handelte, weil sie nicht nur mit den Beinen und den Hüften tanzten, sondern auch mit den Augen, den Händen, ja, mit dem ganzen Körper.

Irgendwann kamen wir ins Gespräch, und die beiden luden Manuel und mich auf eine Cola ein. Ihr könnt euch nicht vorstellen, wie stolz ich auf diese rote Dose war. Ich hielt sie den ganzen Abend – auch als sie schon leer war – in der Hand. Das war eine Sensation für mich. Ganz ehrlich: Ich habe sie sogar mit nach Hause genommen, Wasser reingetan und bin damit ausgegangen.

Dieses Recyclingverfahren hatte ich vorher schon mit meinem ersten Kaugummi angewendet, den mein Onkel Che, der Seemann, meinen Cousins und mir von seinen Reisen mitbrachte. Wir kubanischen Kinder kannten so etwas nicht. Wir aßen *caimitos*, eine lilafarbene tropische Frucht mit einer klebrigen Textur, die einem den Mund verklebt und die Zunge dunkel färbt. Deswegen waren wir ganz heiß auf die Kaugummis meines Onkels. Aber weil wir so viele waren, gab es für jeden von uns nur einen Streifen. Einen Streifen, kein ganzes Päckchen! Für mich war das wie pures Gold. Samstags, bevor ich ausging, biss ich ein kleines Stück von dem Streifen ab, und wenn ich in der Nacht nach Hause kam, legte ich das winzige Kaugummistück im Kühlschrank in Pfefferminzlikör ein, um es geschmacklich »aufzubereiten«, damit ich am nächsten Samstag wieder was zu kauen hatte. Insgesamt habe ich so ganze vier Monate an dem einen Kaugummistreifen gegessen.

Auch die Tafel Schokolade, die mein Onkel uns mitbrachte, wurde nach dieser Methode aufgeteilt. Er öffnete die Packung, entfernte behutsam das Silberpapier und zerbrach die Tafel anschließend in lauter einzelne Stückchen, damit alle aus unserer großen Familie etwas abbekamen. So blieb für jeden immer nur ein winziges Stück. Als kleiner Junge verschlang ich meinen Anteil sofort – und machte dann meiner Mama schöne Augen in der Hoffnung, auch ihre Schokolade essen zu dürfen. Und weil sie meinem Augenaufschlag nicht widerstehen konnte, kostete sie ein wenig, lächelte mich an und gab mir ihr Stück. Manchmal denke ich, dass man die Dinge viel mehr schätzen lernt, wenn man ohne sie aufgewachsen ist. Cola, Kaugummi und Co., so etwas gab es nicht bei uns. Auch keine edlen Parfums. Wenn ausländische Touristinnen die kubanischen Museen besuchten, dann schlossen die Wärter sofort die Fenster, damit die Duftwolke, die die Damen umgab, möglichst lange im Raum blieb.

Aber zurück zu den hübschen jungen Leuten auf dem Festival: Irgendwann fragte der junge Mann uns, ob Manuel und ich nicht Lust hätten, mit anderen bei ihm zu Hause weiterzufeiern. Natürlich wollten wir das und wurden gleich darauf mit Chauffeur zu einer

Villa gefahren, die zu einem großen Hotelresort gehörte. Es war das erste Mal in meinem Leben, dass ich so ein imposantes Gebäude betrat – so etwas konnten sich zu der Zeit nur Ausländer leisten oder Kubaner, die eine hohe Position beim Militär, in der Politik oder im diplomatischen Dienst hatten.

Für »normale« Kubaner blieb es ein Traum, diese in ihren Augen luxuriösen Resorts zu betreten. Es war ihnen auch verboten, in die Shops zu gehen, in denen man nur mit Dollar beziehungsweise ausländischen Devisen bezahlen konnte. Sie durften zwar die gleichen Restaurants besuchen wie die Touristen, mussten aber ewig lange anstehen. Wenn sie dann endlich einen Platz ergattert hatten, saßen sie separat von den Touristen. Und während diese für ihre Devisen ein leckeres Essen bekamen, wurden die Kubaner gegen einen Coupon mit einem Standardgericht und einem Getränk abgespeist.

Irgendwann stellte sich heraus, dass der junge Mann der Sohn eines hochrangigen Politikers war – er wurde meine erste Urlaubsliebe. Nach vielen Colas, Kaugummis und Küssen kehrten Manuel und ich neun Tage später an einem Sonntagnachmittag ins Internat zurück, beide ganz verbrannt von der Sonne. Manuel, der sehr hellhäutig ist, hatte Sonnenbrand, und Jorge war schwarz. Wenn ich nicht in die Sonne gehe, habe ich die Farbe von einem Latte macchiato. Jetzt aber war ich so dunkel wie ein dreifacher Espresso. Dabei hatten wir uns entschuldigt, weil wir angeblich krank waren ...

Was wir leider nicht wussten: Da das Festival mit dem legendären Oscar D'León ein riesengroßes Ereignis in Kuba war, wurde es auf beiden staatlichen Fernsehkanälen übertragen. Die gesamte Schule inklusive Direktor verfolgte das Festival und den Auftritt von Oscar D'León am Bildschirm – zu diesem Zweck war der Fernsehapparat des Direktors eigens auf den Schulhof gebracht worden. Und alle hatten sie gesehen, wie Manuel und Jorge fröhlich in der ersten Reihe die Hüften schwangen! Kein Wunder also, dass der Direktor sofort aus seinem Büro stürzte und uns vor der Tür abfing.

Er war ein kleiner Mann mit einem dicken Schnauzer, der kurzärmelige karierte Hemden und altmodische Hosen mit einem hohen Bund trug, den er, wollte er sich in Szene setzen, immer resolut nach oben zog. Er hatte Manuel und mich sowieso auf dem Kieker, weil wir oft fehlten und dauernd Blödsinn machten. Ich glaube, es ärgerte ihn furchtbar, dass er uns wegen unserer Leistungen nichts anhaben konnte. Denn wir waren nicht bloß sehr gute Schüler, sondern hatten auch viele Wettbewerbe für die Schule in Chemie, Physik, Mathematik und Literatur gewonnen.

»Ihr braucht gar nicht reinzukommen«, wies er uns zurecht. »Geht nach Hause und kommt morgen früh mit euren Eltern wieder.« Punkt.

Was tun? Wir konnten unseren Eltern ja schlecht sagen: »Hey, wir haben grade neun Tage die Schule geschwänzt und waren in Varadero auf dem Festival.« Deshalb gingen wir nicht nach Hause, sondern zu einer meiner Tanten, die in der Nähe des Internats wohnte, um einen Notfallplan auszuhecken. Zum Glück kam mir meine Schwester in den Sinn, die mich schon oft gerettet und mit ihren Einkäufen ja auch unsere Reise finanziert hatte. Sie hatte durch ihre Arbeit in der Papierfabrik sehr gute Beziehungen.

»Du musst kommen und uns helfen«, sagte ich am Telefon und erzählte ihr, was geschehen war.

»Alles klar«, antwortete sie nach kurzem Überlegen. »Geht morgen früh wie mit dem Direktor abgemacht in die Schule. Ich lasse mir in der Zwischenzeit was einfallen.«

Ich habe trotz der Nervosität gut geschlafen in der Nacht, denn ich vertraute voll und ganz auf meine Schwester und war gespannt, was sie sich diesmal einfallen lassen würde.

Am nächsten Morgen wartete der Direktor schon in seinem Büro auf uns, und wir erklärten ihm, dass in ein paar Minuten jemand von unseren Familien käme. Kurz darauf konnten wir durchs Fenster erkennen, wie ein Fahrzeug auf dem Schulhof vorfuhr. Ein weißer Peugeot mit einem grünen Nummernschild. Die kubanischen Autos haben gelbe Nummernschilder mit schwarzer Aufschrift. Grün mit schwarzer Schrift bedeutete, dass es sich um ein Militärfahrzeug handelte. Der Direktor war alarmiert. Hektisch sprang er auf, lief aus seinem Büro in Richtung Eingangstür. Schweißperlen standen auf seiner Stirn, als der Wagen vor der Treppe zum Eingang anhielt. Er zog energisch seinen Hosenbund nach oben.

Als Erstes stieg der Fahrer aus, ein Oberst mit dickem Schnurrbart und in einer Uniform, die mit Orden behängt war. Er ging ganz langsam um den Wagen herum zur Beifahrertür und öffnete sie. Der Direktor, schon ganz rot im Gesicht vor lauter Aufregung, trat nervös von einem Bein aufs andere.

Und was dann kam, war hollywoodreif. Aus dem Inneren des Wagens tauchte ein Fuß auf, der in einem weißen High Heel von Manuels Tante steckte. Dann folgte ganz langsam der zweite weiße High Heel und wurde elegant neben dem ersten platziert. Wir konnten ein Stück von einer weißen Hose sehen und eine Frauenhand, die nach dem Arm des Oberst griff, der seiner Begleiterin aus dem Wagen helfen wollte.

Meine Schwester ließ sich richtig viel Zeit für diesen Auftritt. Sobald sie ausgestiegen war, ging sie in die Knie und holte ihre Handtasche der Marke Tante aus dem Wagen. Sie passte perfekt zu den weißen High Heels, der weißen Hose und der weiten Chiffonbluse mit transparentem Blumenmuster, die eine nackte Schulter freigab. Ihr Haar war zu einem strengen Pferdeschwanz gebunden, ihr Make-up wie immer perfekt.

Wieder griff sich der Direktor an den Hosenbund, und sein Gesichtsausdruck sagte: Auweia!

Manuel und ich konnten uns kaum halten vor Lachen, als wir durchs Fenster im Büro des Direktors beobachteten, wie meine Schwester im Zeitlupentempo am Arm des Oberst die Treppe hinaufschritt.

Mit jeder Faser ihres Körpers drückte sie aus: »Hey, ich bin wichtig.« Das war Glam, das war Haltung. Oben streckte sie dem Direktor eine Hand entgegen und sagte: »Guten Tag, Herr Direktor. Ich bin die Schwester von Jorge González und das ist Oberst XYZ. Es tut mir leid wegen der Unannehmlichkeiten mit Jorge und Manuel. Ich arbeite im Ausland und bin gerade auf der Durchreise. Deshalb hatte ich die beiden gebeten, mich nach Varadero zu begleiten. Leider sind sie länger geblieben. Aber dafür werden sie noch Ärger mit mir bekommen.«

»Mit mir auch«, warf der Oberst mit strengem Blick ein.

»Wir werden sie uns vorknöpfen, Herr Direktor. Und die beiden jungen Herren werden die Konsequenzen zu tragen haben«, fügte meine Schwester noch hinzu.

»Sehr gut«, triumphierte der Direktor. »Die zwei haben Glück, dass sie so gute Schüler sind. Sonst hätte ich sie schon längst von der Schule verwiesen.«

Damit war die Sache erledigt, und meine Schwester und der Oberst machten sich wieder auf den Heimweg. Natürlich bekamen wir eine Strafe aufgebrummt und durften ein Wochenende lang nicht nach Hause fahren, sondern mussten die Schulbibliothek putzen und die kaputten Stühle reparieren. Doch das war uns egal. Eine wunderbare Chica und ihre besten Freunde, die High Heels, hatten mit dem erbosten Direktor geflirtet und damit unsere Haut gerettet. Der Spaß war es wert gewesen.

Wenn ihr jetzt glaubt, dass mich meine Schwester von da an in der Hand gehabt hätte, dann täuscht ihr euch. Zeitsprung – ein paar Wochen später. Sobald sich die Wogen um unser Abenteuer in Varadero geglättet hatten, zogen Manuel und ich wieder los. Diesmal wollten wir nach Havanna. Die Hauptstadt war für uns immer eine willkommene Abwechslung. Dort hatten wir das Gefühl, keine Außenseiter zu sein, weil wir jungen Männern begegneten, die wie wir ein zweites Ich hatten. Homosexuelle waren in Kuba immer noch eine Art Virus der Gesellschaft, schlimmer als der Kapitalismus. 1980 hatte Fidel Castro jedem, der es wollte, freigestellt, Kuba zu verlassen. 125 000 Menschen flüchteten damals vom Hafen in Mariel nach Miami. Darunter viele Homosexuelle, die lieber ihre Heimat und ihre Familien zurücklassen wollten, als in Unfreiheit zu leben.

In Havanna gab es einige Stadtteile, in denen sich Homosexuelle – natürlich im Verborgenen – trafen. Zu der liebsten Beschäftigung der jungen Männer gehörte ein kilometerlanger Spaziergang: Erst ging es die Calle 23 entlang, dann machte man Pause in der bekannten Eisdiele »Coppelia«, wo es *fresa y chocolate* gab, das berühmte Erdbeer- und Schokoladeneis, bevor es weiterging in Richtung Malecón, zur Uferpromenade, die die Altstadt mit dem modernen Regierungs- und Vergnügungsviertel verbindet.

Genau auf dieser Route waren Manuel und ich ein paar Wochen nach der Rettungsaktion meiner Schwester unterwegs und liefen gerade am »Habana libre« vorbei, dem ehemaligen Hilton-Hotel, das schräg gegenüber vom »Coppelia« liegt. Und wer kam in dem Moment aus dem Hotel raus? Meine Schwester, wie immer topgestylt. Aber sie war nicht nur in Begleitung ihrer besten Freunde, der High Heels. An ihrer Seite ging ein verheirateter Mann aus unserem Ort …

Ich zupfte Manuel am Arm, zeigte mit den Augen in Richtung Hoteleingang und flüsterte: »Manuel, unsere »Bank« ist da.«

Wir schlichen den beiden hinterher, wie sie Hand in Hand die Calle 23 entlangschlenderten. Irgendwann überholten wir sie und kamen ihnen aus der anderen Richtung entgegen.

»*Hola, chica*«, sagte ich grinsend.

Meine Schwester wurde blass. Sie wusste, dass ich wusste – dass sie so etwas wie ein weiblicher Casanova war und jede Woche einen anderen Boyfriend hatte.

»Dürfte ich kurz mit meiner Schwester sprechen«, sagte ich höflich zu ihrem Begleiter.

»Jorge, ich bin hier auf einem Kongress«, zischte sie, als wir ein Stück zur Seite gegangen waren.

Ich sagte nichts und schaute bloß ernst.

»Du darfst zu Hause nichts sagen, hörst du?«, flehte sie. Denn unser Vater würde ausflippen, falls er erfuhr, wo und mit wem sie unterwegs war.

»Ich habe dich nicht gesehen?«, fragte ich mit Unschuldsmiene.

»Zehn Pesos.« Erstes Angebot auf dem Tisch.

»Aber Manuel und ich wollten im ›Coppelia‹ noch ein Eis essen.« Angebot abgelehnt.

»Zwanzig Pesos.« Zweites Angebot.

»Ich muss den Bus bezahlen.« Zweites Angebot abgelehnt.

»Dreißig Pesos.« Drittes Angebot.

»Ich sage nichts?«, fragte ich erneut und machte dabei eine Bewegung, als würde ich meine Lippen versiegeln. Angebot abgelehnt.

»Fünfzig Pesos«, sagte sie energisch. Letztes Angebot.

»Danke, Schwesterherz. Ich habe dich nicht gesehen. *Adiós.*« Angebot angenommen. Betrag ausgezahlt.

Und so verbrachten Manuel und Jorge ein wunderschönes Wochenende in Havanna und waren viele Male im »Coppelia« Eis essen.

Die Waffen der Frauen

In der Machowelt von Kuba konnte ich tagtäglich beobachten, wie die Frauen ihre weiblichen Waffen auf eben diese Machos richteten. Meine Schwester beherrschte das perfekt, wie ihr an der Geschichte mit dem Direktor meiner Schule sehen könnt.

Meine Mutter sagte immer mit einem Lächeln auf den Lippen über meinen Vater: »Er denkt, er ist der Chef hier. Aber ich gebe ihm nur dieses Gefühl – in Wirklichkeit bin ich die Chefin.« Wenn mein Vater dann wieder mal mit strenger Stimme sagte: »Ich bin der Chef im Haus«, antwortete meine Mutter meistens nur mit einem »Ja, ja, Gudelio, das ist wohl so.« Wir Kinder lachten uns darüber fast kaputt, denn wir wussten ja, wie sie das meinte.

Die Frauen in Kuba lächelten, sagten »Ja, mein Schatz« und brachten dann mit ihren Waffen – Klugheit x Schönheit x Weiblichkeit = Glam – den Mann dahin, wo sie ihn haben wollten. Die Männer taten alles, ohne darüber nachzudenken, dass sie es eigentlich gar nicht gewollt hatten. Und wenn es ihnen wieder einfiel, war es meistens zu spät.

Beim Thema Waffen der Frauen fällt mir sofort meine Tante Emilia ein. Als junge Frau war sie wunderschön, groß, blond mit langen Beinen. Sie blieb ihr Leben lang dreißig und trug noch mit weit über sechzig Miniröcke. Als ihr Ehemann starb, nahm sie sich nur noch jüngere Männer.

Einmal, da war ich ungefähr zehn Jahre, besuchte ich meine Tante, die damals vielleicht Ende fünfzig war, ein paar Tage in Havanna. Beim Spielen entdeckte ich über einem kleinen Tischchen, auf dem ein Sparschwein stand, einen Wandkalender, in den an manchen Tagen ein Kreuz eingetragen war.

» So, *mi niño*«, sagte meine Tante eines Morgens zu mir, »ich muss jetzt zum Frisör, zur Maniküre und Pediküre. Denn ich will heute hübsch aussehen. Und du gehst später zu deiner Tante Elena.«

Nach diesen Worten blickte sie zu ihrem viel jüngeren Freund hin, der auf der Couch vor dem Fernseher saß: »Und wenn ich zurückkomme, will ich ein Kreuz.«

»Wieso ein Kreuz, *tía*?«, fragte ich.

»Schau mal«, antwortete sie und zeigte dabei auf den Kalender, »in dieser Woche ist noch kein Kreuz eingetragen. Und das bedeutet«, dabei klopfte sie dreimal mit den Knöcheln ihrer Finger auf das Tischchen unter dem Kalender und durchbohrte ihren Lover mit Blicken: »BEZAHLEN!!!«

Im Klartext hieß das: Ihr Liebhaber musste seine Schulden entweder mit einer *hora de amor*, einem Schäferstündchen, abbezahlen oder zwanzig Pesos ins Sparschwein werfen ...

Auch auf der Straße wird scharf geschossen: Wenn in Kuba eine Frau einen großen Hintern hat – Achtung Chicas, das ist dort ein Schönheitsideal! –, dann sagen die Jungs: »*O, mamita*, dein Vater ist wohl ein *carnicero*, ein Fleischer, und du hast viel Hunger gehabt.«

Die Angesprochene wirft nur einen Blick von oben herab auf die schreienden Jungs, drückt ihr Holzkreuz durch, um den Popo größer zu machen, und stolziert davon. Wenn eine Frau einen Mann sexy findet und ihn kennenlernen will, dann sagt sie zum Beispiel zu ihm: »O *papito*, mit dir würde ich gern eine richtig große Familie haben.«

Im Spanischen nennen wir diese Art von Komplimenten *piropo*. Mit einem *piropo* willst du nicht nur etwas Nettes sagen, sondern deinem Gegenüber auch gefallen mit dem, was du sagst – damit du ein Kompliment zurückbekommst.

Einige meiner Freundinnen in Deutschland trafen sich früher einmal im Monat in unterschiedlichen Restaurants. Der einzige Mann, dem sie manchmal erlaubten, an ihrem Chicas-Tag teilzunehmen, war: Jorge. Vor ein paar Jahren waren wir alle zusammen Sushi essen. Die Chicas waren damals so Ende zwanzig, Anfang dreißig und hatten alle Probleme mit Männern. Und so bekam ich die Gelegenheit, das, was ich von den Chicas meiner Familie über die Waffen der Frauen gelernt hatte, an die deutschen Chicas weiterzugeben.

»Aaah, diese Chicas, die haben Probleme«, sagte ich, als sie anfingen, über die Männer zu reden.

Eine von ihnen war eine erfolgreiche Anwältin, verheiratet, und hatte gerade herausgefunden, dass ihr Mann sie betrog.

»Du musst wie *Pretty Woman* denken«, riet ich ihr. »Männer lieben es, wenn eine Frau eine andere Rolle spielt. Nimm dir ein Beispiel an Julia Roberts. Vivian war eine Prostituierte, die auf einmal wie eine Lady in der Bar saß. Erinnert ihr euch, Chicas«, sagte ich und schaute dabei einmal kurz in die Runde, »wie Edward Lewis alias Richard Gere sie anschaute?« Dann richtete ich das Wort wieder an die eine Chica: »Und genau dasselbe musst du mit deinem Mann machen. Der braucht das andere. Du musst ihm deine sexy und dunkle Seite zeigen. In seinen Augen bist du gerade nur die Mutter seiner Kinder, die immer nur Rollkragenpullover und Pferdeschwanz trägt. Und dann geht er eben irgendwann.«

Meine Freundin schwieg und schaute mich finster an.

»Du bist eine wunderbare Frau für ihn, nur leider nicht die, mit der er momentan leidenschaftlichen Sex haben kann. Doch er hat dich anders kennengelernt, weil du früher deine feminine Seite ausgelebt hast.«

Meine Freundin schwieg immer noch. Aber weil ich mir einbildete, dass sie nicht mehr ganz so finster schaute, redete ich weiter: »Du musst ihm wieder zeigen, dass du sehr wohl eine sexy Frau bist. Er liebt dich bestimmt, sehnt sich nur nach etwas, was er bei dir gerade nicht findet. Und vielleicht hat er ja Angst, dass er das nie mehr finden wird. Deshalb sucht er sich andere Frauen.«

Das Interesse meiner Freundin war geweckt. Ich beschloss, noch einen draufzusetzen: »Du musst einen Stopp machen und ihm zeigen: Ich bin wieder da, Liebling. Gib ihm das, was er woanders sucht. In dem Moment hast du gewonnen, weil du die Situation bestimmst. Es kostet doch nicht viel, ein hübsches Kleid und sexy Unterwäsche zu tragen, oder?«

Eben noch hatte meine Freundin wie die anderen Frauen am Tisch aufmerksam zugehört, aber nach diesem Satz fiel sie quasi in sich zusammen. Denn zu der Zeit trug sie meistens Unterwäsche, die meine Oma oder meine Mutter hätten anziehen können.

Also malte ich das Bild der sexy Lady weiter: »Kuck dich doch mal an. Du bist jung, grade mal zweiunddreißig und total erfolgreich. Du hast einen tollen

Körper, einen wunderschönen Busen und das nach zwei Kindern. Was für ein Glück hat er, eine Frau wie dich zu haben! Wenn du ihn liebst und ihn zurückerobern willst, dann los, hol ihn dir!«

Am nächsten Tag zogen wir zusammen los, um im exklusivsten Wäscheladen der Stadt sexy Dessous zu kaufen.

»Jorge, das kann ich nicht anziehen«, flüsterte meine Freundin, als ich ihr einige etwas knappe Modelle in die Umkleidekabine brachte.

»Du musst, *mi amor*, das musst du, meine Liebe«, flötete ich. »Du willst diesen Mann, also hol ihn dir mit den Waffen einer Frau zurück.«

Anschließend kauften wir in einer Boutique ein aufregend dekolletiertes, hauchzartes Kleid mit ganz feinen Trägern und Spitzen, das aussah wie ein Seidenneglige.

»So und jetzt das ganze Programm: frisieren, maniküren, pediküren, depilieren ...«

»Waaas?!«, schrie meine Freundin.

»*Cariño*, Liebes, wie gefällt es deinem Mann?«

»Waaaas?!«, rief sie wieder.

»Na ja, du brauchst da unten ein Waxing!«

Nach etwas Überzeugungsarbeit brachte ich sie dazu, die komplette Prozedur über sich ergehen zu lassen. Und siehe da: Als sie fertig war, zeigte sich, dass alles wie für sie gemacht war. Sie trug einen schlichten kurzen Haarschnitt, silberne Kreolen in den Ohren, ihre Haut schimmerte sexy, der BH blitzte aus dem Dekolleté. Sie wollte das ständig korrigieren,

Meine Mutter – die Chica meines Herzens

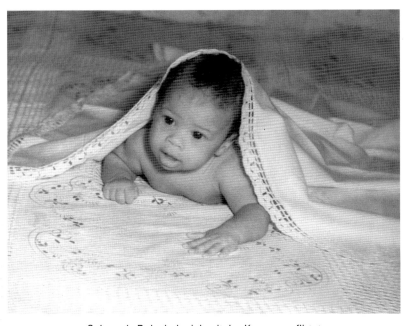

Schon als Baby habe ich mit der Kamera geflirtet

Meine Eltern auf dem Weg in die Flitterwochen

Bereit für den Laufsteg ...

Ich habe auch wie die anderen Jungs gespielt – aber nur ganz selten!

Posen mit Mama

Immer Haltung bewahren!

Die Zuckerfabrik mit den zwei Türmen in Jatibonico

doch ich befahl ihr jedes Mal: »Nein! Das lässt du so!« Das fließende, knielange Kleid war enorm sexy, ohne vulgär zu sein. Es saß perfekt, war nicht zu weit und nicht zu eng und schmeichelte ihrer Figur. Und wenn sie sich bewegte, raschelte die Seide erotisch. Und unten, an den Füßen, kamen meine besten Freunde zum Einsatz, die High Heels.

»Nicht vergessen, Chica: *Pretty Woman* ...«, gab ich ihr mit auf den Weg, weil sie sehr nervös war. Wir hatten ihren Abend genauso wie den Film inszeniert. Sie bestellte ihren Mann in die Bar eines Restaurants mit den Worten: »Wir müssen reden.« Als sie dort ankam und ihr Mann sie entdeckte, schaute er sie erst nur mit offenem Mund an. Als er nach einer Weile sprachlos auf sie zuging, küsste sie ihn auf den Mund. Genau, wie wir es besprochen hatten. Denn sie hatte mir gestanden, dass sie sich seit Langem nur noch wie Bruder und Schwester auf die Wange küssten.

»Ganz wichtig, du musst ihn küssen«, sagte ich zu ihr, »und zwar mit Zunge. Und wenn du dazu vorher ein Glas Prosecco trinken musst.«

Sie hat es tatsächlich getan. Sie zog ihn leidenschaftlich an sich und küsste ihn innig.

Als er sie fragte, ob sie etwas trinken wolle, sagte sie nur: »Nein, ich habe einen anderen Vorschlag. Komm, lass uns gehen. Ich habe zu Hause etwas vorbereitet.« Sie konnte gar nicht so schnell schauen, wie er einen Geldschein auf den Tisch warf und aufstand.

»Jorge, es war so schön«, erzählte sie mir am nächsten Tag im Café. »Wir saßen auf dem Heimweg im Auto, ohne ein Wort zu reden. Er schaute mich nur immer wieder von der Seite an und strahlte. Als wir zu Hause ankamen, reichte ich ihm ein Glas Wein. Wir stießen an, und er fragte: ›Worüber willst du mit mir reden?‹ – ›Wir müssen nicht reden‹, habe ich geantwortet und dabei, wie du es vorgemacht hast, langsam einen Träger des Kleides abgestreift. Du glaubst es nicht: Er hat sich fast verschluckt. Und als ich anfing, mein Kleid auszuziehen, da packte er mich und rief immer nur: ›Ich liebe dich. Entschuldigung. Ich liebe dich.‹«

Sie umarmte mich und drückte mich ganz fest. Danach sagte sie total glücklich: »Weißt du was, Jorge, in dem Moment habe ich mich genauso gefühlt, wie du es vorhergesagt hast. Ich habe das Spiel dominiert. Das war der beste Sex, den ich je mit meinem Mann hatte.«

Und das alles mit den Waffen der Frauen. Jede Chica entscheidet selber, wann, wo, mit wem und wie sie ihren Glam einsetzt. Wenn eine Frau etwas will, dann bin ich sicher, dass sie es erreicht – auch wenn das manchmal mehr Arbeit für sie bedeutet, weil sie mehrere Rollen ausfüllen muss. Sie ist die Chefin des Hauses, sie hat ihren Job, sie ist die Mutter, die Ehefrau oder Freundin, aber auch die sexy Frau, die *piropos* hören will. Der Mann kommt nach Hause und fragt seine Frau: »Schaaatz, wo sind meine Socken. Schaaatz, wo ist dies? Schaaatz, wo ist das?« Für viele Frauen ist das nach wie vor die Realität. Dabei wollen sie so gerne auch mal Komplimente hören. Der Mann sieht das aber nicht. Der kommt von der Arbeit nach Hause und egal, was für ein Typ: Er ist weder darauf programmiert, sich sofort an die Hausarbeit zu machen, noch den Kühlschrank aufzufüllen. Ganz gleich, was mir die Männer erzählen, so läuft es nun einmal.

Eine Frau hingegen kann tausend Dinge auf einmal tun: kochen, waschen, Kinder versorgen, telefonieren, aufräumen ... Männer sind dazu meist nicht in der Lage. Die können sich nur einer Sache widmen, bei zweien sind sie oft schon überfordert. Mein Vater war da nicht anders. Er war es gewöhnt, dass meine Mutter ihn wie ein Baby behandelte. Sie sagte dann oft mit einem Blick in seine Richtung: »*El negro*, der schwarze Mann da, er denkt, er sei mein Sohn.« Aber mein Vater vergötterte meine Mutter und machte ihr eine Menge *piropos*, die sie nur schmunzelnd kommentierte: »*Ay*, ohne mich bist du nichts.«

Kafka, ich komme

In der Schule hatte ich gelernt, dass jeder Mensch gleich sei. Warum durfte ich dann nicht nach Varadero gehen und tanzen? Der Sohn eines Politikers aber schon? Wieso musste ich jeden Tag mein Ich unterdrücken oder verstecken? Das wollte ich nicht mehr. Ich wollte sein, wie ich war, und tun, was mir gefiel. Deshalb wuchs mit den Jahren meine Sehnsucht, Kuba zu verlassen. Ich wollte endlich nach Europa – auch wenn ich dafür den Preis zahlen musste, mein

Land und meine Familie zu verlassen. Deshalb hatte ich nur eins im Kopf: Ich musste lernen, um gute Noten und damit einen Studienplatz im Ausland zu bekommen.

Im letzten Schuljahr entschied sich der Werdegang der Schüler. Nur die Besten durften im Ausland studieren und nur die Allerbesten überhaupt wählen, welche Fächer sie an welcher Universität studieren wollten. Deshalb war klar, dass ich einer der allerbesten, wenn nicht sogar der beste Schüler meines Jahrgangs sein musste.

Am Ende gehörte ich tatsächlich zu den fünf Besten und durfte vier alternative Studienplätze beziehungsweise -fächer wählen. Ich bekam eine Liste mit zwei Spalten. Links standen alle möglichen Studienfächer und rechts die Studienorte. Und was machte Jorge? Er hielt die linke Seite zu, denn das Studienfach war mir egal. Mich interessierte nur die rechte Spalte, wo die Länder aufgeführt waren, zwischen denen ich wählen konnte: DDR, Jugoslawien, Tschechoslowakei, UdSSR, Ungarn und die restlichen Ostblockstaaten.

Während ich darüber nachdachte, in welches Land ich gehen sollte, fiel mir meine Tante Juana ein, die sehr gebildet und belesen war. Ich nannte sie deshalb immer »die Enzyklopädie«. Sie hatte mir als Kind oft von fremden Ländern und spannenden Büchern erzählt, darunter auch von Kafkas düsteren Romanen. Mit ihren Worten hatte sie mir ein verlockend schönes Bild von Prag gemalt, das geheimnisvolle Goldene Gässchen mit seinen märchenhaften Häusern an der Innenmauer der Prager Burg so genau beschrieben und so plastisch von Kafka und seiner Heimat erzählt, dass ich mich für die Tschechoslowakei entschied. Also machte ich bei allen infrage kommenden Studienorten ein Kreuz, bevor ich die linke Seite aufdeckte und nachschaute, was man dort studieren konnte. Zwischen den möglichen Fächern fiel mir ein Studiengang ins Auge: Nuklearökologie in Bratislava. Denn Mode und Journalismus kamen nicht infrage, weil ich dazu in die UdSSR hätte gehen müssen. Nuklearökologie beschäftigt sich mit den Auswirkungen radioaktiver Strahlung auf unser gesamtes ökologisches System und vereint mehrere Disziplinen, die mir sehr gefielen: Mathematik, Biologie, Chemie und Physik. Außerdem ging es um Ökologie und Umweltschutz – Themen, die mich interessierten, damals in Kuba aber noch nicht populär waren. Das ist etwas Neues, dachte ich, das machst du. Und damit war die Entscheidung gefallen.

Obwohl ich in meiner Schule zu den Besten der Jahrgangsstufe gehörte, hatte ich den Studienplatz trotzdem noch nicht in der Tasche, da sich über achthundert Schulabgänger auf »meinen« Studiengang beworben hatten, für den nur vier Plätze zur Verfügung standen. Deshalb mussten alle Bewerber für Nuklearökologie drei Tage lang an die Universität nach Santa Clara und Prüfungen in Mathematik, Physik, Chemie, Literatur und so weiter ablegen. Noch einmal hieß es kämpfen, um meinen Traum –

Europa – Wirklichkeit werden zu lassen. Innerhalb einer Stunde sollten wir in einem Multiple-Choice-Test zu jedem Fach so viele Fragen wie möglich beantworten. Wer die meisten schaffte, bekam die höchste Punktzahl.

Ein Gutes hatte dieser Prüfungsmarathon auf jeden Fall: Ich lernte dort eine meiner auch heute noch besten Freundinnen kennen: Ina oder *mi flaca*, wie ich sie nannte, weil sie so dünn war. Eine echte *guajira*, ein sehr bäuerliches Mädchen und schüchtern dazu. Sie hatte eine Traumfigur, ein wunderschönes Gesicht und tolle Haare, aber auch einen Oberlippenflaum und ganz dichte, zusammengewachsene Augenbrauen. Ihre Körpersprache war katastrophal, ihre Klamotten schrecklich und ihr Gang etwas zwischen Feldarbeiter und Ente. Doch sie hatte ein großes Herz.

Als ich sie das erste Mal sah, waren wir sofort auf einer Wellenlänge. Ich mochte sie nicht nur vom ersten Moment an, sondern bekam sofort Lust, diese Chica in einem tollen »Frida-Kahlo-Look« zu stylen. Dass sie Glam hatte, stand außer Zweifel, nur hatte sie ihn noch nicht entdeckt.

Ina war sehr intelligent und dazu sehr korrekt, und ich glaube, manchmal litt sie unter meiner lässigen Art. Eine Geschichte werde ich nie vergessen: Am Abend vor der letzten Prüfung – Physik – fand in Santa Clara ein Konzert von Juan Formell und Los Van Van statt, einer der bekanntesten Salsabands in Kuba. Einer ihrer Songs, der in ganz Lateinamerika bekannt ist, hieß *Sandunguera,* was so viel wie »verführerisch« bedeutet. Ich habe diese Band geliebt, weil mir der Rhythmus ihrer Musik direkt in die Hüften ging. Prüfung hin oder her, ich wollte unbedingt in dieses Konzert. Erstens hatte ich so viel gelernt, dass ich fast nicht mehr konnte, und zweitens war ich gut in Physik. Deshalb beschloss ich: Was ich bis heute nicht weiß, werde ich nicht in einer Nacht lernen. Also kann ich auch zu Los Van Van gehen.

Als Ina mich aufgestylt weggehen sah, fragte sie ganz irritiert: »*Ay, mi negro*, mein Schwarzer« – das war ihr Kosename für mich –, »wohin gehst du denn?«

»Ich ... Äh, ich geh zum Konzert von Juan Formell und Los Van Van.«

»Du bist verrückt, Jorge. Morgen ist doch die letzte Prüfung.«

»Weißt du was«, antwortete ich und legte möglichst viel Überzeugungskraft in meine Stimme, »was ich bis heute nicht weiß, werde ich bis morgen auch nicht können. Ich gehe tanzen.«

Nach diesen Worten marschierte ich los.

Am nächsten Tag in der Physikprüfung lief es für mich richtig gut. Innerhalb von fünfundvierzig Minuten war ich mit allen Fragen durch und gab meinen Prüfungsbogen ab. Nur damit es kein Missverständnis gibt: Ich war ein fleißiger Schüler. Ich habe viel gelernt und war immer gut vorbereitet. Wenn Manuel und ich an den Wochenenden auf Entdeckungstour in Kuba unterwegs waren oder die Schule schwänzten, las und lernte ich im Bus oder im Auto, wenn wir per Anhalter fuhren. Denn ich war neugierig und wollte alles wissen und verstehen. Aber neben dem Lernen wollte ich auch Spaß haben.

Nach dem Prüfungsmarathon mussten wir wochenlang auf die Ergebnisse warten. Ina und ich telefonierten täglich, die Spannung war kaum auszuhalten. Denn nur eine bestandene Prüfung verschaffte mir die ersehnte Eintrittskarte für Europa. Meine Geduld sollte bis zum Schluss auf die Probe gestellt werden.

Mitte Juni, es war ein Freitag, besuchte ich meine Mutter in der Arbeit – sie war damals als Verkäuferin in einem Kurzwarenladen angestellt. Als ihre Kollegen mich kommen sahen, liefen alle vor die Tür und empfingen mich mit den Worten: »Jooorge, du gehst nach Jugoslawien.«

Entsetzt schrie ich nur: »Waaas???!«

»Du gehst zum Studieren nach Jugoslawien.«

»Aber wieso nach Jugoslawien?«, fragte ich verzweifelt. »Ich wollte doch in die Tschechoslowakei.«

Nach einer gefühlten Ewigkeit kam meine Mutter und wedelte mit dem Brief, in dem stand, dass ich einen Studienplatz in der Tschechoslowakei bekommen sollte. Die Leute hatten nur nicht richtig hingeschaut. Wir fielen uns in die Arme und lachten und weinten. Es war ein großer Tag für mich. Ich war überglücklich und meinem Traum einen großen Schritt näher gekommen.

Kaum zu Hause angekommen, rief Inas Mutter an, um mir mitzuteilen, dass ihre Tochter ebenfalls bestanden hatte und in die Tschechoslowakei gehen durfte. Ich würde also nicht allein in mein großes Abenteuer starten.

Im Juli mussten wir nach Havanna ans *Instituto Superior de Ciencias y Tecnología Nucleares*. Das Institut lag in einem großen Areal namens *Quinta de los Molinos*, das auch den botanischen Garten beherbergte. Dort begegnete ich den anderen drei Studenten, die in der Tschechoslowakei Nuklearökologie studieren sollten, darunter Ina. Fast einen Monat lang wurden wir an der Fakultät für Nukleartechnologie auf unser Studium vorbereitet. Allerdings nicht nur durch Intensivunterricht in den fürs Nuklearstudium relevanten Fächern wie Mathematik, Physik und Chemie, sondern auch in Politik. Man vermittelte uns »kubanisches Wissen« über die Weltgeschichte und erklärte uns ausführlich, wie schlecht der Kapitalismus sei. Das war so etwas wie eine Gehirnwäsche. Außerdem überreichte man uns unsere »Studentenbibel«, wie ich das nannte. Dieses Buch, das mich die nächsten Jahre begleiten würde, enthielt alle Regeln, die jeder Kubaner, der mit einem Stipendium im Ausland studierte, zu befolgen hatte. Es gab exakte Vorschriften, was wir machen durften und was nicht und welche Strafen man bekam, wenn man eine Regel brach: Wir durften keine Freundschaft schließen mit Menschen aus kapitalistischen Ländern. Wir durften nicht arbeiten. Wir durften uns nicht von der Uni wegbewegen, ohne unseren kubanischen Betreuern Bescheid zu sagen.

Während unseres Aufenthalts in Havanna wurden wir auch ärztlich untersucht und bekamen Coupons, mit denen wir uns in einem speziellen Shop für die Reise und das Leben in Europa ausstaffieren konnten: Die Jungs erhielten jeweils einen warmen Mantel, einen Anzug, ein Paar Schuhe, zwei Hemden und einen Koffer – mir gab man einen hässlichen braunen Polyesteranzug mit einer noch hässlicheren Krawatte. O Gott, ich gefiel mir überhaupt nicht darin! Als ich enttäuscht nach Hause kam und meiner Mutter die Sachen zeigte, sagte sie: »*Mi niño*, wir haben doch noch den Hochzeitsanzug deines Vaters.« Also startete ich in mein neues Leben mit einem wunderschönen, handgefertigten weißen Anzug aus den Fünfzigerjahren, schmal geschnitten, tailliert, aus einem tollen Material, das nicht knitterte. Ich liebte diesen Anzug, denn er passte nicht nur wie angegossen, sondern betonte auch noch hervorragend meinen Glam. Die Hose habe ich übrigens heute noch. Als ich dann kurz vor der Abreise auch meinen Pass erhielt, wusste ich, dass ich es geschafft hatte. Mein Traum wurde Wirklichkeit.

Bienvenido, Zukunft!

Am 29. August 1985 war es so weit: Ich startete in meine Zukunft. Meine Familie, die mich zum Flughafen begleitete, war traurig. Als ich meine Mutter umarmte, um mich zu verabschieden, sah ich ihr in die

Augen und sagte: »Mama, schau mich an, denn ich weiß nicht, wann wir uns wiedersehen.« Ich drückte sie ein letztes Mal und ging, ohne mich noch einmal umzudrehen, zur Passkontrolle.

Mein Gott, war ich aufgeregt damals. Immerhin war es mein erster Flug, meine erste Reise außerhalb Kubas. Wie oft hatte ich mir diesen Moment in meiner Fantasie ausgemalt: Bei jedem alten Film, in dem jemand verreiste, fuhr ich in Gedanken mit. Als ich die Gangway zum Flugzeug hochstieg, dachte ich nur: Jetzt gehe ich, Jorge, in die große Welt. Jetzt gehe ich endlich nach Europa. In meinem Inneren brodelte es. So viele Jahre hatte ich mein wahres Ich unterdrückt – nun wollte es endlich heraus. Als ich am Eingang des Flugzeugs ankam, war der Vulkan in mir kurz davor zu explodieren. Bevor ich die Maschine betrat, drehte ich mich ein letztes Mal um und versuchte mich zu beruhigen: *Todavía no*, noch nicht, Jorge – *cálmate*, beruhige dich. Bald hast du es geschafft. Bald bist du frei.

Viele der Mitreisenden waren wie ich noch nie geflogen. Beim Start applaudierten alle, schauten neugierig aus dem Fenster und beobachteten gespannt, was die Stewardessen taten. Ich spielte den Coolen, als sei das alles für mich Routine. Dabei konnte ich vor lauter Aufregung während des langen Fluges nicht schlafen, weil mir die ganze Zeit nur ein Gedanke durch den Kopf ging: Ist das wirklich wahr, was ich gerade erlebe? Oder dreht dieses Flugzeug irgendwann um und fliegt zurück?

Neben mir saß eine schwarze Frau, die wegen der Hitze ganz viel weißen Puder aufgetragen hatte. Sie war auch auf dem Weg nach Bratislava, wo sie als Sekretärin fürs kubanische Konsulat arbeiten sollte, und flog zusammen mit ihrer dicken elfjährigen Tochter, die so schwarz war, dass man im Dunklen nur ihre weißen Zähne sah. Die beiden hatten fürchterliche Angst auf diesem Flug, vor allem wenn Kondenswasser aus der Klimaanlage über uns tropfte. Dann fing die Mutter gleich an zu schreien: »*Dios mío*, mein Gott, wir stürzen ab. Jetzt müssen wir alle sterben.« Sie schrie so laut, dass sich alle Leute irritiert nach uns umdrehten. Egal, welches Geräusch oder welche Bewegung das Flugzeug machte, meine Sitznachbarin klammerte sich mit ihren vor Angst schweißnassen Händen an meinem Arm fest. Bitte nicht, dachte ich zähneknirschend, mein schöner Anzug. Ich wusste gar nicht mehr, was ich machen sollte, damit mein Outfit nicht schon vor der Ankunft in Europa ruiniert wurde.

Aber meine Reisebegleiterin brachte mich auch zum Lachen. Als ihre Tochter anfing, von der Tschechoslowakei zu schwärmen, schaute die Mutter mich bedeutungsvoll an. »Ich sage ihr immer: Sobald wir in Bratislava auf der Straße sind, nicht reden und nicht lachen!«

»Warum denn das«, fragte ich.

»Na ja, damit die Leute nicht merken, dass wir Ausländer sind.«

Wir landeten bei wunderschönem Wetter in Prag. Als ich beim Aussteigen zur Stewardess »*Adiós*« sagte, verabschiedete ich mich auch von Kuba und meinem alten Leben.

3.
MEINE ERSTEN MALE

Durchatmen

Nachdem wir auf dem Flughafen von Prag gelandet waren, liefen alle Studenten sofort zum nächsten Erfrischungsstand, wo es Cola und Kaugummis gab. Während sie an mir vorbeirannten, drückte ich mich in der Eingangshalle an die Wand. Ich stand wie unter Schock, denn irgendwas war anders hier.

Seit meiner Kindheit litt ich unter einer Stauballergie. Mindestens eines meiner Nasenlöcher war ständig verstopft. Frei durchzuatmen, das kannte ich nicht, denn in einem heißen Land wie Kuba ist es immer staubig. Selbst in den Häusern, egal wie oft man putzt. Hier aber war alles so »keimfrei«, sauber und kühl. Und so atmete ich das erste Mal in meinem Leben richtig durch.

Ich hatte mir vor der Abreise fest vorgenommen, jeden Schritt, den mein neues Ich machte, zu genießen. Auf dem Weg zum Flughafen waren in meinem Kopfkino Szenen aus Hollywoodfilmen abgelaufen, in denen Menschen abfliegen oder ankommen, zum Beispiel *Casablanca*, nur diesmal war es keine Filmfigur, die abreiste, diesmal war es ich. Ich jubilierte und genoss jede Minute meines Traums, von der ängstlichen Sitznachbarin bis zu dem überwältigenden Gefühl, dass meine Nase von einem Moment auf den anderen frei war.

Ich sehe meine Ankunft heute noch vor mir wie einen Film: Ich ging ganz langsam durch die Halle zu meinen Mitstudenten an den Kiosk, denn ich wollte nicht wirken, wie jemand, der »hungrig« ist: Dort angekommen, bestellte ich schwarzen Tee. »Bist du krank?«, fragten die anderen, denn in Kuba trinkt man meistens Tee, wenn es einem nicht gut geht. Die ganze Zeit über schaute ich unbeteiligt in die Runde. Doch in Wirklichkeit habe ich alles ganz genau beobachtet: Wie die Menschen sich bewegten, wie sie aussahen, was sie anhatten. Welche Haut- und Augenfarbe sie hatten. Ich hörte zu, wie sie redeten, obwohl ich damals kein Wort verstand, und nahm die Gerüche wahr. Es roch irgendwie gut und süß in meinem neuen Leben.

Alles war anders. Ein paar Leute um uns herum wirkten genervt. Wahrscheinlich dachten sie, dass da die Wilden gekommen waren, die herumschrien nach dem Motto: Ich will dies, ich will das. So wollte ich nicht sein. Deshalb saß ich einfach nur da, beobachtete und bemühte mich, Haltung zu bewahren. So verging meine erste Stunde in Europa, die ich im Flughafen von Prag zusammen mit meinen drei Kommilitonen verbrachte, bis uns unsere Betreuer zum Anschlusszug nach Bratislava brachten.

Als wir unser Abteil betraten, saßen da schon vier Punks, die uns ganz komisch anschauten. Was müssen die gedacht haben, als ich da vor ihnen stand mit dem weißen Anzug, einem weißen Hemd mit feinen dunklen Streifen, einer blauen Krawatte und spitzen schwarzen Schuhen, die ich noch kurz vor meiner Abreise reparieren lassen musste, weil ich auf dem Salsakonzert von Los Van Van ein Loch in die Sohle getanzt hatte. Aber weil die »sozialistischen« Schuhe aus dem Coupon-Shop einfach zu hässlich aussahen, wollte ich unbedingt diese anziehen.

Nach dem Deal mit dem Aufpasser im Internat war ich zum zweiten Mal in meinem Leben froh, in der Schule Englisch gelernt und es zu Hause geübt zu haben. Damals hatte ich die Wohnzimmerstühle im Haus meiner Eltern hintereinander aufgereiht und meinen »Schülern« Englischunterricht erteilt. Ich habe mich vor sie hingestellt und gefragt: »*Du yu anderständ mi?*« Wenn mein Vater das mitbekam, verdrehte er nur die Augen und sagte: »Du mit deinem »Tschtschangtischtschangtschangtschang.«

Als die Punks bemerkten, dass wir Kubaner waren, riefen sie: »O cool, *Guantanamera* ...«, und versuchten sofort, den Song auf der Gitarre, die sie dabeihatten, zu spielen. Die ganze Fahrt nach Bratislava haben wir zusammen gesungen und getanzt. Ich wusste nicht, was Punks waren, und kannte auch nicht ihre Lebensphilosophie. Aber ich war komplett hin und weg von ihren Klamotten. Sie trugen Lederjacken mit Nieten, AC/DC-T-Shirts, Ringe, Tattoos – und waren einfach total cool. Ich erinnere mich noch ganz besonders an ein Mädchen, das Springerstiefel aus rotem Lack anhatte. Wow, dachte ich damals, was für tolle Schuhe. Und ich daneben im weißen Hochzeitsanzug meines Vaters ...

Für mich waren diese Menschen, die uns so herzlich begegneten, das netteste Willkommensgeschenk, das ich mir vorstellen konnte. Und der anfängliche »Kulturschock« war eine Lehre für mich, Menschen nicht nach ihrer Kleidung zu beurteilen. Zwei ganz verschiedene Lebensformen und -philosophien, zwei ganz unterschiedliche Kulturen trafen sich auf engstem Raum im Zug nach Bratislava, und keiner hatte Vorurteile gegenüber den anderen. Wir lachten zusammen, machten Musik zusammen, tanzten zusammen und hatten einfach nur Spaß. In diesem Moment spürte ich ein totales Gefühl von Freiheit.

Nach unserer Ankunft kamen wir erst einmal in »Quarantäne« in ein Internat in Bratislava, wo wir vierzig Tage lang einen Intensivkurs Slowakisch absolvieren mussten. Wir nannten diese Zeit auch deshalb »Quarantäne«, weil alle Studenten, die aus den unterschiedlichsten Ländern wie Namibia, Kongo, Äthiopien, Griechenland, Zypern, Kuba, Kolumbien, Venezuela, Chile, Uruguay, Libanon, Afghanistan, Marokko oder dem Jemen kamen, erst einmal eine gründliche Gesundheitsprüfung über sich ergehen lassen mussten und danach auf die verschiedenen Internate verteilt wurden, um die Sprache zu lernen.

Ich kam nach dem ersten Monat für fast ein Jahr in eine Sprachschule nach Senec, einem süßen kleinen Ort etwa fünfundzwanzig Kilometer von Bratislava entfernt. Die ersten drei Monate lernten wir nur die slowakische Sprache. Bis dahin hatten wir kubanischen Studenten unsere ersten sprachlichen Gehversuche mit Wörtern gemacht, die so ähnlich klangen wie das Spanische. Das führte öfter mal zu skurrilen Situationen. Wann immer der Busfahrer bei einem Ausflug, den unsere Betreuer organisiert hatten, rasant um die Kurve fuhr, schrien wir: »*Ay, que curva.*« Sofort drehte sich eine Betreuerin entrüstet um und sagte streng: »Wer hat dieses Wort benutzt? So etwas sagt man nicht.« Wir fragten uns nur, was die denn wollte. Erst viel später verstanden wir den Grund dafür. *curva* ist zwar das spanische Wort für Kurve, aber – *kurva* geschrieben – zugleich das slowakische Wort für Nutte.

Nach drei Monaten kamen einige klassische Fächer wie Mathematik, Biologie und Physik zum Sprachunterricht hinzu. Es war damals gerade Apfelsaison, deshalb pflückte ich ständig Äpfel von den Bäumen – bis dahin kannte ich nämlich nur Kompott aus der Dose – und aß so viele, bis ich Bauchschmerzen hatte. Und als der Winter kam, sah ich zum ersten Mal in meinem Leben Schnee. Es war für mich total exotisch, vier Jahreszeiten zu erleben, denn ich kannte ja nur den ewigen Sommer. Frühling, Herbst und Winter waren etwas komplett Neues für mich.

In Senec kamen junge Leute aus aller Welt zusammen. Wir waren insgesamt hundertzwanzig ausländische Studenten. Ich fühlte mich so wohl und so frei in dieser Atmosphäre, dass ich anfing, mein zweites Ich zu entfalten – ein kleines bisschen erst, aber ganz ohne Angst. Besonders nah standen uns Kubanern die Studenten aus Griechenland, die über die kommunistische Partei zum Studieren in die Tschechoslowakei kamen. Ich war schwer beeindruckt, dass viele von ihnen mehr über die kubanische Geschichte wussten als ich. Manche waren richtig fanatisch, und ich bekam fast einen Schock, als ich sah, dass einer der Studenten die Wände seines Zimmers mit Bildern von Che Guevara, Fidel Castro, José Martí tapeziert hatte. Mein Gott, dachte ich, ich gehe weg aus Kuba, um hier die alten Helden wiederzufinden. Wie sich die Geschichte wiederholt ...

Dieses erste Jahr in der Tschechoslowakei war so wichtig für mich, weil ich viel über andere Mentalitäten und Kulturen lernte. Bis dahin wusste ich zum Beispiel sehr wenig über den Islam. Das änderte sich schnell durch einen der drei Mitbewohner, mit denen ich ein Zimmer von sechzehn Quadratmetern und zwei Etagenbetten teilte: In dem einen schlief unten ein junger Mann aus Peru, der kapitalistischste und antikommunistischste Mensch, den man sich vorstellen kann, und oben einer meiner kubanischen Kommilitonen, der ein waschechter Kommunist war. Ich hatte das andere Etagenbett oben belegt, während das untere einem gläubigen islamischen Studenten aus Syrien gehörte. Jeden Morgen um sechs Uhr, wenn wir aufstehen mussten, rollte er seinen Teppich aus und betete. Wir drei anderen haben uns immer nur gefragt: Was macht denn der da? Warum kniet der da auf dem Teppich? Eines Morgens, als er gerade wieder seinen Teppich ausrollte, sprang ich aus dem Bett, weil ich dringend Pipi musste, und landete direkt auf seinem Teppich. Ein Schwall von böse klingenden Lauten, die ich nicht verstand, ergoss sich über mich: »Chramlamachralalamchrallluchruch.«

Ich kam mir vor, als hätte ich ihm den Krieg erklärt und rief immer nur: »*Sorry, sorry, what happened?*« Entschuldigung, was ist passiert?

Im Zimmer gegenüber wohnten vier Studenten aus Äthiopien, die im Winter wie verrückt heizten und in ihren Mänteln schliefen. Wenn man die Tür zu ihrem Zimmer aufmachte, ist man fast erstickt, weil es drin so muffelte. Doch die Jungs trauten sich nicht, auch nur eine Sekunde lang das Fenster aufzumachen wegen der Kälte.

Besonders schlimm war für mich, dass wir nur zweimal pro Woche warmes Wasser hatten. Zweimal!?!? Ich liebte es zu duschen und hatte mich in Kuba oft sogar zweimal am Tag unter die Dusche gestellt, um mich frisch zu fühlen. Und nun sollte ich auf einmal nur zweimal pro Woche duschen können? Das geht doch gar nicht, dachte ich.

Anfangs setzte ich Wasser auf dem Herd auf, um mich damit zu waschen. Dann riet mir eine meiner Lehrerinnen, morgens kalt zu duschen, weil das sehr gesund sei. Erst war ich skeptisch, aber nach ein paar Tagen befolgte ich ihren Rat. Das war einfach das geringere Übel, als sich nach zig Jungs in einem »Feuchtbiotop« zu waschen, in dem es noch dazu fürchterlich stank. Also stellte ich mich lieber jeden Tag um sechs Uhr morgens allein unter die eiskalte Dusche. Inklusive Haare waschen, Chicas! Ich habe beim ersten Mal so geschrien, dass die Lehrer zusammenliefen, weil sie dachten, da würde jemand ermordet. Aber das war bloß Jorge, dessen Kopf vom kalten Wasser ganz blau angelaufen war. Irgendwann habe ich dann einen Deal mit den Chicas gemacht, die im zweiten Stock wohnten. Sie ließen mich ihren Duschraum benutzen – und die kubanischen Studentinnen standen Wache. Wieder mal haben mir die Chicas geholfen!

Eines meiner Hobbys in jener Zeit war es, Leute zu verkuppeln. Da war zum Beispiel Leonore, ein Mädchen aus Kolumbien, eine überzeugte Katholikin. Sie hatte noch nie einen Freund gehabt, weil sie sich für ihren Ehemann aufsparen wollte. Und dann war da Gregori, ein kleiner Grieche und ein wunderbarer Mensch, der sich in Leonore verliebt hatte. Die beiden standen nur vor einem Problem: Gregori konnte zwar Englisch, aber kein Spanisch. Leonore hingegen konnte weder Griechisch noch Englisch. Und keiner von beiden konnte genug Slowakisch, weil wir ja gerade erst angekommen waren. Und an diesem Punkt eilte Jorge, der Übersetzer, zu Hilfe.

Ich sagte Gregori: »Wenn du eine schöne Latina erobern willst, dann musst du ihr einen romantischen Brief schreiben und ihr sagen, was du denkst und fühlst. Du schreibst einfach alles auf, liest es ihr vor, und ich übersetze es parallel für sie.«

Er war einverstanden.

Anschließend ging ich zu Leonore und erklärte ihr, was Gregori vorhatte. Dass er sie nicht anmachen, sondern ihr seine Gefühle ausdrücken wolle. Sie war auch einverstanden.

Also trafen wir uns zu dritt in einem Klassenzimmer, und Gregori fing an zu lesen: »Leonore! Als ich dir zum ersten Mal begegnet bin, klopfte mein Herz bis zum Hals.«

Danach übersetzte ich auf Spanisch: »Leonore! Als ich dir zum ersten Mal begegnet bin, habe ich nur deine großen Brüste bemerkt.«

Leonore fing sofort an zu weinen und gab Gregori eine schallende Ohrfeige. Der schaute mich entsetzt an und schrie: »Was habe ich getan? Jorge, warum schlägt sie mich?«

»Ruhig bleiben, Gregori«, erwiderte ich, »das ist eine Latina, die hat Emotionen. Du hast etwas so Schönes gesagt, dass es ihr Herz berührt hat.«

Und so ging es weiter. Ich habe nur schlimme Sachen übersetzt, und Leonore weinte immer heftiger, bis sie irgendwann jammerte: »Ich will weg, ich will weg.«

Nachdem die beiden eine Weile gelitten hatten, konnte ich mich nicht mehr halten vor Lachen und habe den Spaß aufgeklärt.

Wann immer mir einer von beiden danach auf dem Gang begegnete, hieß es nur: »Jorge, du …!« Das ging tagelang so … Aber der Spaß hat sich gelohnt, denn Leonore und Gregori sind heute verheiratet und haben vier Kinder.

Doch wir erlebten nicht nur lustige Sachen in unserer Sprachschule: Einmal hörten wir lautes Geschrei, und als wir aus dem Zimmer stürzten, sahen wir, dass ein Mädchen aus Afghanistan, das mit einem Jungen aus Syrien ging, aus dem Fenster gesprungen war. Sie wollte Selbstmord begehen, weil die afghanischen Studenten gedroht hatten, sie wegen ihrer Liaison mit dem Syrer umzubringen. Denn in den Augen dieser Jungs war sie ein leichtes Mädchen.

Weil ich diesen Konflikt zwischen Afghanen und Syrern nicht verstand, beschloss ich, mich mit beiden Seiten anzufreunden und es herauszufinden. Und mal wieder kamen die Waffen der Frauen ins Spiel. Meine süße Freundin Ina, die sich ihrer Reize nach wie vor nicht bewusst war und nichts aus sich machte, gestand mir eines Tages, dass sie ein Auge auf einen der syrischen Kommilitonen geworfen habe, und bat mich, sie zu stylen. Ich machte ihr die Haare, depilierte die Oberlippe, zupfte die Augenbrauen. Maria, ein Mädchen aus Zypern, mit dem ich mich angefreundet hatte, lieh Ina ihre High Heels, und ich brachte ihr bei, wie man in solchen Schuhen geht. Denn dank der Chicas meiner Familie hatte ich ja ein Bild davon im Kopf, wie sich Frauen auf hohen Schuhen bewegten. Und so begann ich, ihr den Chicas Walk für Anfänger zu zeigen. Weil ich keine High Heels hatte, lief ich barfuß auf der Spitze vor ihr her und wackelte mit dem Popo. Danach setzte ich mich hin und winkelte elegant die Beine seitwärts an.

An diesem Tag verwandelte sich Ina vom Bauernmädchen in eine sexy Chica. Hinter der bäuerlichen Fassade der *guajira* versteckte sich eine ganz feminine Frau mit viel Glam. »Du bist wie Eliza aus *My fair Lady*«, sagte ich zufrieden, als ich mit der Arbeit fertig war. Ich liebe das Musical und vor allem den Film mit Audrey Hepburn, die sich aus einem einfachen Blumenmädchen mithilfe eines Professors in eine bezaubernde Lady verwandelt. Wie habe ich immer mitgelitten, wenn die arme Eliza Doolittle nächtelang ordentlich sprechen lernen musste: *Hartford, Hereford und Hampshire. Hurricans hardly happen* ... Ehrlich gesagt, leide ich noch heute ein bisschen, weil ich ja selber halbe Wörter verschlucke und Buchstaben verdrehe. Ich sage nur »Holzkreuz« ... Vielleicht brauche ich ja auch einen Privatlehrer wie Professor Higgins alias Rex Harrison?

Aber zurück zu Inas Verwandlung: In ihrem neuen Look hatten die Jungs nur noch Augen für sie. Und weil ich der beste Freund dieser bezaubernden Chica war, fingen sie an, mit mir Freundschaft zu schließen – nur um in ihrer Nähe zu sein. »Wenn du eine der Chicas kennenlernen willst«, hieß es von dem Moment an, »dann musst du zu Jorge gehen, sonst hast du keine Chance.«

Da die kubanischen Studenten nur alle zwei Jahre in den Ferien nach Hause fliegen durften, bestand der Kontakt zu meiner Familie bloß aus Briefen und ab und zu einem Telefonat. Ich musste die Post immer im Konsulat abholen und auch meine eigenen Briefe dorthin bringen. Man sagte uns, so käme die Post auf dem »schnellsten und sichersten Weg« zum Empfänger. Im Dezember 1985 bekam ich einen Anruf vom

Konsulat, in dem man mir mitteilte, dass meine Großmutter gestorben sei und ich einen Brief von meiner Mutter abholen könne. Ich war tieftraurig, als ich las, was meine Mutter schrieb. Denn ich wusste, ich würde nicht zu Omas Beerdigung fliegen können, um meiner Familie in dieser schwierigen Zeit beizustehen – ich durfte ja erst 1987 wieder nach Hause. Das waren sehr dunkle Tage für mich, weil ich so sehr an meiner Großmutter gehangen hatte. Da saß ich in Senec und trauerte, während der erste Schnee fiel. Schnee erinnert mich eigentlich immer an eine gigantische Menge Eiscreme, damals aber wirkte er nur trostlos, und ich fühlte mich einsam und allein. Der einzige Lichtblick waren meine Chicas – vor allem Ina und Maria – , die sich rührend um mich kümmerten.

Am 26. April 1986 kam es zur Katastrophe im Atomkraftwerk von Tschernobyl, bei der ein Kernreaktor explodierte. Als angehender Student der Nuklearökologie wusste ich, welch schlimme Folgen die Freisetzung der radioaktiven Stoffe für die Menschen und den Lebensraum nicht nur in der Ukraine haben würde. Das machte mir große Sorgen. Denn bevor ich zum Studieren in die Tschechoslowakei ging, war ich in Cienfuegos gewesen, wo seit 1982 das erste kubanische Atomkraftwerk gebaut wurde – und zwar von denselben Ingenieuren, die auch Tschernobyl konstruiert hatten. Mein Gott, dachte ich, wenn das auch in Kuba passiert? Nach dieser Katastrophe fand ich mein Studium noch viel wichtiger als zuvor, und zu meiner Erleichterung wurden die Arbeiten an dem kubanischen Reaktor glücklicherweise später gestoppt.

Kurz bevor wir nach Bratislava an die Uni gingen, machte ich meinen kubanischen Kommilitonen einen Vorschlag: »Leute, wollen wir unsere Freunde zu einem kubanischen Abendessen einladen und ihnen unsere Kultur zeigen?« Weil alle – die Studenten und die Lehrer – die Idee gut fanden, gab es in der Folgezeit eine Reihe von internationalen Abendessen. Denn die Chicas und Chicos aus den anderen Ländern griffen die Idee auf, sogar die Afghanen und Syrer.

Ich liebte diese Kombination aus Essen, Musik und Gesprächen über das jeweilige Land und seine Religion. Damals lernte ich die Eigenheiten vieler Kulturen kennen und habe die Menschen danach besser verstanden. In unserer kleinen Internatswelt gab es nach ein paar Monaten keine Probleme mehr zwischen den Nationen, und die anfänglichen Missverständnisse waren verflogen.

Like a Virgin

Im Juli 1986, ein knappes Jahr nach meiner Ankunft in der Tschechoslowakei, zogen wir um nach Bratislava, wo im Herbst 1986 mein erstes Studienjahr in Nuklearökologie an der Comenius-Universität beginnen sollte. Endlich war ich ein richtiger Student.

Gegenüber der Fakultät, an der ich studierte, lag mein Internat, das den Namen *Družba* hatte, was Kameradschaft bedeutet. Das Gebäude bestand aus zwei Teilen. In dem einen waren die Studenten der medizinischen Fakultät untergebracht und im anderen die Naturwissenschaftler, also auch die Studenten der Nuklearökologie. Ganz oben in meinem Gebäude wohnten außerdem die hübschen Jungs, die Sport studierten. Jeweils fünf Studenten teilten sich eine Art Apartment mit zwei Schlafzimmern: eines für zwei und eines für drei Personen. In dem Gemeinschaftsraum standen Schränke, einer pro Bewohner, sowie ein Kühlschrank für alle. Von dort aus kam man auch ins Bad. Das eine Zimmer teilten sich ein Kubaner und zwei Slowaken. Ich hatte Glück und blieb die meiste Zeit allein in dem Zweierzimmer, auch wenn ich es wegen der Sprachkenntnisse ein bisschen schade fand, nicht mit einem Slowaken zusammenzuwohnen.

Nuklearökologie war als Studienfach noch sehr neu in den Achtzigerjahren. Insgesamt waren wir achtundzwanzig Studenten – bis auf uns vier Kubaner und zwei Vietnamesen alles Slowaken. Mein erstes Jahr an der Uni kam mir vor wie ein leichter Chicas Walk. Wir waren in Kuba so gut vorbereitet worden, dass ich mich fast ein bisschen langweilte. Im Prinzip lernte ich nicht viel Neues, weil ich alles, was wir in Physik, Mathematik, Biologie durchnahmen, schon in- und auswendig kannte.

Deshalb beschloss ich, mich auf die Entdeckung meines zweiten Ich zu konzentrieren, was ich ohnehin viel aufregender fand. Aber wo? In der Tschechoslowakei war Homosexualität damals schon einigermaßen akzeptiert. In Bratislava gab es ein paar kleine Cafés, wo sich Schwule trafen, und in Prag sogar richtig große Diskotheken. Dort wollte ich unbedingt hin.

Gleich zu Beginn des Studiums hatte ich mich mit einem Schwulen aus Bratislava angefreundet, mit dem ich nun zusammen nach Prag ging und in der ersten Gay-Disco meines Lebens landete. Auch wenn der Besuch einer Diskothek für Schwule nicht ausdrücklich in unserer Studentenbibel verboten wurde, war es natürlich trotzdem nicht erlaubt. Erstens weil Homosexualität in meiner Heimat gesellschaftlich verurteilt wurde, und zweitens durften wir uns nicht ohne Genehmigung vom Universitätsgelände entfernen. Aber genau genommen war das schon egal, denn ich hatte bereits eine andere Regel gebrochen: Freundschaft mit Kommilitonen aus kapitalistischen Ländern zu schließen.

Ich frage mich heute noch, wie sich die kubanische Regierung das vorgestellt hatte: Du bist gerade mal achtzehn Jahre alt und lebst, weit weg von zu Hause, mit den unterschiedlichsten Menschen auf engstem Raum zusammen. Wohnst mit ihnen im selben Apartment, studierst mit ihnen, unternimmst sogar Ausflüge mit ihnen. Wie soll man sich da aus dem Weg gehen? Wie soll man denn da nicht freundschaftlich miteinander umgehen? Und wie verhindern, dass man den einen oder anderen lieb gewinnt? Das konnte doch gar nicht funktionieren, dachte ich. Das war unmenschlich, was die von uns verlangten. Aber ich war es ja schon seit meiner Kindheit gewöhnt, »Unmenschliches« zu tun, indem ich mein zweites Ich unterdrückte.

Vielleicht war das der Grund, warum ich mich nach meiner Ankunft in der Tschechoslowakei ein bisschen wie ein Anarchist fühlte. Denn von dem Moment an war klar: Es gab keine Regeln mehr von außen. Deshalb fing ich an, mit den Vorschriften zu spielen. Ich wusste genau, dass es verboten war, ohne Abmeldung nach Prag zu gehen, und dass ich große Schwierigkeiten deswegen bekommen konnte. Aber ich ging trotzdem.

Ich erinnere mich noch gut an diese erste Reise: In einer wunderschönen lauen Nacht befanden wir uns auf dem Weg in die Diskothek im Zentrum Prags. Ich hatte mich verkleidet wie ein Schnüffler aus einem schlechten Agentenfilm: den Mantelkragen hochgeklappt. Sonnenbrille, Hut. Mein schwuler Freund hatte mir zwar immer wieder versichert, dass es in Ordnung sei, homosexuell zu sein, und ich war ja schon in Bratislava in einem Gay-Café gewesen, aber trotzdem konnte ich mir nur schwer vorstellen, dass es eine solche Freiheit für Homosexuelle geben sollte. Dass ich einfach morgens aufstehen und mich so geben konnte, wie ich war. Ich hatte furchtbare Angst, dass es doch nicht okay sein könnte – dass man mich entdecken und nach Kuba zurückschicken würde.

Man stelle sich das vor: Da drückte ich mich in einer Ecke der Diskothek herum – in Mantel, Sonnenbrille und Hut und mit einem Getränk in der Hand – und beobachtete die Leute. Alle um mich herum benahmen sich ganz normal, sie unterhielten sich, lachten, tanzten und feierten. Nur ich stand verloren da und hatte die totale Paranoia.

Irgendwann kam eine Frau auf mich zu. Auf den ersten Blick schätzte ich sie auf Ende dreißig, aber bei näherem Hinsehen stellte ich fest, dass sie höchstens Mitte zwanzig war. Sie hatte eine tolle Figur und trug ein hautenges, trägerloses Stretchkleid in Pink und Elektrischblau. Dazu einen breiten schwarzen Gürtel und sehr hohe Pumps. Ihre schlecht blondierten und hochtoupierten Haare ließen einen schwarzen Ansatz erkennen, und sie roch penetrant nach Haarspray. Außerdem war sie stark geschminkt und hatte viel zu viel blauen Lidschatten aufgetragen. Ihre Zähne waren schlecht, und vorne fehlte sogar einer, weshalb sie mit zusammengepressten Lippen sprach: »Mein Schatz, was machst du denn da in der Ecke mit Hut und Mantel? Ist dir nicht heiß? Los, komm mit mir tanzen!« Und während sie mich auf die Tanzfläche zerrte, fing sie an, mir den Mantel auszuziehen.

Sie war eine Prostituierte, die ihre Freizeit mit ihren homosexuellen Freunden verbrachte, ihrem Familienersatz. »Die nehmen mich, wie ich bin«, sagte sie. Viele der Jungs nannten sie sogar Mama. Im Laufe der Zeit lernte ich sie besser kennen: Sie war eine wunderbare, warmherzige Frau, aber zugleich ein sehr trauriger Mensch, der ein hartes Leben hinter sich hatte: Als junges Mädchen wurde sie schwanger, der Ehemann verprügelte sie und zwang sie zur Prostitution, als sie ihr Baby noch stillte. Die Mutter nahm ihr das Kind weg, weil sie drogensüchtig wurde. Als ich ihr einmal tagsüber begegnete, hatte sie schon eine Alkoholfahne. Bei Licht konnte ich die Narben an den Handgelenken von den vielen Selbstmordversuchen sehen. Sie schnitt sich immer wieder die Pulsadern auf, weil sie über den körperlichen Schmerzen den Schmerz in ihrer Seele vergaß.

Ich folgte also der Prostituierten mit dem großen Herzen auf die Tanzfläche voller hübscher junger Männer. Der DJ spielte gerade *Like a Virgin* von Madonna. Nachdem ich ein paarmal besorgt nach links und nach rechts geschaut hatte, fing ich an zu tanzen – und innerhalb von Sekunden explodierte mein Ich. Das war ein Gefühl: Meine Haare standen zu Berge, mein breites Lachen reichte von einem Ohr zum anderen, und vor Freude schossen mir Tränen in die Augen. Denn endlich durfte ich in einer Disco mit lauter hübschen Männern tanzen. *Hello, is it me you're looking for?* – als dieser langsame Song von Lionel Richie kam, tanzte ich das erste Mal in meinem Leben mit einem sehr hübschen tschechischen Mann. Ich fühlte mich wie eine Debütantin auf ihrem ersten Ball.

Am nächsten Morgen flogen mein Freund und ich mit der ersten Maschine nach Bratislava zurück, aber von da an machte ich mich jeden Mittwoch auf den Weg nach Prag – die Flüge kosteten damals nicht viel. Auf einem dieser Flüge beobachtete ich einmal vor dem Abflug die Crew, als sie in Richtung Gate ging.

Mittendrin ein wunderschöner Mann in Uniform: der Pilot. Ich schaute ihn an, er schaute mich an. Wir guckten und lachten, während ich dachte: Ist er? Oder ist er nicht? Als wir in Prag landeten, kam er aus dem Cockpit und gab mir seinen Namen und die Telefonnummer seines Hotels. So lernte ich meinen ersten festen Freund in der Tschechoslowakei kennen, der wie ich in Bratislava wohnte. Ab diesem Zeitpunkt fing ich an, mein zweites Ich richtig auszuleben – obwohl ich es vor den meisten kubanischen Studenten weiterhin versteckt hielt. Viele ahnten, dass ich homosexuell war, aber niemand sprach darüber, nicht einmal die Studenten, die genauso waren wie ich.

Die Geburt des Chicas Walk

In meinem zweiten Jahr an der Universität ging ich am Wochenende immer in die Unidisco. Dort waren schöne Frauen, viele von ihnen Models, was ich anfangs nicht wusste. Bis ich an einem Abend zwei der bekanntesten slowakischen Models kennenlernte. Die beiden kamen immer wieder zu mir auf die Tanzfläche, weil ich richtig gut tanzen konnte. Und nicht nur Salsa. Ich machte den Moonwalk und drehte mich mehrfach um die eigene Achse ... Und wenn der DJ einen Song von Gloria Estefan auflegte, brach das Salsafieber bei mir aus. Dann bewegten sich hundert Prozent meines Körpers. Die Modelchicas fanden das super.

Damals war ich immer mit einem Kommilitonen unterwegs: Mišo, einem Slowaken, der Architektur studierte und auch heute noch einer meiner bester Freunde ist. Er ist heterosexuell und wusste damals nicht, dass ich schwul bin. Wir haben nie darüber gesprochen, denn es war nicht wichtig. Mišo besuchte oft seine Freunde, die Sportstudenten, die im gleichen Internat wohnten wie ich. Ich kannte ihn also schon vom Sehen, als wir an einem Wochenende in der Unidisco ins Gespräch kamen.

Mišo hatte nämlich bemerkt – da halfen mal wieder die Chicas –, dass alle hübschen Frauen mit mir unterwegs waren. Also sprach er mich an und stellte mich seinen Freunden vor. Und ab dem Moment waren wir eine Clique: Jorge und vier umwerfend gut aussehende heterosexuelle Männer, die Sport oder Architektur studierten. Wir gingen ständig miteinander aus. Und sobald ich anfing zu tanzen, kamen die beiden Modelchicas mit ihren nicht weniger hübschen Freundinnen. Ich stellte ihnen meine neue Clique vor, und sie fragten sofort: »Warum kommt ihr nicht morgen zum Casting in unsere Agentur im Kulturinstitut?«

Im Gegensatz zu mir wollten die Jungs natürlich nicht wegen des Castings dahin, sondern nur wegen der Chicas. Die Agentur suchte weibliche und männliche Models, die auf der Show eines berühmten tschechoslowakischen Sängers tanzen sollten. Der Erste, den die Agenturchefin castete, war ich. Ich schaute mich um und dachte: Warum ich? Da stehen doch ein paar echt attraktive Jungs herum. Aber ich war exotisch und konnte mich gut bewegen. Am Ende wurden wir alle fünf genommen.

Als wir ein paar Tage später zu den Proben kamen, waren die Models schon im Look der Achtzigerjahre gestylt: kurze Lackkleidchen mit Schulterpolstern, auftoupierte Haare, Lackpumps mit etwa Fünfzehn-Zentimeter-Heels. Eigentlich nicht schwer, darauf zu tanzen, dachte ich, zumal die Choreografie einen erotischen Touch hatte. Doch es kam anders. Die Chicas konnten zwar auf hohen Schuhen laufen, aber nicht tanzen. Und in den Sky Heels, die für die Show vorgesehen waren, konnten sie nicht einmal gehen.

Als wir Jungs bei den Proben die Augen verdrehten, schimpfte ein Model in unsere Richtung: »Ihr habt gut lachen, ihr müsst das alles ja bloß auf flachen Schuhen machen.«

»Chicas, das kann doch nicht so schwer sein, auf den Schuhen zu tanzen«, sagte ich aus einem Impuls heraus. »Gebt mir ein Paar High Heels, ich will das selber probieren.«

Da die Mädels groß waren, fand sich schnell ein Paar in meiner Größe. Ich fing an zu laufen, zu tanzen, zu springen, als hätte ich nie etwas anderes gemacht.

»Wie machst du das, Jorge, woher kannst du das?«, schrien die Chicas.

»Keine Ahnung. Ich kann es einfach.«

In dem Moment begann ich zu überlegen, wie ich die Chicas dazu bringen könnte, sich auf High Heels richtig zu bewegen, gut zu laufen oder zu tanzen. Und so kam Jorge zu seinem ersten Job als Catwalktrainer und Choreograf. Denn als die Leute von der Agentur mich beim Tanzen beobachteten, baten sie mich, den Walk zu choreografieren. Nach den Proben wollte ich meine geliehenen High Heels gar nicht mehr ausziehen und kaufte mir deshalb das erste eigene Paar, mit dem ich in meinem Zimmer herumlief und -tanzte.

Von da an arbeitete ich häufiger als Model, Catwalktrainer oder Choreograf für Fashionshows und Fotoshootings von Designern. Ich zeigte den Models, wie man sich sexy bewegt, ohne vulgär zu wirken, wie man post und die Hüften schwingt beim Walk – alles klassisches Catwalktraining.

Manchmal modelte ich mit meinem Freund Mišo und trainierte dann nicht nur die Chicas, sondern nebenbei auch noch die Chicos. Mišo ging nämlich wie ein Bauer neben mir her und fragte während des Walks ständig: »Jorge, in welche Richtung muss ich mich drehen?« Ich flüsterte ihm durch meine fast geschlossenen Lippen zu: »Nicht so schnell, Mišo, nicht so schneeeell!« Oder: »Liiiinks rum!« Oder: »Stoooopp!« Bei der ersten Show lief er vor Aufregung einfach los, weil er die Choreografie vergessen hatte. Ich musste hinter ihm her und so tun, als sei das alles geplant gewesen. Das Publikum lachte sich tot, denn Mišo trampelte so herum, dass man den Eindruck bekam, ich würde neben einem Traktor herlaufen.

In dieser Zeit ging die Beziehung zu dem Piloten zu Ende. Ich lernte einen jungen Mann kennen, der erfolgreich als Model arbeitete und in der Tschecho-

Der Chicas Walk

Wie man »läuft«, so geht man auch durchs Leben. Deshalb ist die richtige Haltung so wichtig, denn man strahlt dann ein ganz anderes Selbstbewusstsein aus. *A ver*, Chicas, lasst mal sehen, zieht eure High Heels an, und wir machen zusammen einen tollen Chicas Walk.

Konzentration – Blick nach vorn – Schultern und Kinn gerade – Becken nach vorn. Und dann – Spitze, Hacke, Spitze, Hacke – aus der Hüfte auf einer gedachten Linie einen Fuß vor den anderen setzen und dabei leicht überkreuzen.

Denkt daran, Chicas, die Hüfte hilft immer. Beim Laufen deshalb immer schön die Hüften bewegen. Der Sexappeal kommt aus der Hüfte! Lauft *nicht* mit der Botschaft: »Ich bin nicht da.« Präsentiert euch beim Laufen und zeigt euren Glam.

Am besten trainiert ihr das zu Hause vor dem Spiegel. Das Geheimnis heißt: üben, üben, üben.[1] Ihr müsst es ja nicht unbedingt wie meine Schwester machen und in High Heels Kartoffeln kaufen. Aber wenn ihr abends ausgeht, dann präsentiert euch und euren Glam.

---

[1] Nicht aufgeben, Chicas. Und wenn es nicht gut läuft: Selbst ein schlechter Walk kann zu einem Markenzeichen werden.

slowakei sehr bekannt war. Erst gingen wir miteinander aus, und irgendwann hatten wir eine feste Beziehung. Das hört sich jetzt vielleicht nach freier Liebe an, war aber nicht so. Homosexualität wurde in der Tschechoslowakei zwar grundsätzlich akzeptiert, trotzdem wussten nach wie vor nur meine engsten Freunde, dass ich schwul war. Vor allem vor unseren kubanischen Betreuern hielt ich mein zweites Ich weiterhin geheim.

Natürlich besuchte mein neuer Freund mich ab und zu im Wohnheim. Wenn er über Nacht blieb, sorgte ich immer dafür, dass uns niemand sah und die Tür zu meinem Zimmer abgesperrt war. Eines Abends, als ich dachte, ich sei allein mit ihm in dem Gemeinschaftsapartment, tauchten unerwartet meine Mitbewohner und einige meiner Kommilitonen auf. Ein Versteck für meinen Freund musste her. Der einzige Platz, der sich dafür eignete, war mein Schrankbett, das ich tagsüber verräumen konnte, um mehr Platz zu haben. Und so musste mein armer Freund hochgeklappt im Schrankbett liegen, während die anderen im Gemeinschaftsraum etwas tranken und quatschten. »Nie wieder«, sagte er stinksauer, als alle anderen ins Bett gegangen waren und ich ihn endlich befreien konnte.

Die kommunistische Partei und das kubanische Konsulat organisierten regelmäßig Veranstaltungen für uns Studenten aus Kuba. Fast jeden Abend gab es eine *reunión*, eine Versammlung, manchmal nur mit den Studenten der jungen kommunistischen Union, manchmal auch mit den Betreuern vom Konsulat oder mit den kubanischen Arbeitern in Bratislava. Auf diesen Versammlungen diskutierte man über die Reden von Staatschef Fidel Castro, der fast jeden Tag im kubanischen Fernsehen sprach. Zusätzlich fanden jedes Wochenende Meetings im Konsulat statt, wo man die allerneuesten Reden von Castro anhörte und die wichtigsten Artikel aus der *Granma*, der Zeitung des Zentralkomitees der kommunistischen Partei, zu lesen bekam. Immer war irgendetwas los.

Meistens erfand ich Ausreden, um nicht teilnehmen zu müssen. Ich wollte in meiner freien Zeit lieber Geld verdienen, als politische Propaganda über mich ergehen zu lassen. Deshalb fing ich gleich im ersten Jahr an zu arbeiten, obwohl das laut unserer Studentenbibel ausdrücklich verboten war. Doch mit dem Stipendium, das ich bekam, konnte ich keine großen Sprünge machen. Genau das wollte ich aber! Ich bin ein sehr guter Student, sagte ich mir, warum darf ich nicht nebenbei arbeiten?

Mit dem Geld, das ich beim Modeln und Choreografieren verdiente, konnte ich es mir leisten, nach Prag zu fliegen und dort das Ballett, die Oper oder Diskotheken zu besuchen, in Bars und Restaurants zu gehen oder auch ein Paar High Heels für meine Schwester zu kaufen – all das eben, wovon ich in Kuba lang genug geträumt hatte. Um mich tänzerisch weiterzuentwickeln, schloss ich mich einer Modern-Dance-Gruppe an. Wir studierten viele ausgefallene

Choreografien bei einer Lehrerin ein und nahmen an Wettbewerben teil. Das alles kostete Geld ...

1987 kam das Ensemble des »Tropicana«, der weltberühmten Tanzshow in Havanna, für ein Gastspiel nach Bratislava. Ein riesiges Ereignis. Ich wollte unbedingt dorthin. Weil Eva, die Dolmetscherin der Truppe, die Schwester einer meiner Kommilitoninnen war, nahm sie mich einmal mit dorthin. Da sie so viel zu tun hatte, fing ich einfach an, ihr beim Übersetzen zu helfen. Von da ab war ich öfter bei der Show. Und was passierte? Ich verliebte mich in einen kubanischen Tänzer und begleitete das Ensemble auf seiner Tournee durch die Tschechoslowakei. Fast vier Wochen lang schwänzte ich die Uni, um mit den Leuten vom »Tropicana« von einer Ecke des Landes zur anderen zu reisen.

Als die Tournee zu Ende war, kehrte ich zur Universität zurück. Da unsere Betreuer – für uns Studenten so etwas wie Spitzel, denn sie wussten immer alles – meine Abwesenheit natürlich bemerkt hatten, lud man mich vor. Weil ich ein so guter Student war, bekam ich für mein unerlaubtes Fehlen bloß eine Bewährungsstrafe, doch machte man mir unmissverständlich klar: Noch ein Verstoß gegen die Vorschriften und man würde mich sofort nach Kuba zurückschicken. Damals dachte ich nur: Was auch geschieht, ich gehe auf keinen Fall nach Kuba zurück. Ich bleibe und lebe nach meinen eigenen Regeln.

Wie streng ich mich an die Auflagen gehalten habe, könnt ihr daran sehen, dass ich ein paar Wochen später verbotenerweise mit meinem Freund Mišo nach Wien reiste, und zwar im Kofferraum seines Autos. Da wir Kubaner unsere Pässe im Konsulat abgeben mussten, besaß ich kein Dokument, um legal über die Grenze zu kommen, und habe mich im Kofferraum versteckt. Mišo brauchte als tschechoslowakischer Staatsbürger für Österreich ein Visum, das er problemlos bekam.

Aus heutiger Sicht betrachtet, war das eine ziemlich gefährliche Aktion, und ich hatte Glück, im Kofferraum unentdeckt zu bleiben. Aber ich wollte unbedingt herausfinden, ob der Kapitalismus tatsächlich so schlecht war, wie man es uns auf Kuba immer gesagt hatte. Als ich ein Kind war, hieß es, die kapitalistische Gesellschaft sei total verdorben, süchtig nach Kommerz, egoistisch und ungerecht, weil die Kapitalisten andere Menschen unterdrückten und die Reichen den Armen das Geld wegnähmen. Mit anderen Worten: Alles Schlechte vereinte sich im Kapitalismus.

Und dann sah ich die erste kapitalistische Stadt: Wien. Mir gingen die Augen über. So was hatte ich noch nie gesehen: diese vielen Geschäfte, dieser Luxus und diese Eleganz. Gut gekleidete Menschen, wunderschöne Restaurants, schicke Autos ... Die Leute, die Häuser, die Geschäfte, alles war einfach ganz anders. Weil ich nicht viel Geld hatte, kaufte ich nur ein paar Mozartkugeln als Geschenk für Ina und meine anderen Freundinnen (und stopfte sie zur Sicherheit in meine Stiefel, bevor ich vor der tschechischen

Grenze wieder meinen Platz im Kofferraum einnahm).

Abends gingen wir in eine Wiener Diskothek, wo mich eine junge Frau ansprach und fragte, woher ich komme. Bei dem Wort »Kuba« bekam sie leuchtende Augen und fing an, von ihren Reisen zu erzählen: Miami, Spanien, Italien, Frankreich. Als sie all die Orte aufzählte, die ich nicht kannte, dachte ich mir: So schlecht kann der Kapitalismus eigentlich nicht sein – wenn eine Chica, die gerade mal so alt ist wie ich, mit mir über all die Länder spricht, die ich so gern kennenlernen würde. Für mich war es ja schon ein Wunder, überhaupt in Wien zu sein.

Zurück zu den Wurzeln

Als ich Anfang Juli 1987 das erste Mal nach fast zwei Jahren nach Kuba zurückkehren sollte, war ich wahnsinnig aufgeregt. Ich hatte große Sehnsucht nach meiner Familie und schon jede Menge Geschenke von meinen Ersparnissen gekauft, darunter mehrere Paar weißer High Heels für meine Schwester. Meine letzte Prüfung – Kartografie – fand an einem Freitag statt. Einen Tag später wollte ich in den Zug nach Prag steigen, von wo aus die Maschine nach Havanna ging.

Kartografie, eines der schwierigsten Fächer des zweiten Studienjahrs, das ein superstrenger Professor unterrichtete. Er hatte mich auf dem Kieker, weil ich fast nie in den Vorlesungen, sondern nur im Praxisunterricht im Labor war. Dort musste man hingehen, um die nötigen Punkte zu bekommen, während ich die Vorlesungen schwänzte und den Prüfungsstoff mithilfe von Inas Notizen lernte.

Als ich an diesem Freitag zur mündlichen Prüfung kam, warteten meine Kommilitonen bereits auf mich. In Gedanken war ich schon auf dem Weg nach Kuba und wollte diese letzte Prüfung einfach schnell bestehen und nach Hause fliegen. Doch als ich mit den anderen in den Prüfungsraum ging, sagte mein Professor plötzlich: »Nein, Jorge, du wartest draußen. Erst einmal kommen deine drei Kollegen an die Reihe.« Mir rutschte das Herz in die Hose, weil ich wusste, dass meine Heimreise auf dem Spiel stand. Denn die Studentenbibel schrieb zwar vor, dass wir alle zwei Jahre nach Hause fliegen durften, aber nur wenn wir alle Prüfungen bestanden hatten. Wer das nicht beim ersten Anlauf schaffte, musste in Bratislava bleiben.

Nachdem die anderen fertig waren, wurde endlich ich in den Raum gerufen. Kartografie ist wirklich das Schlimmste, was ihr euch vorstellen könnt. Man muss alle Gesteine auswendig kennen und dazu alle Mineralien, die in dem Gestein enthalten sind. Auf dem Tisch vor mir lagen mindestens vierhundert verschiedene Gesteinsarten. Ein Teil der Prüfung bestand darin, die Proben, die der Professor mir in die Hand drückte, zu benennen und die Hauptbestandteile aufzuzählen. Furchtbar, ich habe dieses Fach gehasst – wie die meisten anderen Studenten auch, weil man so viel lernen musste.

Aber irgendwie hatte ich geahnt, dass der Professor streng mit mir sein würde, deshalb war ich gut vorbereitet und hatte sogar Sachen gelernt, die erst im dritten Studienjahr drankamen. So konnte ich nicht nur alle Fragen beantworten, sondern gleich zu Beginn der Prüfung ein bisschen »angeben« mit meinem Zusatzwissen. Auf einmal fing der Professor an, mit mir zu diskutieren, statt mir Fragen zu stellen. Aus der Prüfung ist ein Fachgespräch zwischen Freunden geworden, dachte ich, bis der Professor auf einmal sagte: »González, González, du hast dich aber gut vorbereitet! Ich weiß, dass du morgen nach Kuba fliegen willst. Was machen wir jetzt mit dir?« Dabei lächelte er so geheimnisvoll wie eine Sphinx.

O Gott, er hat mich total in der Hand, dachte ich, denn wir waren bei der Prüfung allein gewesen. Nach gefühlten zehn Minuten streckte er den Daumen nach oben und sagte: »Gut so, du hast bestanden. Schöne Grüße an deine Familie.«

An dem Abend feierten wir eine gigantische Abschiedsparty. Wir kochten Spaghetti und tanzten die ganze Nacht. An dem Abend hatte ich übrigens meinen ersten Rausch – mit zwanzig Jahren –, weil ich alles durcheinandergetrunken habe, was die Studenten der unterschiedlichsten Nationen mitgebracht hatten: billigen slowakischen »Studenten«-Wein, Metaxa, Uzo, Whisky, Bier und kubanischen Rum. Um drei Uhr morgens, als ich mich einen kurzen Moment vom Tanzen ausruhte, musste ich mich übergeben. Von da an übernahm Ina die Regie; sie brachte mich ins Bett, weckte mich ein paar Stunden später wieder, stellte mich unter die eiskalte Dusche und stieg mittags mit dem leicht verkaterten Jorge in den Zug nach Prag.

Nach zwei bewegten Jahren kehrte ich nach Kuba zurück mit einem »ganzen« Ich, das in der Tschechoslowakei frei, selbstbewusst und erwachsen geworden war. Meine Familie war total aus dem Häuschen. Nicht nur weil »der Student aus Europa« endlich nach Hause kam, sondern auch weil ich ein richtig guter Student war, denn ich hatte alle Prüfungen mit Eins bestanden. Natürlich wussten meine Eltern nichts von der Bewährungsstrafe ...

Nach der Landung nahm man uns sofort wieder die Pässe weg. Stattdessen bekamen wir eine Telefonnummer und einen Nummerncode. »Falls ihr ein Problem habt«, sagten unsere Betreuer, »dann ruft einfach die Nummer an und nennt den Code, damit ihr identifiziert werdet.«

Am Ausgang erwartete mich schon meine gesamte Familie, Mama, Papa, meine Geschwister, Tanten, Onkel, Cousins, Cousinen, dazu mein bester Freund Manuel. Alle waren da. Sie brachten mich erst einmal nach Jatibonico. Schon auf der Fahrt in unseren kleinen Ort musste ich andauernd niesen. Die Stauballergie war zurück, und meine Nase machte sofort dicht. Ein paar Tage später fuhren wir dann alle zusammen nach Varadero ans Meer, wo meine Eltern ein Haus gemietet hatten. Es war herrlich, endlich wieder Zeit mit meiner Familie zu verbringen.

Nach zwei Wochen Urlaub besuchte ich Manuel, der mittlerweile in Havanna in einem kleinen Apartment wohnte. Ich wollte wissen, wie er jetzt lebte, und auch Havanna wiedersehen, wo wir als Schüler auf unseren Reisen eine so gute Zeit verbracht hatten. Manuel studierte mittlerweile Biologie und verdiente nebenher Geld, indem er Kleider schneiderte. Er konnte schon als Kind richtig gut nähen.

Eines Abends waren wir um halb sechs vor der Universität verabredet. Wir wollten zusammen zu meiner Cousine gehen. Ich hatte Unmengen von Geschenken für meine Familie mitgebracht, darunter auch eines für diese Cousine: ein Kleid, das in einer schönen silberfarbenen Plastiktüte steckte.

Während ich wartete, kamen zwei Polizisten auf mich zu, schauten mich und meine silberne Tüte skeptisch an und fragten mich nach meinem Ausweis. Ich antwortete, dass ich als Student, der in Europa studierte, meinen Pass abgegeben hätte.

»Wie, du kannst dich nicht ausweisen?«, herrschte einer der beiden mich an. »Und was hast du da überhaupt in dieser komischen Tüte?«

»Entschuldigung, da ist ein Geschenk für meine Cousine drin«, antwortete ich so ruhig es ging, obwohl ich innerlich fast platzte. »Ich studiere Nuklearökologie in der Tschechoslowakei. Sie können das überprüfen, wenn Sie diese Nummer anrufen.« Ich zog den Zettel aus der Hosentasche, den mir unsere Betreuer gegeben hatten.

»Nein, komm mit«, befahl mir der Polizist. Wir gingen zu einem Parkhaus, das sich neben dem Universitätsgebäude befand. Dort kontrollierten die Polizisten den Inhalt meiner Plastiktüte und überprüften die Telefonnummer, die ich ihnen genannt hatte. Während ich wartete, tauchte zum Glück Manuel auf. Nachdem alles geklärt war, durfte ich meine silberne Plastiktüte nehmen, und wir konnten endlich wieder gehen.

Ein paar Tage später beschlossen wir, ein Kino in der Altstadt von Havanna zu besuchen, das neben einem Park liegt, dem *Parque Fraternidad*. Und nicht weit entfernt befindet sich das »Casa del Té«, ein Teesalon und beliebter Treffpunkt im alten Havanna, wo wir schon zu Schulzeiten immer waren. In diesem Teil der Stadt gingen viele Intellektuelle, Künstler und auch Homosexuelle aus. Die Chicos liefen auf der Straße spazieren, unterhielten sich und checkten, wer schwul war und wer nicht.

Als ich ausgehfertig im Flur seines Apartments stand, schaute mich Manuel mit strengem Blick von oben bis unten an und sagte: »Wohin willst du denn? So gehst du nicht aus dem Haus.«

»Wieso? Was bitte ist falsch?«

»Bist du verrückt«, rief er händeringend. »Hast du das vergessen? Ein kubanischer Mann trägt niemals weiße Jeans.«

»Wie bitte?«, antwortete ich. »Die Männer in Kuba tragen doch alle weiße Hosen.«

»Ja, schon, aber keine engen weißen Jeans. Da bekommst du sofort den Stempel ›homosexuell‹ aufgedrückt.«

Und in diesem Augenblick antwortete mein neues ganzes Ich: »Das ist mir egal. Ich gehe mit meinen engen weißen Jeans aus.«

Wir spazierten unter den Arkaden des *Gran Teatro* entlang und wollten gerade die Straße zum Kino überqueren, da hielt ein Polizeibus neben uns.

»Hey, ihr beiden da«, schrie uns einer der Polizisten zu, winkte uns heran, und wieder begann das gleiche Spiel. Einer wollte unsere Papiere sehen. Doch weil ich keine hatte, mussten wir uns breitbeinig mit dem Gesicht zum Bus hinstellen und die Hände aufs Dach legen.

Als einer der Polizisten anfing, mich abzutasten, hörte ich, wie ein paar Männer mit schrillen Stimmen nach uns riefen: »Hey, *chicos*, kommt doch rein zu uns. Hier ist es so heiß. Hier werdet ihr Spaß haben.« Der Bus war voll mit Homosexuellen, die verhaftet worden waren und uns aus den vergitterten Fenstern beobachteten.

»Mach die Hose auf«, befahl mir der Polizist plötzlich.

Ich tat, was er sagte, und merkte, wie er mit einer Hand in meine Hose griff, mir an den Hintern fasste und versuchte, mir seinen Finger in meine Poritze zu stecken.

»Hey, was machst du da?«, schrie ich, so laut ich konnte. »Jetzt reicht's aber. Ich lasse mir das hier nicht länger gefallen.« Wutentbrannt wiederholte ich, dass ich Student sei und er gefälligst die Nummer anrufen solle, um meine Identität zu überprüfen. Er ließ mich mit heruntergelassener Hose und erhobenen Händen am Bus stehen und ging nach vorn, um sich per Funk mit der Zentrale in Verbindung zu setzen. Ein paar Minuten später ließen uns die Polizisten gehen.

Dieses Erlebnis war ein Schock für mein noch junges gereiftes Ich. Bei meiner ersten Rückkehr nach Kuba als Student wurde ich wegen einer weißen Jeans be- und verurteilt. Und das alles nur, weil die Leute merkten, dass ich schwul war. Während Manuel und ich zum Kino zurückgingen, fiel mir wieder der Homosexuelle aus Jatibonico ein. Gerade hatte ich am eigenen Leib erfahren, was er sein ganzes Leben lang ertragen musste: Intoleranz und Hass, nur weil er anders war. Und noch immer wurden Homosexuelle geächtet und verfolgt.

Die Regierung war der Überzeugung, »dass ein Homosexueller niemals die Charakterstärke eines Revolutionärs« haben könne. Nach der Revolution von 1959 hatte man Schwule sogar in Arbeitslager gesteckt, um sie durch harte Arbeit »zu richtigen Männern« zu erziehen. Sie waren unerwünscht in meinem Heimatland, sie wurden gehasst, diskriminiert, schikaniert und bestraft. Und soeben hatte ich wieder einmal den Beweis erhalten, dass sich daran nichts geändert hatte. Das war so in meiner Kindheit, das war so während meiner Schulzeit, und es war immer noch so, als ich als Student zu Besuch kam.

Warum diskriminierte man Homosexuelle in Kuba nach wie vor? In der Tschechoslowakei, ebenfalls ein sozialistisches Land, tat man das schließlich auch nicht. Ich hatte in den zwei Jahren dort viele erfolgreiche Homosexuelle getroffen und die Erfahrung gemacht, dass es nicht falsch war, schwul zu sein, wie ich es in Kuba immer gehört hatte. Einige meiner Dozenten in Bratislava waren schwul, und niemand fand etwas dabei. Die Leute haben zwar darüber gesprochen, aber es zumindest toleriert.

Mein zweites – geheimes – Ich war in Bratislava sichtbar und erwachsen geworden. Mit diesem neuen Selbstbewusstsein war ich in meine Vergangenheit gereist – zurück zu meinen Wurzeln. Doch wieder einmal konnte ich in doppeltem Sinne nicht atmen. An diesem Punkt war mir endgültig klar: In Kuba ändert sich noch lange nichts, dort gibt es keinen Platz für mich. Nach der Geschichte mit der weißen Jeans war ich glücklich, in die Tschechoslowakei zurückkehren zu können.

Wieder in Bratislava versetzte mich die Schlagzeile einer Zeitung noch einmal in meine Vergangenheit: »Das *Ballet Nacional de Cuba* kommt nach Bratislava in die Oper.« Und kurz darauf erreichte mich schon ein Anruf von Eva, der Übersetzerin der »Tropicana«-Show: Ob ich nicht Lust hätte, ihr wieder beim Übersetzen für die Kompanie zu helfen. »Jaaaaaaaaaa«, schrie ich in den Hörer. Natürlich hatte ich Lust!!!

Ich war hin und weg bei dem Gedanken, Alicia Alonso, die Grande Dame des kubanischen Balletts, persönlich zu treffen. Und tatsächlich stand ich wenig später meinem Kindheitstraum gegenüber. Bei dieser

Begegnung, sie war damals schon eine alte Dame, hatte sie wie fast immer ein Tuch um den Kopf gebunden und ihre dicke Brille auf. Sie trug einen grauen sehr feinen Body und Jazzpants, da sie gerade vom Training kam. Ich bewunderte diese Frau dafür, die mit bald siebzig immer noch tanzte, und das, obwohl sie fast blind war. Am Bühnenrand waren extra für sie Scheinwerfer aufgestellt, damit sie sich an der Helligkeit orientieren und zurückgehen konnte, um nicht von der Bühne zu fallen oder an die Seitenwände zu stoßen.

Alicia kam im Foyer der Oper mit ihrem Assistenten auf mich zu, streckte ihre langen, schmalen Arme aus, umfasste mit den feingliedrigen Fingern ihrer »Spinnenhand« mein Kinn und begutachtete mich von allen Seiten. Dann führte sie mit einer divenhaften Geste eine Hand an die Stirn und hauchte: »*Igualito a Lazarito, yo pensaba que era él!*« Er ist ganz genauso wie Lazaro. Ich dachte, das ist er.

Meine gesamte Kindheit hatte ich davon geträumt, zu dieser Tanzkompanie zu gehören. Und nun stand Alicia Alonso vor mir, mein großes Idol. Sie, die meine Lehrerin hätte sein sollen, verglich mich mit Lazaro, einem sehr guten Tänzer der Kompanie. Dieser Zufall war wie ein kostbares Geschenk und machte mich zugleich traurig.

Denn ich war nicht Lazaro. Ich hatte mir so viele Jahre gewünscht, zu Alicia Alonso zu gehen. Die Jahre waren vergangen, und dieser Traum lag lange zurück. Mittlerweile befand ich mich mitten in meinem

Plan B. Aber als Alicia vor mir stand, kam das alles wieder in mir hoch. Es hätte also vielleicht sein können, dass ... Und die Chance, die ich nie bekommen hatte, fühlte sich irgendwie noch ein bisschen verpasster an.

Lambada für die Freiheit

Während der Semesterferien 1988 blieb ich in der Tschechoslowakei, denn ich durfte ja nur alle zwei Jahre nach Kuba reisen. Da ich gerade keine Arbeit als Model hatte, suchte ich mir einen Ferienjob, um mein Stipendium aufzubessern. Morgens ab fünf arbeitete ich in der Landwirtschaft und half beim Heumachen, und am Nachmittag montierte ich in einer Fabrik Kühlschränke am Fließband.

Im Herbst begann mit dem dritten Studienjahr zugleich die schwierigste Zeit des Studiums, weil wir uns spezialisieren mussten. Wir hatten die naturwissenschaftlichen Grundkenntnisse erworben, und nun ging es ans Eingemachte. Wir mussten unsere Kenntnisse auf einer höheren Ebene anwenden, da war eine ganz andere intellektuelle Reife gefragt. Zudem kamen neue komplexe und abstrakte Fächer wie Nuklearphysik und Atomchemie hinzu. Das erforderte Konzentration und analytisches Denken.

Trotzdem besserte ich weiterhin mein Stipendium mit Tanz- und Modeljobs auf. Da sich die Agentur, für die ich arbeitete, im Kulturinstitut befand, begegnete ich dort immer wieder Leuten von der Theaterhochschule in Bratislava und freundete mich mit einigen an. Einer der Regiestudenten bat mich sogar, bei seiner Abschlussinszenierung, einer modernen Interpretation von Shakespeares *Richard II.,* die Rolle des Narren zu übernehmen. Er suchte jemanden, der mit Akzent sprach und mal nicht und dann wieder doch, zu verstehen war. Die perfekte Rolle für mich, oder?

Zwei meiner Theaterfreunde waren sehr aktiv in der Bewegung des politisch engagierten Schriftstellers Václav Havel und seinen Leuten und unterstützten die Bewegung von Bratislava aus. Bei den Proben in der Theaterhochschule hatte ich ständig das Gefühl, dass irgendetwas vor sich ging und etwas Großes passieren würde. Die Studenten, die sonst so zurückhaltend waren, sprachen auf einmal viel offener über die aktuellen politischen Ereignisse und kommentierten alles viel persönlicher. Kam das Thema zum Beispiel aufs Reisen, machten sie ihrem Ärger lautstark Luft, nicht die gleiche Bewegungsfreiheit wie die Menschen im Westen zu haben. Irgendwie hatte man den Eindruck, als würde es unter der Oberfläche gären. Ich war sicher, dass etwas passieren würde, wusste aber nicht was. Dass die »Samtene Revolution« zu einem Systemwechsel in der Tschechoslowakei führen und den Eisernen Vorhang niederreißen würde, das ahnte ich damals nicht.

Im November explodierte die Bombe. Ich war dabei, als sich Tausende von Menschen am 17. November 1989 zu einer friedlichen Demonstration in Prag zusammenfanden. Es war ein unbeschreibliches Gefühl, diesen historischen Moment inmitten so vieler junger Menschen mitzuerleben. Nach wochenlangen Protesten fand das kommunistische Regime schließlich ein Ende.

Am Tag nach dieser wegweisenden Demonstration, ich war schon wieder in Bratislava, beriefen unsere Betreuer kurzfristig eine Versammlung ein, in der sie uns lapidar mitteilten: »Ab heute ist das tschechoslowakische Volk unser Feind.« Das bedeutete im Klartext: Von diesem Tag an sollte ich meine Mitstudenten, meine Professoren, Mišo und meine anderen Freunde, die Kassiererin in der Kantine, einfach alle, als meine Feinde betrachten.

Wenige Tage später rief mich ein Freund an, der Sohn eines einflussreichen Politikers in Kuba. »Jorge, ich habe gehört, dass alle kubanischen Studenten nächstes Jahr im Juni zurückmüssen.« Ich war entsetzt und wütend, denn eigentlich sollten wir im September 1990 unsere Diplomarbeit präsentieren. Und nun sollte ich zwei Monate vor diesem Zeitpunkt nach Kuba zurück – ohne Abschluss? Das kam für mich nicht infrage. Was ich angefangen habe, bringe ich auch zu Ende, beschloss ich.

Kurze Zeit später, Anfang Dezember, fragte mich eine Freundin, eine DJane, die viele Modelshows mit mir gemacht hatte: »Jorge, in zwei Wochen organisiere ich mit einer amerikanischen Agentur für die Coca-Cola-Company einen Werbespot für Cappy – ein Fruchtsaftgetränk, so ähnlich wie Orangensaft, das in der Tschechoslowakei eingeführt werden soll. Hast du Lust, mitzumachen?«

Für diesen Werbespot, übrigens der erste überhaupt in der neuen Republik, wurde ein Paar gesucht, das Lambada tanzen konnte. Dieser Job ist wie geschaffen für mich, dachte ich. Aber für die kubanischen Studenten galt nach wie vor das Verbot, während des Studiums zu arbeiten, und schon gar nicht für ein kapitalistisches Unternehmen wie die Coca-Cola-Company. Ich beschloss, trotzdem zum Casting zu gehen, denn die Amerikaner zahlten gut. Außerdem würde ich das Geld vielleicht noch dringend brauchen, falls mein Freund recht behielt und alle Kubaner die Tschechoslowakei verlassen mussten.

Für den Lambada brauchte ich natürlich eine Partnerin. Also überzeugte ich Ina, mitzumachen. Ich schminkte sie, machte ihr mit improvisierten Papilloten aus Papier eine wilde Lockenmähne und stylte sie mit dem Minirock und der sexy Bluse einer Freundin. So marschierten wir zum Casting. Während ich die anderen Paare beim Vortanzen beobachtete, dachte ich nur: Dieser Job gehört uns. Denn ich war der einzige Mulatte, und der Rhythmus lag mir praktisch im Blut. Ina und ich tanzten Lambada, als hätten wir nie etwas anderes im Leben gemacht. Die Amerikaner waren begeistert und wollten uns unbedingt für den Spot haben.

»Okay, let's talk about the money«, sagte einer der Bosse.

»Ich verstehe nicht Englisch«, stellte ich mich zu Beginn der Verhandlung dumm. Also übersetzte meine Freundin, die DJane, und ich hörte nur still zu, was die Leute von der »roten Dose« anboten. Meine Freundin übersetzte, dass der Dreh des Videos in zwei Tagen stattfinden würde und jeder von uns fünfhundert Dollar bekäme. Ein paar Tage zuvor hatte sie mir allerdings erzählt, dass der Agentur ein Vielfaches als Budget für die Tänzer zur Verfügung stand. Fünfhundert Dollar waren eine Menge Geld, aber ich wollte mich nicht abspeisen lassen.

Deshalb wandte ich mich zu meiner Freundin: »Sag ihnen, dass sie ein anderes Paar nehmen müssen. Wir gehen. Tschüss.« Ich stand auf und zog Ina hinter mir her.

»*Why?* Bleibt da!«, schrie einer der Agenturleute und rannte uns hinterher.

Da sagte ich auf Englisch zu ihm: »Entweder ihr bezahlt uns besser, oder wir machen den Job nicht.«

»Ich dachte, du sprichst kein Englisch«, sagte er verdutzt.

»Doch, tue ich«, antwortete ich, »und ich weiß genau, wie ein Model für so einen Werbespot im Fernsehen bezahlt wird.«

Wir bekamen mehr, und die DJane hob das Geld vorsichtshalber bei sich zu Hause auf, weil es im Internat einfach zu gefährlich war, die »feindlichen« Devisen zu verstecken.

Cappy war als Sommergetränk positioniert, und der Spot sollte ab Frühjahr/Sommer 1990 im tschechoslowakischen Fernsehen ausgestrahlt werden. Super, dachte ich, mein Plan geht auf. Wenn meine Kommilitonen im Juni nach Kuba zurückmussten, würde ich hierbleiben und von dem Geld, das ich mit dem Lambada verdiente, mein Studium finanzieren. Ich versuchte, Ina ebenfalls zum Bleiben zu überreden, doch sie wollte, wenn es wirklich so weit käme, nach Kuba zurück.

Dann kamen die Weihnachtsfeiertage, etwas ganz Neues für mich. Denn in Kuba war Religion damals verboten, weshalb wir Weihnachten nicht feiern konnten. Meine Oma litt sehr darunter, weil sie katholisch erzogen worden war. In der Tschechoslowakei verbrachte ich das Fest immer in der Familie meines Freundes Mišo in Žilina, das etwa dreihundert Kilometer von Bratislava entfernt liegt – und bisher hatte ich auch immer die Erlaubnis von unseren Betreuern erhalten. Doch Weihnachten 1989 war alles anders, weil unsere Freunde ja auf einmal kapitalistische Feinde waren. Also fragte ich erst gar nicht, sondern fuhr ohne Genehmigung los. Wir hatten ein paar Tage frei in der Uni, und ich bin einfach weg.

In Žilina waren wir quasi abgeschnitten vom Rest der Welt. Wir haben gegessen, gefeiert, alte Videos geschaut, sind im Schnee spazieren gegangen. Keine Zeitung. Kein Fernsehen. Kein Radio. Nichts. Fernab von allem verbrachte ich eine wunderschöne Zeit mit Mišos Familie.

Als ich nach den Feiertagen ins Internat zurückkam, begrüßten mich meine kubanischen Kommilitonen mit seltsamen Blicken. Einer sagte: »*Hey, chico*, da bist du ja wieder. Wir haben dich tanzen sehen.« Und ein anderer: »Hey, du warst im Fernsehen.«

Ich ahnte Fürchterliches, rannte sofort zu meiner Freundin Ina ins Zimmer und schrie: »Ina, was haben die gesehen?«

»Ay, *mi negro, que barbaridad*! Wie schrecklich!«, sagte sie und schaltete den kleinen Fernseher an, der in ihrem Zimmer stand. »Kuck selber, das zeigen sie seit ein paar Tagen ungefähr im Halbstundentakt: Jorge und Ina.« Und tatsächlich, da waren sie beide und tanzten Lambada. Ina konnte man wegen ihres Stylings zum Glück nicht so gut erkennen. Aber Jorge, der tänzelte gut sichtbar und präsent mitten über den Bildschirm – und zeigte übers ganze Gesicht grinsend seine Zähne. Erwischt! Die Beweislast sprach gegen mich, denn die Kameras waren Zeuge. Zum zweiten Mal in meinem Leben konnte man mich im ganzen Land verbotenerweise im Fernsehen tanzen sehen.

Leider hatten auch die Leute von der kubanischen Botschaft diesen Spot gesehen. Als die Weihnachtsferien Anfang des neuen Jahres vorbei waren, hielten die Studenten der jungen kommunistischen Union sofort eine Versammlung wegen meines »Falls« ab. Die hatten mich sowieso schon auf dem Kieker, weil ich, obwohl sie mich immer wieder fragten, nicht Mitglied bei ihnen werden wollte. Ich hatte das immer abgelehnt mit den Worten: »Ich bin noch nicht gut genug, um zu euch zu gehören.« Doch man kam zu keinem Ergebnis, weil das kubanische Konsulat gerade zu beschäftigt war mit dem Zerfall der Ostblockstaaten, denn der Wegfall der Unterstützung durch die sozialistischen Staaten bedeutete für Kuba einen riesigen Verlust. »Dein Fall wird von den Verantwortlichen überprüft«, sagte man mir, »und danach werden wir eine Versammlung einberufen, um über die Konsequenzen zu sprechen.«

Ich war jetzt ein Abtrünniger der Revolution, denn ich hatte gearbeitet, was den kubanischen Studenten verboten war, und dann auch noch für den kapitalistischen Feind, für die »rote Dose«. Es war mir klar, dass die Strafe heftig ausfallen würde.

Ende Februar suchten mich die Leute von der kommunistischen Partei und vom Konsulat in meinem Zimmer auf. Sie hatten eine dicke Akte dabei, die stapelweise Fotos enthielt. Diese Fotos zeigten mich in Bratislava und in Prag – in der Oper, im Restaurant, in der Diskothek, in einer Bar, auf der Straße, als Model bei einem Shooting und so weiter. Sie hatten fast jeden meiner Schritte in den letzten drei Jahren dokumentiert und fragten mich immer wieder: »Mit welchem Geld hast du das alles bezahlt?« Offenbar konnten sie bis zu dem Lambadaspot nicht eindeutig beweisen, dass ich gearbeitet und mit den Modeljobs Geld verdient hatte. Ich schwieg. Bevor sie gingen, bekam ich die Information, dass die Vertreter des Konsulats, der kommunistischen Partei und der kubanischen Studenten im März gemeinsam über mein Schicksal entscheiden würden.

Diese Versammlung fand am Donnerstag, den 8. März 1990 – am internationalen Frauentag – um achtzehn Uhr im Haus der Jugend statt, wo sich die kubanischen Studenten oft zu Besprechungen und Meetings trafen. Ich kam mir vor wie vor einem Militärgericht: Auf einem Podest in einem riesigen Raum standen vier Tische, hinter denen die Vertreter der jungen kommunistischen Union, des kubanischen Konsulats in Bratislava und der Botschaft aus Prag saßen. An der Wand hinter ihnen hingen ein großes Foto von Fidel Castro und die kubanische Flagge. Unten saßen etwa fünfzig Studenten der jungen kommunistischen Union. Und mich hatte man an der Seite platziert. An der Eingangstür standen demonstrativ einige Sicherheitsleute.

Bis einundzwanzig Uhr wurden langsam und detailliert alle Vergehen, die man mir vorwarf, verlesen und anschließend diskutierte man darüber. Danach statuierten sie ein Exempel in Sachen »ideologische Diversion« an mir, um zu demonstrieren, was mit einem Andersdenkenden beziehungsweise einem Konterrevolutionär passierte. Einer der Sicherheitsleute rief etwa hundert kubanische Studenten, die extra aus der ganzen Tschechoslowakei herbestellt worden waren, in den Saal. Sie mussten hinter mir im »Zuschauerraum« Platz nehmen. Ina war auch darunter. Als Erstes wurde ihr »Fall« verhandelt, der zum Glück leicht und schmerzlos erledigt war. Sie bekam eine Bewährungsstrafe.

Danach kam ich an die Reihe. Jeder der über hundert anwesenden Studenten musste aufstehen und mich kritisieren – egal ob er oder sie mich kannte oder nicht:

»Jorge González ist ein Konterrevolutionär, weil er gearbeitet hat, obwohl uns Studenten das verboten ist.«

»Jorge González hat unsere studentischen Regeln gebrochen, weil er sich unerlaubt vom Universitätsgelände entfernt hat.«

»Jorge González ist ein Abtrünniger, weil er Geld verdient hat, statt zur Universität zu gehen.«

»Jorge González hat unsere revolutionären Ideale verraten, weil er für den kapitalistischen Feind Werbung gemacht hat.«

Irgendwann stand eine Studentin auf, deren Anklage mir lange in Erinnerung blieb wegen der schlechten Gefühle, die sie in mir erzeugte. Sie war klein, hatte kurze Haare, eine dicke Brille, schlechte Haut und wirkte irgendwie verbittert. In der Uni war sie bekannt als *cotilla*, als Klatschtante, weil sie alle Leute beobachtete und herumtratschte, was sie gesehen hatte. Im Gegensatz zu den meisten anderen an diesem Abend war sie überzeugt von dem, was sie sagte, und wollte, dass politisch oder ideologisch Andersdenkende ihre verdiente Strafe bekamen. Der Hass in ihrer Stimme brachte mit jedem Wort nur eines zum Ausdruck: »Jorge, jetzt bist du endlich fällig!«

Sogar Ina musste mich kritisieren. Sie stand auf und sagte so ruhig wie möglich: »Ja, es war falsch zu arbeiten, denn wir wussten, dass das verboten ist. Jetzt müssen wir die Konsequenzen tragen.« Ich konnte sehen, wie furchtbar dieser Moment für sie und auch für viele der anderen Studenten war, die mich kannten oder mit denen ich befreundet war. Sie mussten irgendwelche kritischen Sachen sagen, die gar nicht stimmten, aber gegen mich sprachen. Sie mussten lügen, um ihre eigene Haut zu retten. Diese Prozedur dauerte bis weit nach Mitternacht. Ein Student nach dem anderen erhob sich, brachte vor, warum ich nicht mehr würdig sei, als Student in Bratislava zu bleiben. Ich stand ihnen dabei die ganze Zeit gegenüber und hörte still zu. Viele der Kommilitonen weinten fast, weil sie die Konsequenzen kannten und wussten, dass man mich nach Kuba zurückschicken würde. Denn das bedeutete auch, nicht weiterstudieren zu können.

Gegen halb zwei sagten die Vertreter vom Konsulat schließlich: »Gut, wir haben genug gehört. Jorge, du bist nicht mehr Student der Nuklearökologie. Du gehst zurück nach Kuba.«

Danach sollte ich mit ins Konsulat gehen, um von dort aus meine Eltern anzurufen und ihnen zu sagen, dass ich übermorgen wieder zu Hause sei.

»Wie bitte?«, fragte ich misstrauisch.

»Du hast richtig gehört. Du kommst jetzt mit uns ins Konsulat, und am Samstag geht dein Flug von Prag aus nach Kuba.«

»Aber ich möchte mich von meinen Professoren und Kommilitonen verabschieden«, sagte ich. »Außerdem muss ich noch meine Sachen aus dem Internat holen.«

ČESKÁ A SLOVENSKÁ FEDERATÍVNA REPUBLIKA

UNIVERZITA KOMENSKÉHO V BRATISLAVE

Prírodovedecká fakulta

M ∗ 001092

DIPLOM

Jorge Alexis Gonzalez Madrigal
(meno a priezvisko)

narodený(á) *11. augusta* 19 *67* v *Cabaiguane na Kube*

ukončil(a) vysokoškolské štúdium vykonaním štátnej skúšky v študijnom odbore *Ochrana a tvorba životného prostredia - nukleárna ekológia*

a súčasne sa mu (jej) podľa ustanovenia § 21 ods. 2 písm. a) zákona č. 172/1990 Zb. o vysokých školách priznáva akademický titul

„magister", v skratke „Mgr."

V Bratislave dňa *5. november 1991*

č. *M /1992*

dekan

rektor

Mein Diplom

Als junger Student in Senec

Jorge mit Afrolook

Mein erster »Kuba-Urlaub« als Student – mit meiner Familie am Strand von Varadero

Havanna – die Häuser am Malecón ...

... und das Gran Teatro in der Altstadt

Kuba – Palmen, Sonne, Strand und Meer

»Das machst nicht du«, kam als Antwort. »Das wird alles ganz offiziell von unseren Leuten erledigt.«

»Nein! Wisst ihr was, wenn ich so viel Geld verdient habe, wie ihr mir vorwerft, dann kann ich es mir leisten, auf der Post nach Kuba zu telefonieren. Dafür muss ich nicht mit ins Konsulat gehen.« Während ich das sagte, ging ich ganz langsam in Richtung Tür.

»Nein«, befahlen die Leute vom Konsulat. »Du kommst mit uns!«

»Ich gehe nicht mit«, wiederholte ich, öffnete schnell die Tür und war draußen, bevor einer der Sicherheitsmänner nach mir greifen konnte.

Vor der Tür standen über sechzig meiner Freunde, die offenbar seit Stunden auf das Ende des Meetings gewartet hatten. Chicos und Chicas aus der Tschechoslowakei, aus Griechenland, aus Zypern, aus Lateinamerika, aus Marokko …

Kurze Rückblende: Nachdem mich die Spitzel mit meiner Akte und all den Fotos konfrontiert und mir Konsequenzen angedroht hatten, war mir klar, dass man mich nach Kuba zurückschicken würde. Deshalb hatte ich mich in den verbleibenden Wochen bis zu der Versammlung am 8. März darauf vorbereitet, im Ernstfall mit einem Plan B in der Tasche in der Tschechoslowakei zu bleiben. Mišo und seine Eltern halfen mir dabei. Sie versuchten sogar, mich zu adoptieren. Das klappte aber nicht. Dennoch bedeutete ihre Unterstützung in diesem Moment des Unglücks sehr viel für mich. Was für ein Glück, dachte ich, trotz allem noch ein Zuhause zu haben und Menschen, die dich lieben, als wärst du der eigene Sohn. Mišos Vater gelang es schließlich, einen Kontakt zu einem Repräsentanten der neuen Regierung herzustellen. Man sicherte mir politisches Asyl zu, falls ich wirklich nach Kuba zurückgeschickt würde und riet mir, unter keinen Umständen ins kubanische Konsulat zu gehen: »Wenn du erst einmal dort bist oder auch nur in einen Wagen der kubanischen Botschaft steigst, dann können wir wegen der diplomatischen Immunität nichts mehr für dich tun.« Deshalb hatte ich mich organisiert und all meinen Freunden Bescheid gesagt, damit sie mir helfen könnten, falls die Kubaner mich gewaltsam ins Konsulat abführen würden. Zwei meiner kubanischen Freunde hatten sich sogar »verkabelt«, um die Versammlung sicherheitshalber aufzuzeichnen.

Mir fiel ein riesengroßer Stein vom Herzen, als ich all die jungen Leute sah, die im Gang warteten. Man hätte eine Stecknadel fallen hören können. Selten habe ich mich so gefreut, meine Freunde zu sehen. Vor all den Leuten können sie dich nicht einfach abführen, dachte ich erleichtert. Zugleich war ich aufgewühlt, nervös und enttäuscht. Denn gerade hatte ich am eigenen Leib erlebt, wie das politische System Kubas die Menschen beherrschte. Sogar unter den Studenten gab es Fanatiker, die mich mit Hingabe kritisierten.

Bei meinen Freunden angekommen, drehte ich mich zu den Leuten vom Konsulat um und sagte:

»Seht ihr, das sind eure Feinde. Aber eure Feinde sind meine Freunde, und die fangen mich jetzt auf.« Und dann nahmen mich meine Freunde, die über sechs Stunden auf mich gewartet hatten, in ihre Mitte, umhüllten mich wie ein Kokon, und so liefen wir ohne ein Wort zu sagen zum Ausgang. Es war fast zwei Uhr nachts, und gerade hatte man Jorge González zum Staatsfeind seines Heimatlands erklärt. *Ahora estoy solito*, jetzt war ich mutterseelenallein, weit weg von meiner Familie und doch nicht allein. Meine Freunde nahmen mich auf und liebten mich, so wie ich war. Sie halfen mir, gaben mir Schutz, Unterschlupf und eine Heimat in dem Moment, als ich meine eigene verlor.

All die Jahre hatte ich einen Traum verfolgt. Ich hatte in der Grundschule gebüffelt und im *Vocacional* gekämpft, um nach Europa gehen zu können. Hatte alle möglichen Jobs gemacht, um mich zu finanzieren, und war mir für nichts zu schade gewesen. All die Jahre hatte ich nie meinen Fokus verloren. Und auf einmal sollte alles zu Ende sein? Nein, ich war fest entschlossen, meinen Abschluss zu machen. Ich wollte keine Marionette mehr sein, wollte nicht zulassen, dass die kubanische Politik meinen Traum von Europa zerstörte. Es reichte, dass man mir schon die ersten siebzehn Jahre meines Lebens schwer gemacht hatte. Wenn ich in den Semesterferien in Kuba war, musste ich jedes Mal feststellen, dass sich dort noch nichts geändert hatte. Mein Leben lang hatte ich mich gefragt: Warum? Was habe ich getan? Ich tue niemandem weh. Warum darf ich nicht so sein, wie ich bin? Woher kommt dieser Hass?

Als ich mit Mišo zum Bahnhof lief, um zu seinen Eltern nach Žilina zu fahren, ließ ich noch einmal Revue passieren, was gerade geschehen war. Ich empfand Glück, Ärger, Enttäuschung und Trauer – alles auf einmal. Einerseits hatte ich Freunde, die für mich da waren. Andererseits war mir klar, dass ich wieder ganz von vorn anfangen musste. Da realisierte ich, dass ich recht gehabt hatte, als ich meiner Mutter am Flughafen gesagt hatte: »Schau mich an, ich weiß nicht, wann wir uns wiedersehen.« Dieser Satz, der damals die Abschiedssituation auflockern sollte, war tatsächlich Wahrheit geworden. Ich wusste nicht, wann oder ob ich meine Familie je wiedersehen würde.

An der Stelle möchte ich gerne zeitlich ein bisschen vorspulen, weil ich viele Jahre später noch einmal an diesen denkwürdigen Abend erinnert wurde. Ich fuhr gerade mit einem Mietwagen mit vier Freunden in Havanna die *Quinta Avenida* entlang. Da sah ich eine Frau am Straßenrand stehen, die Autostopp machte. In Kuba nichts Besonderes, weil die öffentlichen Verbindungen sehr schlecht sind. Als sie auf uns zukam, erkannte ich die *cotilla*, die Klatschtante, die bei meiner »Verurteilung« so voller Hass gewesen war und kein gutes Haar an mir gelassen hatte.

»Könnt ihr mich ein Stück mitnehmen«, fragte sie. Offenbar erkannte sie mich wegen meines Afrolooks und der großen Sonnenbrille, die ich trug, nicht.

Doch als ich »*Hola*« zu ihr sagte, zuckte sie zusammen und rief entsetzt: »Jorge!?!«

»Ja, der bin ich«, antwortete ich lächelnd. »Wie du siehst, kann ich dich leider nicht mitnehmen. Das Auto ist voll – noch dazu mit lauter Homosexuellen. Aber wenn ich Platz hätte, könntest du mitfahren, weil ich dir schon lange verziehen habe.« Mit diesen Worten fuhr ich davon.

Aber wieder zurück zum März 1990: Am Nachmittag vor meiner »Verurteilung« hatte ich meine Sachen im Internat schon in zwei Koffer gepackt und auf den Schrank gestellt, damit sie jederzeit griffbereit waren. In einem Koffer befanden sich alle meine Klamotten und im anderen meine Studienunterlagen, ein paar Bücher und eine kubanische Flagge. Nur *ein* Buch packte ich in den Koffer mit der Kleidung – und darin war das Geld von dem Werbespot für »Cappy« versteckt. Mein Startkapital für ein neues Leben.

Außerdem hatte ich zwei meiner besten Freundinnen, Maria und Christina, vor der Versammlung gebeten, den Koffer mit den Dollars aus dem Internat zu holen, falls ich verurteilt würde. Die beiden Chicas zogen los, während Mišo und ich am Bahnhof warteten. Ich weiß nicht, was ich mir damals dabei gedacht habe: Christina, eine feine, zierliche, musische Italienerin, die immer elegante Outfits trug. Und Maria, eine Medizinstudentin aus Zypern, ebenfalls klein, zierlich und feminin, die schon Angst vor einer winzigen Spinne hatte ... Kurz, die beiden waren alles andere als Einbrecherinnen. Aber ausgerechnet die beiden mussten sich um vier Uhr morgens in ein Internat schleichen, wo alles still und dunkel war.

»Geht in das Apartment und holt den Koffer mit den Klamotten«, hatte ich sie instruiert. »Er steht im Gemeinschaftsraum oben auf dem Schrank. Ihr müsst den rechten der zwei Koffer nehmen, hört ihr. Und passt auf, dass euch der kommunistische Student, der im Nebenzimmer wohnt, nicht hört.« Denn es wäre sicher nicht gut gewesen, wenn man sie dabei erwischt hätte, wie sie den Koffer eines Verräters holten.

Die beiden irrten auf Zehenspitzen – in Turnschuhen! – und nur mit einer Taschenlampe bewaffnet in den Gängen herum, bis sie endlich das Apartment fanden, in dem sich mein Zimmer mit der Nummer 513 befand. Da die Batterie der Taschenlampe fast leer war und nur spärlich Licht gab, konnten sie kaum etwas sehen. Sie kannten den Weg zwar, aber im Dunkeln sieht eben alles anders aus.

Ich hatte ihnen den Schlüssel gegeben und konnte nur hoffen, dass die anderen Studenten nicht aufwachten. Als die Chicas endlich vor der Apartmenttür standen, flüsterte Christina: »Maria, los, sperr auf.«

Maria fummelte mit dem Schlüssel am Schloss herum.

»Halt doch mal still. Ich kann nichts sehen«, sagte sie so leise wie möglich. Sie traf das Schlüsselloch einfach nicht, denn sie ist stark kurzsichtig und hatte in der Aufregung ihre Brille vergessen. Außerdem war Christina so nervös, dass die Hand, in der sie die Taschenlampe hielt, heftig zitterte und das ohnehin schwache Licht unruhig flackerte.

Irgendwann standen sie endlich im Gemeinschaftsraum und entdeckten einen Zettel an der Tür von Zimmer 513 mit der Aufschrift *Traidor contrarevolucionario.* Konterrevolutionärer Verräter. Das machte die Situation nicht gerade leichter für die beiden Chicas. Tapfer rückten sie einen Hocker vor meinen Schrank, um an den richtigen der zwei Koffer zu kommen, die ich dort oben deponiert hatte. Dann stellten sie sich zu zweit drauf und holten den Koffer so geräuschlos wie möglich mit vier Händen herunter. Erschöpft und glücklich kamen sie am Bahnhof an, wo ich mit Mišo schon ungeduldig wartete, um endlich nach Žilina aufbrechen zu können. Denn es war höchste Zeit, um den einzigen Zug noch zu erwischen. Als ich den Koffer öffnete und die Dollar herausholen wollte, flogen mir Studienunterlagen, ein Haufen Bücher und eine kubanische Flagge entgegen.

»O mein Gott«, rief ich aus, »das ist der falsche Koffer. Aaaahhhh. Und das ganze Geld!?!?!?!?!?! Futsch!«

Maria und Christina guckten mich entsetzt an und schrien: »O Gott, Orgito!«

Dieser Moment war so skurril, dass wir alle nur lachen konnten. Ich kannte die beiden Chicas gut genug und wusste, wie schlecht sie sich gefühlt und welche Ängste sie ausgestanden haben mussten, nur um mir zu helfen. Der Koffer war richtig schwer und fast so groß wie sie. Ich sah vor meinem geistigen

Auge, wie sie ihn vierhändig aus dem Wohnheim schleppten und dabei immer versuchten, ganz vorsichtig und leise zu sein, damit niemand sie bemerkte. Auch wenn sie den falschen Koffer gebracht hatten, waren Christina und Maria meine Heldinnen. Wieder einmal haben mir die Chicas geholfen. Und wer weiß: Vielleicht haben sie ja nur deshalb den richtigen Koffer nicht gebracht, weil sie die falschen Schuhe anhatten?

Das Fazit nach dieser Nacht: Nicht nur meine gesamte Kleidung war futsch, sondern auch das Geld, das Startkapital für mein neues Leben. Da saß ich auf meinem Popo und musste nicht nur wieder von vorn, sondern auch von ganz unten anfangen. Denn ich besaß nichts mehr als die Kleidung, die ich anhatte, ein paar Bücher und eine kubanische Flagge. Was soll's? Wie Oma immer sagte: »*No hay mal que por bien no venga.*«

Mi tierra – The show must go on

Nach meiner »Verurteilung« und der nächtlichen Flucht kamen Mišo und ich am Morgen bei seinen Eltern in Žilina an, die mich in dieser schweren Zeit aufnahmen wie einen Sohn. Mišos Mutter ist auch heute noch wie eine Mutter für mich.

Nach einer unruhigen Nacht, in der ich mehr schlecht als recht geschlafen hatte, fuhren Mišos Vater und ich nach Bratislava zum Regierungsgebäude, um einen Antrag auf politisches Asyl zu stellen.

Denn ich hing total in der Luft, weil ich keine offizielle Identität mehr hatte. Die Kubaner ignorierten mich und wollten mir meinen Pass nicht mehr geben. Und in der Tschechoslowakei konnte man mir keinen Pass geben, weil ich ja kein tschechoslowakischer Staatsbürger war. Nach meiner »Verurteilung« war ich der Erste in der neuen Republik, der politisches Asyl erhielt.

Um die bürokratischen Angelegenheiten zu regeln, musste ich immer wieder nach Bratislava. Manchmal blieb ich einige Tage dort und zog von Haus zu Haus, wohnte mal bei diesem Freund, mal bei jenem. Während dieser ganzen Zeit kehrte ich aber auch immer wieder zu Mišos Eltern zurück, die mir immer halfen und Unterschlupf gewährten. Sogar Jahre später, als ich zu Besuch kam, stand meine Zahnbürste noch im Bad meiner slowakischen Familie.

In den vier Monaten, in denen ich mich verstecken musste, bis die kubanischen Studenten im Juli 1990 in ihre Heimat zurückkehrten, ging ich nie allein auf die Straße. Immer war jemand da, der mich begleitete. Und das war gut so. Dass ich immer noch in Gefahr war, merkte ich eines Abends, als ich mich mit Mišo in Bratislava auf dem Weg zu ihm nach Hause befand. Er wohnte mitten in der Stadt, in der Nähe des kubanischen Konsulats. Nicht mehr weit weg von seiner Wohnung bemerkten wir plötzlich drei Männer, die uns verfolgten, zwei Weiße und einen Dunkelhäutigen.

»Da stimmt was nicht«, sagte ich zu Mišo, »das sind bestimmt Kubaner.«

Als die drei merkten, dass ich sie erkannt hatte, rasten sie in einem wahnsinnigen Tempo auf uns zu. »Mišo«, schrie ich, »nichts wie weg«, und rannte los. Ganz in der Nähe befand sich ein Hotel. Wir liefen um unser Leben und schafften es gerade noch durch die Tür, bevor die Männer uns eingeholt hatten. Die Leute am Empfang, die uns kannten, versteckten uns, bis die Luft wieder rein war.

In dieser Nacht konnte ich nicht bei Mišo bleiben, deshalb brachte er mich zu einer Freundin, die in einem Vorort von Bratislava in einem Haus wohnte. Aber selbst da war ich nicht sicher. Zwei Tage später stand ich bei ihr im Bad und wollte mich gerade duschen, als der Bruder von Mišos Freundin hereinstürzte und rief: »Jorge, schnell weg! Die sind da!« Ich griff nach dem Bademantel, der an der Tür hing, sprang barfuß aus dem Fenster, das glücklicherweise nur im ersten Stock lag, und rannte so schnell ich konnte durch den Garten zum nächsten Nachbarn. Er wusste Bescheid, setzte mich, so wie ich war, in sein Auto und fuhr mit mir nach Bratislava zu Mišo.

In dieser Zeit konnte ich nur selten in die Uni gehen. Damit mich die kubanischen Studenten und Betreuer nicht zu Gesicht bekamen, verabredete ich mich mit meinen Professoren in deren Büros, um Studienunterlagen abzuholen, und schlich mich danach wieder davon. Auch zu Ina und meinen anderen Freunden hielt ich weiterhin Kontakt, bis sie nach Kuba zurückkehren mussten.

Meine Familie in Jatibonico bekam in dieser Zeit mehrmals Besuch von Staatsbeamten. Sie durchsuchten unser Haus, stellten unangenehme Fragen und jagten meinen Eltern schreckliche Angst ein. Denn sie wussten ja nicht mal, was mit mir passiert war.

Um mich bis zum Sommer über Wasser zu halten – denn ich hatte ja kein Stipendium mehr –, arbeitete ich immer wieder als Model, Catwalktrainer und Choreograf. Als ein reicher Geschäftsmann, der einen der ersten Revueclubs in der Tschechoslowakei etablieren wollte, mich fragte, ob ich eine Show für ihn konzipieren könne, sagte ich sofort zu. Ich präsentierte ihm die Idee einer kubanischen Revue und empfahl meinen Freund Mišo, der ja Architektur studierte, als Bühnenbildner. Auch für Tänzerinnen hatte ich schon einen Vorschlag: meine Modelchicas, die mit einer heißen Choreografie eine gute Figur auf der Bühne machen würden.

»Bist du verrückt?«, sagten die Chicas, als ich ihnen davon erzählte.

»Nein«, antwortete ich lachend. »Ihr lernt jetzt einfach mit mir Cha-Cha-Cha, Rumba, Mambo und Salsa.«

In knapp drei Wochen brachte ich ihnen alle diese Tänze bei. Gleichzeitig wurden die Kostüme nach meinen Entwürfen genäht, alle im kubanischen Stil: bunte, bauchfreie Tops, kurze Röcke mit Volants und alles mit viel Glitzer und Glimmer. Mišo baute eine wunderschöne Bühne, eine völlig neuartige Konstruktion aus Plexiglas, bei der Licht auch aus dem Bühnenboden kam. Beim Opening der Show schwangen alle Chicas ihre Hüften wie echte Kubanerinnen, und ich tanzte mittendrin.

Meine erste Show war supererfolgreich, weil es so etwas in Bratislava bisher nicht gegeben hatte. Deshalb gaben wir von Woche zu Woche mehr Vorstellungen. Wir fingen an mit einer Show am Freitag, nach kurzer Zeit waren es schon zwei plus zwei weitere am Donnerstag, Samstag und Sonntag. Die Männer sind fast verrückt geworden, weil die Chicas so hübsch aussahen und so sexy tanzten. Die Leute standen Schlange, um Tickets zu bekommen. Ich tanzte leider nur zweimal mit und gab meine Rolle dann an einen Freund ab, weil es zu gefährlich war, weiterhin in den Nachtclub zu gehen.

»Jorge, du musst zu dem Festival kommen mit deiner kubanischen Show«, sagte eine Freundin irgendwann zu mir, als wir uns eines Nachmittags heimlich in Bratislava trafen. Sie organisierte jedes Jahr ein Latinofestival, auf dem jedes teilnehmende lateinamerikanische Land einen Tanz präsentierte. Es fand immer Mitte Mai im PKO, dem größten Veranstaltungssaal in Bratislava, statt und war die beliebteste Party der Stadt, zu der über 2 500 Leute kamen. In den vergangenen Jahren war ich immer verantwortlich für die Choreografie und die Darbietungen der kubanischen Studenten gewesen.

»Okay«, sagte ich, »ich komme mit meinen Chicas«, und verwarf alle Bedenken. Für diesen Auftritt wählte ich den Song *Mi tierra* von Gloria Estefan, der perfekt ausdrückt, was ich damals empfand. Denn das Lied erzählt von den Schmerzen der Menschen, die ihre Heimat lieben, aber dort nicht sein dürfen.

Mi tierra, meine Erde, mein Land:

> *De mi tierra bella, de mi tierra santa*
> *Oigo ese grito de los tambores*
> *Y los timbales al cumbanchar*
> *Y ese pregon que canta un hermano*
> *Que de su tierra vive lejano*
> *Y que el recuerdo le hace llorar*
> *Una cancion que vive entonando*
> *De su dolor, de su propio llanto*
> *Y se le escucha penar*

Von meiner schönen Heimat, meinem heiligen Land
Höre ich das Geschrei der Trommeln
Und die Pauken eines Festes
Und ein Lied, das ein Bruder singt,
Der weit weg von seiner Heimat lebt
Und die Erinnerung daran bringt ihn zum Weinen.
Das Lied erzählt von seinem Schmerz und seinen Tränen,
Und man hört seine Traurigkeit.

Es sprach sich wie ein Lauffeuer in Bratislava herum, dass ich mit den Chicas auf dem Festival die kubanische Show zeigen würde. Deshalb warnte mich Ina, als wir uns kurz vor dem Event noch einmal in einem Café trafen: »Jorge, alle wissen davon. Die Leute vom Konsulat werden kommen. Bitte, pass auf. Das wird schrecklich!«

»Keine Angst, ich komme nicht allein«, versuchte ich sie zu beruhigen.

Und ich hielt Wort. Denn an dem Abend des Auftritts erschien ich mit meinen »persönlichen« Bodyguards: fünfzehn großen, muskulösen Sportstudenten, die meine Freunde waren und im selben Internat wie ich gewohnt hatten. Auch viele andere Freunde waren da, sodass am Ende mindestens hundertfünfzig Leute an meiner Seite standen. Weitere Unterstützung bekam ich von der Moderatorin eines regionalen Fernsehsenders, die ich mal beim Modeln kennengelernt hatte. Als sie von meinem Problem hörte, rief sie mich an und sagte: »Jorge, ich komme dorthin – mit der Kamera.«

Aber auch die Kubaner tauchten auf. Als ich den Saal betrat, standen sie schon da, inklusive Konsul. Noch während sie näher kamen, um mich festzunehmen, bildeten meine Freunde sofort einen Kreis um mich. Und ohne zu zögern, ging die Moderatorin mit ihrem Kameramann zu ihnen und sagte: »Ich bin vom Fernsehen, und wir übertragen alles. Wenn Jorge González etwas passiert, bringen wir das sofort als Topnachricht.« Die Kubaner zogen sich zurück, und die Chicas und ich konnten unsere Show machen. Wir haben den Saal zum Kochen gebracht.

Nach dem Auftritt blieb ich noch ein bisschen auf der Party, um zu tanzen. Doch irgendwann fingen ein paar der Kubaner, die auf der Galerie standen, an, von oben mit Gläsern auf mich zu schmeißen. Ich konnte gerade noch in Deckung gehen. Da sagte ich mir im Stillen: »Du hast getan, Jorge, was du tun musstest. Jetzt kannst du gehen.« Dann machte ich mich aus dem Staub.

Das war das letzte Mal, dass ich die kubanischen Studenten, ihre Betreuer und die Leute vom Konsulat gesehen habe. Denn Anfang Juli kehrten meine Kommilitonen nach Kuba zurück – darunter auch Ina, ohne ein Diplom in der Tasche zu haben. Als Studentin der Nuklearökologie war das besonders hart, weil es diesen Studiengang in Kuba nicht gab. Sie musste also noch einmal ganz von vorne anfangen und entschied sich für Meeresbiologie.

Nachdem sie weg waren, konnte ich mich endlich wieder frei bewegen. Ich ging zur Uni, arbeitete weiter an meiner Diplomarbeit und bekam wegen des »Versteckspiels« ein Jahr später als geplant am 5. November 1991 mein Diplom. Damit war ich damals der einzige diplomierte Nuklearökologe Kubas. Trotzdem konnte ich als Kubaner im Westen nicht in einem so sensiblen Bereich wie der Atomenergie arbeiten. Weil mir das bereits klar war, als ich entschieden hatte, nicht nach Kuba zurückzugehen, arbeitete ich weiterhin als Model, Tänzer und Choreograf. Unter anderem für die kubanische Show, die ich konzipiert hatte und die so gut lief, dass wir vier Tage die Woche ausgebucht waren.

Eines Abends sagte eine der Chicas: »Jorge, ich würde so gern Striptease machen.« Bislang gab es so etwas in Bratislava nicht, doch die Chica träumte davon, die Erste zu sein, die eine erotische Varieténummer in Bratislava tanzte. Und weil ich es liebe, Träume zu realisieren, habe ich sie trainiert und eine Choreografie entwickelt auf den sexy Song *Fever* von Peggy Lee, die beim Singen immer so mit dem Finger schnippt:

Never know how much I love you, never know how much I care. When you put your arms around me. I get a fever that's so hard to bear. You give me fever.

Und so entstand die erste Varietéshow nach dem Vorbild des Pariser »Crazy Horse«. Wir waren sofort die ganze Woche ausgebucht, weil jeder Nachtclub, jedes größere Hotel diese Show haben wollte. Ich musste sogar neue Shows konzipieren.

In dieser Zeit lernte ich auf einer Modenschau in Prag einen italienischen Designer kennen, der in der Tschechoslowakei ein Modelabel etablieren wollte und jemanden suchte, der ihm beim Aufbau der Firma half. Er zeigte sich sehr interessiert, mit mir zusammenzuarbeiten. Ja ja, dachte ich, red du nur, gab ihm meine Adresse und Telefonnummer mit den

Worten: »Melde dich gern, wenn du kommst«, und lebte mein Leben weiter.

4.
PARALLELWELTEN

Jorge entdeckt die Welt

Sommer 1990. Eine Freundin saß gerade bei mir zu Hause in Bratislava, als es an der Tür klingelte. Ich schaute zum Balkon runter, da stand ein blonder Mann vor einer schwarzen Limousine und rief: »*Vieni*, komm!« Der italienische Designer.

»Äh, was machst du denn hier?«, fragte ich etwas verwirrt, als ich ihm die Tür aufmachte.

»Aber ich habe dir doch gesagt, dass ich mich melde. Los komm mit, wir gehen nach Prag, zum Arbeiten.«

»Aber ...«

»Du brauchst nichts mitzunehmen. Unten im Wagen habe ich zwei Koffer mit Klamotten für dich. Wir müssen sofort nach Prag, denn wir haben morgen schon ein paar Meetings, und ich brauche dich als Übersetzer.«

Ich hatte mittlerweile gut Italienisch von meiner Freundin Christina gelernt, die aus Assisi stammte. Sie studierte damals am Konservatorium von Bratislava Klavier bei einem bekannten Professor, und ihr Klavier war ihr Spielzeug, ihr Hobby, ihr bester Freund. Ihr Ein und Alles. Sie war immer elegant mit italienischem Schick gekleidet und trug fast nur Bleistiftröcke und High Heels. Von Christina habe ich aber nicht nur die Sprache gelernt, sondern sie servierte mir auch die ersten originalitalienischen Spaghetti und meine erste Nutella.

Aber zurück zu dem Besuch des Designers. In Sekundenschnelle zog ich Bilanz: Kaum jemand würde später einen Kubaner im Ausland als Nuklearökologe einstellen. Nach Kuba zurückzugehen, kam nicht infrage. Die kubanische Show, die ich für den Nachtclubbesitzer auf die Beine gestellt hatte, war zu Ende, und ich arbeitete gerade nur als Model. Da ich die Modebranche mochte und in dem Angebot des Designers eine neue Herausforderung sah, packte ich ein paar Sachen zusammen und fuhr mit ihm nach Prag.

Der Designer plante, eine komplette Damen- und Herrenkollektion in der Tschechoslowakei zu produzieren und zu vertreiben. Komplett bedeutete: Kleidung, Schuhe, Accessoires, Koffer, Strickwaren, alles.

Prag wurde von da an zum Mittelpunkt meines Lebens. Die Stadt war damals pure Energie, denn die Menschen kosteten ihre neu gewonnene Freiheit aus. Außerdem war die Arbeit für den Designer eine tolle Chance. Da ich noch keine Fachkenntnisse hatte, half ich ihm erst mal als Übersetzer für Tschechisch, Slowakisch und Italienisch aus und arbeitete mich dann sehr schnell in die einzelnen Bereiche des Geschäfts ein. Wir kreierten, organisierten und produzierten eine Kollektion für Damen und Herren. Nach der Arbeit besuchte ich einen Intensivkurs für Textilmarketing, wo ich alles über die verschiedenen Materialien lernte, aber auch über Textilproduktion, Vertrieb, Kalkulation sowie Im- und Export. In der postsozialistischen Ära waren die Methoden einer freien Marktwirtschaft noch weitgehend unbekannt. Wir konnten in diesem Kurs zwar auf aktuelle Unterlagen zurückgreifen, aber in der Praxis wusste keiner, wie man wirtschaftlich profitabel produzierte und verkaufte. Nach diesem Kurs leitete ich die Firma in Prag. Ich suchte Produktionsstätten für die Kollektion, führte die Verhandlungen und überwachte die Herstellung. Im Laufe der Zeit kooperierten wir mit etwa fünfzehn Fabriken, und ich vertrieb die Mode in der gesamten Tschechoslowakei.

Nebenbei jobbte ich immer wieder mal als Model, Stylist oder Choreograf für Fashionshows ausländischer Modefirmen. Für Olga Havlová, die Frau von Staatspräsident Václav Havel, organisierte ich Charity-Fashion-Shows, deren Erlös ihrer Wohltätigkeitsorganisation »Good Will Committee« zugutekam. Durch all die verschiedenen Aktivitäten in der Modebranche und meine Aufgaben als Repräsentant der italienischen Firma, machte ich mir irgendwann einen Namen in der Medienwelt und tauchte auch ab und zu in der Yellow Press auf.

In dieser Zeit war es mir nicht möglich, das Land zu verlassen. Nach Kuba durfte ich nicht, und ins Ausland konnte ich nicht, weil ich keinen Pass besaß. Erst als mir die kubanische Botschaft Ende 1990 endlich meinen Pass wiedergab, fing ich an, die Welt zu erkunden.

Im Frühling 1991, als nach wochenlangem Warten endlich mein Einreisevisum fertig war, das ich als Kubaner brauchte, holte mich Christina, die noch immer am Konservatorium in Bratislava studierte, ab, um mir – wie schon lange versprochen – ihr Heimatland zu zeigen. Ihre Eltern wohnten in Assisi, in der Nähe von Perugia. Bis dahin kannte ich Italien und die italienische Mentalität nur aus alten Mafiafilmen, die ich sonntagnachmittags oft mit den Chicas meiner Familie angeschaut hatte. Deshalb war ich total verschreckt, als Christina sagte, ich solle bloß auf meine Tasche achten. In Italien werde viel geklaut, warnte sie mich und machte mir schon vor der Abreise ständig Angst: »Pass auf, Orgito«, ihr Kosename für mich, »sonst klauen sie dir alles, was du hast.«

Also saß ich die ganze Fahrt über wachsam im Zug, meine Reisetasche sicher zwischen die Beine geklemmt und das Handgepäck fest an die Brust gedrückt. Christina lachte sich kaputt, als sie kurz vor der Ankunft in Perugia Entwarnung gab – sie habe mir bloß einen Schreck einjagen wollen. Haha, sehr lustig ... Zu dem Zeitpunkt wussten wir beide nicht, dass ich eines Tages noch einmal Gelegenheit für eine Revanche bekommen sollte.

Zum ersten Mal in meinem Leben reiste ich offiziell in ein kapitalistisches Land. Deshalb war ich, ehrlich gesagt, auch ohne Christinas Horrorszenarien der festen Überzeugung, dass hinter jeder Ecke Gefahren lauerten. Schon in der italienischen Botschaft, wo ich das Visum beantragte, war ich total nervös gewesen. Da warteten Hunderte von Leuten, denn zu jener Zeit wollte jeder in der Tschechoslowakei die Welt entdecken. Warten kannte ich noch sehr gut aus meiner Kindheit und Jugend in Kuba. Du stehst in einer langen Schlange und weißt nicht, was gleich passiert. Dieses Gefühl, ein Nichts zu sein, stieg wieder in mir hoch, aber trotzdem blieb ich geduldig stehen und bekam schließlich mein Eintrittsticket für Italien.

Christinas Eltern nahmen mich wie ein Familienmitglied auf. »Du hast ihre Gene nicht geerbt«, sagte ich zu meiner grade mal einen Meter zweiundsechzig großen Freundin, als sie mich ihrer Mutter vorstellte. Diese war wie ihre Tochter sehr elegant, aber bestimmt fünfzehn Zentimeter größer und trug dazu noch High Heels. Eine tolle Chica. Sie kochte den ganzen Tag für uns. *La mamma* – sie erinnerte mich so sehr an meine eigene Mutter und weckte die unterdrückte Sehnsucht nach meiner Familie in mir. Sie war so herzlich, lachte viel, kümmerte sich andauernd um ihre Kinder und liebte es, uns alle zu verwöhnen. Mittags und abends kochte sie für uns die leckersten italienischen Spezialitäten. Es gab unterschiedlichste Variationen von Pasta, diverse Fleischgerichte, immer frisches Gemüse und Salat und nach dem Essen ein *dolce*, ein Dessert, und einen Espresso.

»Warte mal, bis du zu mir nach Hause kommst, dann lass ich dich eine richtige Pizza probieren«, hatte Christina oft gesagt, wenn wir in Bratislava beim Italiener waren. Und sie hatte recht. Ich schaute zu, wie ihre Mutter den Hefeteig ansetzte, ein paar Stunden später den Teig ausrollte und in einem kleinen Holzofen backte. Als wir schließlich alle am Tisch saßen, sagte Christina: »Orgito, so schmeckt eine richtige Pizza!« Nachmittags gab sie oft für ihre Familie Konzerte auf ihrem Steinway-Flügel.

Auch wenn sich meine Angst vor den »bösen« Italienern langsam legte, waren die Streiche, die mir Christina auf dieser Reise spielte, noch nicht zu Ende. Sie wusste, dass ich als etwa Siebenjähriger einen Unfall hatte. Meine neun Jahre ältere Schwester wollte damals immer Motorradfahren lernen und lieh sich von einem Nachbarn so ein altes russisches Ding mit Beiwagen. Da sie aber nicht allein üben wollte, musste ich mit. Leider saß ich nicht im Beiwagen, sondern direkt hinter ihr. In einer Kurve fiel ich vom Motorrad. Von diesem Sturz habe ich heute eine kleine Narbe am Bein.

Als Christinas jüngerer Bruder zu Besuch kam und anbot, mir Assisi zu zeigen, rief ich begeistert: »Na klar, ich komm mit!«, sprang auf und lief vor die Tür. Und da stand – eine Vespa. Der Bruder drückte mir einen Helm in die Hand und sagte: »Los geht's!« Einmal ganz abgesehen davon, dass ich mir fast in die Hosen machte vor Angst, hasse ich es, einen Helm zu tragen wegen meiner Haare. Aus dem Augenwinkel sah ich, wie Christina sich vor Lachen fast nicht mehr halten konnte, und dachte: Dir zeig ich's.

Ich sagte nichts, atmete einmal tief durch, setzte den Helm auf und stieg auf die Vespa. Der Bruder, offenbar informiert darüber, dass mir Zweiräder nicht geheuer waren, gab ordentlich Gas und brauste mit Orgito, der sich auf dem Rücksitz an ihn klammerte, davon. Ich presste die Augen zu und schrie mir die Seele aus dem Leib: »Aaaaahhhhh...« Er fuhr so schnell, dass ich dachte: Jetzt kannst du mit deinem Leben abschließen. Nach einer gefühlten Ewigkeit sagte er: »Okay, wir sind da.« Als ich die Augen wieder aufmachte, stellte ich fest, dass wir bloß eine kleine Runde auf der Straße vor dem Haus gefahren waren. Mama, Papa und Christina, die ihren Spaß hatten, nahmen einen völlig erschöpften Jorge in Empfang.

Abgesehen von diesen Schreckmomenten war Italien genau mein Ding: malerisch, luftig, mediterran, bunt und lebensfroh – exakt so, wie Christina es mir immer beschrieben hatte. Eines Abends nahmen wir in Perugia in einem Café auf einer Piazzetta einen Aperitif und beobachteten einfach nur die Leute. Da erlebte ich meine erste Street-Fashion-Show mit italienischen Chicas. Dabei lernte ich die Bedeutung von Accessoires kennen und wie wichtig es ist, die richtigen Dinge passend miteinander zu kombinieren. Die italienischen Chicas trugen wunderschöne Lederhandtaschen, Schals, Halstücher, Schmuck – und High Heels in allen Farben. Egal wie alt sie waren, sie kleideten sich mit viel Geschmack und unvergleichlicher Eleganz.

Weniger ist mehr, lautete die Botschaft der Italienerinnen. Sie trugen schlichte, fast klassische Sachen, zum Beispiel eine Seidenbluse und einen Bleistiftrock in einer dezenten Farbe wie braun, beige, schwarz oder dunkelrot. Dazu kombinierten sie ein, zwei auffälligere Accessoires. Die Schuhe und die

Handtasche passten immer zusammen. Diese italienischen Frauen hatten einen ganz natürlichen Look, sie verwendeten nur wenig Make-up – ein bisschen Puder, Lippenstift oder Lipgloss.

Mir gefiel das sehr gut, weil ich bisher nur die üppigen Outfits aus Kuba und aus Prag kannte. Ich war Frauen gewohnt, die mit einem dramatischeren Look auftraten: viel Schminke, viel Schmuck, viel Farbe, viel Absatz. Wo ich herkam, lautete die Devise: Mehr ist mehr. Auch viele tschechoslowakische Frauen toupierten sich damals die Haare und türmten sie mit Unmengen von Haarspray auf. Sie liebten blauen oder grünen Lidschatten und waren eingehüllt in eine Wolke aus süßlichem Parfum. Manchmal bekam ich davon richtige Kopfschmerzen. Und natürlich waren sie behängt mit jeder Menge Bling-Bling: fünf bis sieben Armreife, mindestens vier Ringe an den Fingern jeder Hand, drei bis fünf Goldketten um den Hals, in jedem Ohr mehrere Glitzerstecker oder Kreolen... Man hätte denken können, dass sie ihren gesamten Schmuck auf einmal trugen. Manchmal wusste ich gar nicht mehr, wo ich als Erstes hinschauen sollte, um unter all dem Glitzer und Glimmer die natürliche Schönheit einer Chica zu finden.

Es war immer mein Traum gewesen, die italienische Fashionmetropole Mailand kennenzulernen. Deshalb fuhr ich mit dem italienischen Designer, der zu dieser Zeit in seiner Heimat war und mich bei Christinas Eltern abholte, dorthin. In Italien zu sein und Mailand nicht erlebt zu haben, wäre für mich keine Italienreise gewesen. Ich wollte unbedingt die berühmten italienischen Designergeschäfte sehen, die ich nur aus den Magazinen kannte. Mit großen Augen lief ich durch den Mailänder Fashion District und bewunderte die Auslagen in den Schaufenstern. Stundenlang, Chicas! Besonders spannend fand ich den Businesslook der Mailänderinnen. Diese Frauen, die oft schon älter waren, sahen in ihren Anzügen und High Heels hinreißend sexy aus.

Der Designer unternahm mit mir auch noch eine kleine Tour durch Italien: Wir waren in Rom, in Florenz, in Bologna und in Siena. Dort begegnete ich der ersten Contessa meines Lebens. In meiner Vorstellung, die ja im Wesentlichen von alten Schwarz-Weiß-Filmen geprägt war, trug eine Gräfin lange Seidenroben und Pelze, sie war Luxus und Eleganz pur. In der italienischen Realität aber entpuppte sich die Contessa als eine zauberhafte ältere Dame mit grauem Haar und einem schlichten Blümchenkleid. Eine süße Oma, die zum Küssen war.

Lebenszeichen

Diese Zeit meines Lebens war schön, aufregend und interessant, und doch waren es zugleich meine traurigsten Jahre. Denn während ich die Welt entdeckte und endlich die Bühne meines Lebens betrat, litt meine Familie in Kuba.

Nach dem Fall des Eisernen Vorhangs waren die ehemals sozialistischen Länder quasi von heute auf morgen von Unterstützern zu Gegnern geworden. Kuba verlor mit dem Wegfall der osteuropäischen Bruderstaaten fast drei Viertel seiner Außenhandelsmärkte. Und da die USA und die westliche Welt das Handelsembargo gegen Kuba aufrechterhielten, durften nur noch die allernötigsten Lebensmittel ins Land eingeführt werden. Es kam ab 1990 zu der sogenannten *periodo especial en tiempo de paz,* der Sonderperiode in Friedenszeiten. Oder anders ausgedrückt: zu einer der schlimmsten wirtschaftlichen Krisen – Kuba war ganz allein auf sich gestellt.

Die Menschen konnten kaum arbeiten, weil die Rohstoffe fehlten, sie hatten kein Geld und sehr wenig zu essen. Wer noch Tiere besaß, hielt sie im Haus, weil sie sonst oft gestohlen wurden. Das Badezimmer wurde zum Stall, in dem Hühner oder Schweine lebten. Die Häuser wurden mit Stacheldraht und Zäunen abgesperrt, damit niemand einbrechen konnte. Die Frauen verkauften ihren Goldschmuck, um an Dollar zu kommen, und sie zahlten jede Menge Gebühren beim Umtausch. Meine Mutter erzählte mir später, dass man in einigen speziellen Shops für einen Dollar ein Stück Seife kaufen konnte – in den normalen Läden gab es keine mehr. Dafür musste man rund hundertfünfzig kubanische Pesos einwechseln, was etwa einem durchschnittlichen Monatslohn entsprach. Es war eine katastrophale Zeit: Am härtesten waren die Jahre von 1990 bis 1995. Die Menschen hatten nichts.

Ein guter Freund erzählte mir später, dass er einmal auf dem Schwarzmarkt Rindfleisch für sich und seine Familie kaufte. Als er das Fleisch zubereiten wollte, entdeckte er darin Katzenzähne. Wegschmeißen und hungern oder Augen zu und durch? Er entschied sich, die Katzenzähne zu entsorgen und das Fleisch so lange zu kochen, bis niemand mehr merkte, was er da servierte. Und zu all dem Unglück fiel auch noch regelmäßig der Strom aus, oder es gab kein Wasser – manchmal zwölf Stunden oder sogar tagelang.

Alles, was ich in dieser Zeit über Kuba erfuhr, wusste ich aus den spärlichen Medienberichten. Und ich hatte Angst, dass die Realität noch viel schlimmer war. Ich hätte so gern geholfen. Da ich aber nicht nach Kuba einreisen durfte, konnte ich meiner Familie mit meinem Ersparten nicht helfen.

Für meine Mutter waren diese Jahre schrecklich, denn sie wusste nicht einmal, ob ich überhaupt noch am Leben war. Sie verstand nicht, warum man eine Familie im Ungewissen über ihren Sohn ließ und einer Mutter so etwas antat. Staatsbeamte hatten sie verhört und das Haus durchsucht, aber niemand sagte ihr, wo ich war und wie es mir ging.

Ich versuchte zwar immer wieder, nach Kuba zu telefonieren, kam aber nie zu meiner Familie durch. Ich schrieb Briefe, die auch nie ankamen. Denn die Kommunikation in Kuba war wie in den anderen sozialistischen Ländern zentral organisiert und wurde streng kontrolliert. Briefe wurden abgefangen, und Ferngespräche waren so gut wie unmöglich. Ich musste mich immer erst mit einer Telefonzentrale in Havanna verbinden lassen, von wo das Gespräch in die jeweilige Provinz weitergeleitet und schließlich zu dem gewünschten Anschluss durchgestellt wurde. Die Nummer meiner Familie jedenfalls war aus dem Ausland nicht zu erreichen. Das Gespräch wurde gekappt, noch bevor es bei meinen Eltern läutete.

Ich probierte es über die Nachbarn meiner Eltern. Wieder das Gleiche: Ich fing an zu sprechen, es knackte, und die Leitung war tot. Einmal sagte mir eine Telefonistin: »Okay, ich stelle durch.« Als ich das Verbindungsgeräusch hörte, rief ich aufgeregt: »*Hola*, wer ist denn da? Ich bin's, Jorge.« Doch kaum hatte ich das gesagt, hörte ich auch schon die Stimme der Telefonistin, die mir sagte, dass leider niemand zu erreichen sei. Egal was ich probierte, immer ging ich irgendwo zwischen Havanna und Jatibonico in der Telefonleitung verloren.

Meine Eltern wussten in diesen Jahren nur, dass ich beschlossen hatte, in der Tschechoslowakei zu bleiben. Unmittelbar nach der Versammlung, bei der über meine Zukunft entschieden worden war, gelang es mir, eine meiner Cousinen, die in Havanna arbeitete, zu erreichen. »Ich komme nicht zurück. Sag Mama, dass es mir gut geht«, bat ich sie. Einzelheiten erfuhr meine Mutter erst Monate später, als meine Freundin Ina nach Kuba zurückkehrte. Sie besuchte meine Eltern und erzählte ausführlich, was geschehen war. Doch danach brach die Kommunikation ab. War ich noch in der Tschechoslowakei oder vielleicht schon in China oder Afrika? Hatte ich mein Studium beendet, oder war ich in Schwierigkeiten geraten?

Meine Familie hatte keine Ahnung. Kein Lebenszeichen. Meine Mutter weinte viel damals und stand große Ängste aus, denn sie fürchtete, dass ich tot sei. Die Sorge um ihren Sohn hinterließ körperliche Spuren. Die Haare fielen ihr aus, sie war sehr nervös, nahm dramatisch ab und litt unter Schlaflosigkeit. In dieser Zeit trösteten sie vor allem ihre beiden Enkelkinder.

Nachdem ich Ende 1990 endlich meinen Pass wiederbekommen hatte, versuchte ich sofort, ein Visum für Kuba zu beantragen. In der kubanischen Botschaft in Prag sagte man mir, ich müsse erst das Flugticket besorgen, bevor der Antrag gestellt werden könnte. Also kaufte ich ein Ticket. Doch als ich ein paar Wochen später mein Visum abholen wollte, teilte man mir mit, dass es noch nicht ausgestellt sei. Im Prinzip war das nur ein Spiel, denn man wollte mich von Anfang an nicht einreisen lassen. Und somit war die Chance vertan, meine Familie wiederzusehen.

Die Ungewissheit machte mich manchmal fast verrückt. Ich lebte in zwei parallelen Welten: In Gedanken war ich in Kuba bei meiner Familie, die schwere Zeiten durchmachte. Und in der Realität entdeckte ich eine wunderbare neue Welt. Um zu überleben, errichtete ich eine gedankliche Mauer zwischen diesen beiden Welten – als eine Art Selbstschutz. Schon als Kind hatte ich eine solche Mauer um mich herum aufgebaut, um mein zweites Ich zu schützen, denn alles Schlechte prallte an dieser Mauer ab. Egal was die anderen sagten, hinter dieser Mauer konnte mich nichts treffen. Ich fühlte mich so einsam ohne meine Familie, so tief verletzt und wütend, weil ich kein Lebenszeichen erhielt. Die imaginäre Mauer half mir, Kuba im Herzen zu tragen und trotzdem allein in dieser großen neuen Welt zurechtzukommen. Ich sagte mir: »Jorge, deine Familie ist in Kuba, und du bist in Europa. Jetzt musst du alles tun, um deinen eigenen Weg zu gehen. Und vielleicht kannst du die Mauer irgendwann einreißen. So wie das bisher immer funktioniert hat.«

Im Sommer 1992 fuhr meine gesamte Familie – Mama, Papa, Geschwister, Tanten, Onkeln, Cousinen – an einem Wochenende nach Trinidad, einer wunderschönen alten Stadt an der Südküste Kubas mit traumhaften weißen Palmenstränden, die nur eine Stunde von Jatibonico entfernt ist. Einem meiner Onkel war dort für seine gute Arbeit vom Staat ein kleines Häuschen zur Verfügung gestellt worden, sodass meine Familie trotz Wirtschaftskrise ein paar Tage in der Illusion eines schönen Lebens verbringen konnte. Sonne, Strand und Salsa – die Schönheit der Natur und die Musik waren der einzige Reichtum, den man den Kubaner nicht nehmen konnte. Mit von der Partie war auch meine Tante Fela – ihr erinnert euch, der Feldwebel, der mich als Fünfjährigen zwang, ordentlich zu essen und Milch zu trinken.

Eines Nachmittags lag neben ihr am Strand eine junge Kubanerin, etwa Ende zwanzig, die – wie meine

Tante mitbekam, vor einigen Jahren wegen eines Jobs in die Tschechoslowakei gegangen war, sich in einen Tschechen verliebt und ihn geheiratet hatte und seither dort lebte. Deshalb konnte sie problemlos nach Kuba reisen und ihre Familie besuchen. Und den vom Rest der Welt abgeschnittenen Insulanern viele Sachen mitbringen, darunter auch Modemagazine und Klatschzeitschriften.

Meine Tante beobachtete die junge Frau und ihre Mutter, wie sie in diesen Magazinen, die es auf Kuba nicht gab, blätterten und sich unterhielten. Sie wurde neugierig, wie alle in Kuba, wenn sie etwas aus dem Ausland sahen. Da sagte die Mutter der jungen Frau auf einmal: »*Mi cariño*, mein Schatz, wer ist Jorge González?«, und dabei deutete sie auf eines der Fotos in der Zeitschrift.

Meine Tante spitzte die Ohren, als sie den Namen hörte.

»Mama, das ist der Kubaner, von dem ich dir erzählt habe. Der hat bei uns mit Mode zu tun«, antwortete die junge Frau.

In dem Moment konnte meine Tante sich nicht mehr zurückhalten, stand auf und ging zu den beiden Frauen. »Entschuldigung, wie heißt der Mann, von dem Sie eben gesprochen haben?«

»Jorge González.«

»*Dios mío*, mein Gott«, sagte meine Tante aufgeregt, »darf ich das Foto sehen?«

»*Dios mío*«, murmelte sie wieder, als sie das Bild in der Zeitschrift sah, die eine der Frauen ihr gereicht hatte. »Das ... das ist mein Neffe. Wir haben seit fast zwei Jahren nichts mehr von ihm gehört.«

»Ach«, sagte die jüngere Frau, »Ihrem Neffen geht es bestimmt gut, er wohnt in Prag, ist sehr erfolgreich in der Modebranche und sehr bekannt.«

»Darf ich dieses Magazin kurz ausleihen?«, fragte Tante Fela.

Gesagt, getan – sie packte die Zeitschrift, lief so schnell sie konnte nach Hause zu meiner Mutter und schrie noch im Türrahmen stehend: »Cuca« – das war der Kosename meiner Mutter –, »Cuca, wir haben gerade eine tolle Nachricht erhalten. Dabei wedelte sie mit dem Magazin in der Hand herum: »Jorge lebt.« Die Frauen fielen sich in die Arme und riefen immer wieder weinend: »Endlich, er lebt.«

Meine Tante brachte das Magazin zurück und lud die Frauen für den Abend ein, um unser »halbes Wiedersehen« zu feiern. Ich weiß nicht, wie oft die junge Frau erzählen musste, was sie über mich wusste.

Ab diesem Zeitpunkt hatten meine Familie und ich nicht nur ein Lebenszeichen voneinander erhalten, sondern auch eine »Kontaktfrau« gefunden. Der erste Austausch unseres privaten »Nachrichtendienstes« fand in Form eines Pakets statt, das meine Mutter der jungen Frau mitgab, bevor sie nach Prag zurückkehrte, Darin befanden sich eine Mango, Bananen, ein paar Cherimoyas, ein Foto der Familie und viele Briefe von all meinen Verwandten.

Als die junge Frau mich in Prag ausfindig gemacht

hatte, rief sie mich an und sagte: »Ich habe Nachrichten von deiner Familie.«

»Wie bitte?« Ich war total aus der Hose[*]. Als wir uns trafen, überreichte sie mir das Paket, erzählte mir von meiner Familie, und wie glücklich alle waren, dass es mir gut ging. Da sie ein paar Leute kannte, die häufig nach Kuba reisten, bot sie mir an, eine Verbindung herzustellen, damit ich ihnen für meine Familie etwas mitgeben konnte. Von diesem Moment an hatte ich wieder Kontakt nach Hause, auch wenn ich selbst nach wie vor nicht einreisen durfte. Als kleiner Junge habe ich das strenge Regiment meiner Tante Fela gehasst, heute bin ich dankbar für ihre Entschlossenheit, denn so bekam meine Familie nach fast zwei Jahren Funkstille endlich ein Lebenszeichen von mir.

Express yourself

Eine Tante meines besten Freunds Manuel sagte immer: »Intelligenz ist nicht, dass du mehr weißt in einer Diskussion als andere. Sondern, dass du dich der Intelligenz deines Gegenübers anpassen kannst. Denn nur so kann dich der andere verstehen.«

Ich glaube, sie wollte uns damit sagen: Du gewinnst nicht, wenn du jemanden, der dich nicht versteht, zu etwas überreden willst. Das funktioniert nicht. Denn dieser Mensch weiß nicht, wovon du

---

[*] Ich meinte natürlich: aus dem Häuschen

sprichst. Wenn du willst, dass ein anderer dich versteht, musst du es so sagen, dass er dich auch wirklich verstehen kann.

Diese Botschaft habe ich nie vergessen. Deshalb beobachtete ich, hörte ich zu, hinterfragte und bildete mir selbst eine Meinung. Schon als Kind fragte ich bei allem nach dem Warum: Warum sind Homosexuelle schlecht? Warum macht sich der Junge aus meiner Klasse über meine *bemba*, meine dicke Unterlippe, lustig? Warum behaupten meine Freunde, dass alle Schwulen Kriminelle sind, wo ich doch nicht einmal einer Fliege etwas zuleide tun kann?

Dieses Warum brachte eine Konversation in Gang, die in der Wirklichkeit nicht stattfand. Eine Art Dialog, den ich in Gedanken mit mir selbst führte, um zu verstehen, was in anderen Menschen vorging. Was sie dazu brachte, etwas Schlechtes zu mir oder über mich zu sagen. Vielleicht habe ich mir als Kind ganz instinktiv vorm Spiegel gesagt: »Du bist nicht schlecht«, weil mir meine eigenen Worte Mut machten, wieder neue Fragen zu stellen.

Diese Neugier half mir sehr, während ich in Europa auf mich selbst gestellt war. Als ich anfing zu reisen und die Welt zu entdecken, beobachtete ich ganz genau, was um mich herum vorging. Ich hörte zu und achtete darauf, was die anderen Menschen sagten oder taten.

Einmal lud mich eine Freundin ein, ein paar Wochen mit ihr auf Ibiza zu verbringen. Ich verliebte mich sofort in diese Insel, die ich »mein europäisches

Kuba« taufte: Sommer, Sonne, Meer, Lebensfreude, lockere Atmosphäre, eine gute Stimmung und Tanzen, Tanzen, Tanzen – das alles war wie zu Hause. Die Leute feierten und genossen das Leben. Aber es gab auch Unterschiede: Ibiza war wie eine Vierundzwanzig-Stunden-Fashionshow, ein riesiger, bunter Catwalk, auf dem du deine ganze Extravaganz und Exzentrik ausdrücken und ausleben durftest. Alles war erlaubt auf dieser Insel. Man konnte sich anziehen und benehmen, wie man wollte. Ibiza war eine Partyinsel ... Und ihr wisst ja, Chicas: Ich liebe es zu tanzen und zu posen.

Abends stylte ich mich auf im Stil der Neunziger – schwarze Lackshorts, transparenter schwarzer Body und hohe Plateaustiefel – und ging in einen Club. Ich war immer sehr früh dort, so gegen Mitternacht, und schwang schon die Hüften, während der DJ noch seinen Soundcheck machte.

Eines Nachts, nachdem ich wieder mal ein paar Stunden durchgetanzt hatte, machte ich mich auf den Heimweg und sah, wie ein paar Leute, die ich kannte, Tabletten mit Bier runterspülten. Einer von ihnen rief mir zu: »Hey, Jorge, willst du mitkommen? Wir ziehen weiter.«

Ne, dachte ich, ich hab keine Lust, mit denen zum nächsten Club zu gehen, wenn die Kopfschmerzen haben und Aspirin schlucken. Das dachte ich damals wirklich, auch wenn ihr mich jetzt vielleicht für naiv haltet. Aber bis zu diesem Moment hatte ich keinen

Kontakt mit Drogen gehabt. Ich kannte das einfach nicht.

Am nächsten Vormittag saß ich bei meiner Freundin am Frühstückstisch und erzählte ihr von dem Abend: »Ach, als ich grade rauskam aus dem Club, wollten ein paar Leute, dass ich noch mitkomme in eine andere Location. Aber ich hab gar nicht verstanden, warum die nicht lieber nach Hause gehen, wenn sie solche Kopfschmerzen haben, dass sie Tabletten nehmen müssen.«

Meine Freundin schaute mich erst ganz komisch an, dann lachte sie sich fast kaputt. Sobald sie sich wieder beruhigt hatte, fragte sie: »Du hast aber keine Tablette genommen, oder?«

»Natürlich nicht«, antwortete ich immer noch ahnungslos, »mir fehlte ja nichts.«

Die Chica presste irgendwann zwischen zwei Lachanfällen heraus: »Du weißt wirklich nicht, was das war?«

»Was denn?«, rief ich genervt. Und plötzlich dämmerte es mir langsam, dass es vielleicht gar keine Kopfschmerztabletten waren …

Ich habe ja mit Drogen nichts am Hut. Vielleicht bin ich ja so etwas wie meine eigene Droge. Ich muss nur den Klang der Trommeln hören, und schon wackelt mein Popo. Dann geht eine Welle durch meinen Körper, ich muss mich bewegen und bin wie aufgedreht. Wenn ich schon im natürlichen Zustand so bin, wie wäre ich da erst unter Drogen? Ich mag es auch nicht, betrunken zu sein. Unter Drogen oder Alkohol wäre ich nicht mehr ich selbst. Aber ich will immer ich selbst sein und mich so zeigen. Ich liebe es zu tanzen, ich liebe Musik, ich liebe Leute um mich herum. Deshalb brauche ich keine Hilfsmittel, um auf einer Fiesta durchzustarten. Und ich muss mir auch keinen Mut antrinken, um in einer Paillettenhose aufzukreuzen.

Entscheidend ist, wie ich mich fühle. Ich will die Facetten, die mich ausmachen, zum Ausdruck bringen. Wenn mir nach Party ist, wenn ich mich sexy und extravagant fühle, dann trage ich Klamotten, die mir ein Partygefühl geben. Und wenn ich mich so im Spiegel anschaue, kann ich nur sagen: »Toll! Jetzt geht's los!« An einem anderen Tag gehe ich vielleicht in die Oper oder in ein Konzert und fühle mich wie im Hollywood der Dreißigerjahre. Also ziehe ich einen Smoking und eine Fliege an, mache mir die Haare mit Gel zurück und komme in einem eleganten Look à la Fred Astaire daher. Dieses Outfit verändert sofort meine Bewegungen, meine Haltung, meine Attitude. Das genieße ich. Denn die Stimmung, die ich fühle, darf und muss raus.

Mode ist ein Spiel des Selbstausdrucks. Du zeigst, wie du dich fühlst, durch die Art, wie du dich kleidest. Willst du deinen Körper zeigen oder willst du ihn verstecken? Es geht nicht darum, Millionen Klamotten zu haben. Die Fantasie ist die Quelle der Inspiration, auch in der Mode. Ich genieße Kleidung, weil sie Spaß macht. Manche Leute haben keinen Zugang zu Mode, mögen dafür aber Autos. Ich liebe schöne Klamotten und tune deshalb nicht mein Auto, sondern mich selbst.

Ja, auch ich habe Joggingpants, weil ich es manchmal lieber bequem mag. Aber egal was ich anziehe – meine Kleidung zeigt immer, wie ich mich gerade fühle. Oft style ich mich, wenn ich am Wochenende für ein Stündchen in ein Café gehe, weil es mir Spaß macht, mich zu inszenieren. Das gibt mir einfach ein gutes Gefühl und ist ein Teil meines Lebens.

Es gibt Leute, die das nicht mögen oder brauchen, und dann sollten sie es auch nicht tun. Mein Freund Manuel gehört dazu, der mittlerweile in Hamburg lebt und sehr erfolgreich als Designer arbeitet. Wenn man ihm auf der Straße begegnet, würde man nicht erraten, was er macht. »Ich weiß nicht, wie du dich immer so stylen kannst«, sagt er oft. Aber ich genieße das eben. Wenn Manuel mir ein Outfit schneidert, kann ich fünf Stunden beim Abstecken dastehen, ohne mich zu bewegen. Ich protestiere nicht, ich stehe einfach nur da. Weil ich weiß, dass er etwas Wunderschönes für mich kreiert. Das ist ein Gefühl, als würde ich Modell für einen Maler stehen. Nur dass Manuel mir das Kunstwerk auf den Leib schneidert. Vielleicht bin ich ja nur deshalb so geduldig, weil ich mich am Ende wie ein kleines Kunstwerk fühle.

»Ich glaube, ich könnte dir den Stoff in die Haut nähen, und du würdest nicht wirklich protestieren«, sagt Manuel manchmal, wenn er mich beim Abstecken mit einer Nadel sticht. »Nur weil du den Overall haben willst.«

»Genau, Hauptsache, es sieht gut an mir aus.«

Wenn ich es mir leisten könnte, würde ich mir wünschen, dass Manuel nur für mich schneidert. »Ich wäre glücklich«, sagte er mir einmal, »denn bei dir kann ich meine Kreativität frei entfalten und muss keine unnötigen Kompromisse eingehen. Ich kann machen, was ich will, und du bist immer offen, für alles.«

Ein Kleidungsstück regt meine Fantasie an. In dem Moment, wo ich es trage, fühle ich mich wie auf der Bühne – wie die Ballerina, die mit einem Tutu in ihre Rolle schlüpft. Ich weiß, wie ich mich in einem bestimmten Outfit bewegen, wie ich schauen und wie ich wirken will. Etwas Außergewöhnliches oder Elegantes muss man präsentieren und in Szene setzen. Da kannst du nicht gehen wie ein Bauer oder rumturnen wie ein Basketballspieler.

Das Schönste an der Mode ist für mich, wenn die Leute es schaffen, ihren eigenen Stil zu kreieren, ihn überzeugend in Szene zu setzen und dabei ihre Authentizität bewahren. Auch wenn Grün gerade en vogue ist, solltest du diese Farbe nicht tragen, wenn sie dir nicht wirklich gefällt oder dir nicht steht. Nein! Denn falls Gelb deine Farbe ist, trägst du sie mit Glam, ganz egal ob sie gerade angesagt ist oder nicht. Verpackung ohne Glam bleibt am Ende immer nur Verpackung. Der Kern, das Innere, das Ich, der Glam, der Mensch, der die Kleidung trägt – das ist es, was vor allem zählt.

Deshalb war es mir egal, wenn manchen Leuten die extravaganten Outfits, die ich zum Tanzen in den

Clubs anhatte, nicht gefielen. Denn nebenan standen schon andere, die mich genauso mochten, wie ich war. Omas Glücksrezepte eben: »Du bist gut, so wie du bist.« Und: »Wenn du jemandem begegnest, der dich nicht mag, dann steh auf und such dir jemanden, der dich so mag, wie du bist. Du wirst jemanden finden, die Welt ist so groß.«

Es lohnt sich nicht, sich mit Leuten herumzuschlagen, die dich nicht so nehmen, wie du bist. Dann lieber weiterziehen und neue Leute kennenlernen. Ich wollte meine Freiheit genießen und so sein, wie ich war. Und ich habe Menschen gefunden, die meine Attitude, meine Haltung und meine Persönlichkeit verstehen.

»Ich respektiere dich, auch wenn wir vielleicht völlig verschieden sind, eine unterschiedliche Lebensphilosophie haben oder einfach nicht zusammenpassen« – nach diesem Motto können wir alle friedlich miteinander leben. Es muss ja nicht immer zwischen allen Menschen die Chemie hundertprozentig stimmen, oder? Also: Üben wir Toleranz.

Liebe auf den ersten Blick

In der Zeit, in der ich für das Modelabel des italienischen Designers in Prag arbeitete, kam Peter, ein Deutscher und ebenfalls aus der Modebranche, bei uns im Büro vorbei. Er war in der Tschechoslowakei geboren worden und im Alter von fünf Jahren mit seiner Mutter nach Deutschland gezogen. Seit der »Samtenen Revolution« von 1989 hatte er häufig geschäftlich in Prag zu tun.

Wir hatten uns Anfang der Neunziger über einen guten Freund und Kollegen kennengelernt, der mit mir modelte. Jetzt wollte Peter sehen, ob sich unsere Ware auch für seine Boutiquen in Deutschland eignete. Denn die Stücke aus unseren Kollektionen waren nicht nur sehr schön, sondern durch den Wechselkurs zudem sehr günstig. Innerhalb einer Stunde verkaufte ich ihm praktisch meine gesamten Bestände – alles, was wir noch von der letzten Kollektion auf Lager hatten. Ein riesiger Erfolg für mich.

Zwei Wochen nach diesem Coup rief mich Peter an und sagte, dass er bei seinem nächsten Besuch gern mit mir sprechen wollte. Er kam kurze Zeit später mit seiner wunderschönen Frau Norma, einer Jamaikanerin. Die beiden boten mir während eines Abendessens an, ihre Geschäfte in Deutschland zu führen, weil sie selbst nach Ibiza gehen wollten. Sie luden mich ein, mir vor Ort alles anzuschauen.

Und so kam ich Ende 1991 zum ersten Mal in meinem Leben nach Deutschland. Am Frankfurter Flughafen dachte ich noch: Toll, das ist ja alles riesengroß. Doch als wir in Offenbach ankamen, war ich entsetzt, weil ich keinen solchen Unterschied zu Prag erwartet hatte, wo fast jedes Haus eine uralte Geschichte erzählt. Peter und seine Frau zeigten mir bei meinem Besuch auch Wiesbaden und Frankfurt, zwei Städte, die mir sofort richtig gut gefielen.

Obwohl ich mit meinem Leben in Prag eigentlich ganz zufrieden war, habe ich mir damals ernsthaft überlegt, nach Deutschland zu ziehen. Aber der Gedanke, schon wieder von vorn anzufangen, schreckte mich total ab. Ich war einfach noch nicht bereit für einen weiteren Neuanfang. Obwohl ich wusste, dass irgendwann der richtige Zeitpunkt kommen würde, um einen neuen Lebensabschnitt in einem anderen Land zu beginnen.

Den Job habe ich damals abgelehnt, aber dieser Besuch war der Anfang meiner Liebe zu Deutschland. Als ich mich dann kurz darauf auch noch in einen schönen Deutschen verliebte, der aus Frankfurt stammte und eine Zeit lang in Prag arbeitete, fuhr ich immer wieder nach Deutschland. Der junge Mann war groß, breitschultrig, hatte blonde Haare, helle Haut, strahlend blaue Augen und bewegte sich ein bisschen steif – eben einfach typisch deutsch, auch wenn ich dieses Klischee damals noch nicht kannte. Ich wusste nur, dass mir dieser Typ Mann, der so anders war als ich, sehr gut gefiel.

Um eine Entscheidung treffen zu können, wo in Europa meine neue Heimat sein sollte, wollte ich erst weiter die Welt entdecken. Ich fuhr nach Spanien, Frankreich, Italien, England, doch je öfter ich in dieser Zeit nach Deutschland kam, desto mehr verliebte ich mich in dieses Land. Nach und nach fing ich an, alle Länder miteinander zu vergleichen. Die Mentalität der Menschen im Süden Europas war meiner eigenen zu ähnlich. In Spanien dachte ich: Hm, das ist ja fast wie in Kuba. Auch Italien war südländisch, chaotisch und laut. Ich fand all diese Länder toll und fühlte mich dort wohl, aber sie kamen für mich nicht infrage, weil ich hungrig danach war, eine andere Mentalität kennenzulernen. Wenn schon ein Neuanfang, dann sollte er so eine Art Lebensschule sein, in der ich mich weiterentwickeln konnte. Ich suchte nach einer Herausforderung in einem Land, wo ich etwas lernen und mich als Mensch noch stärker verwirklichen konnte. All das habe ich später in Deutschland gefunden.

Wann immer ich in Prag von Deutschland schwärmte, sagten mir die Leute: »Bist du verrückt? Da ist es doch nicht schön. Die Leute sind so kühl, haben keinen Humor und lachen nicht.« Aber wieder einmal machte ich die Erfahrung, dass ich nicht auf andere hören durfte, sondern mir selbst eine Meinung bilden musste. Was andere Leute sagten, konnte schließlich auch falsch sein oder für mich einfach nicht passen. Als Kind hatte man mir gesagt, dass der Kapitalismus schlecht sei. Deshalb wollte ich diese Welt kennenlernen, um herausfinden, ob das stimmte oder nicht.

So machte ich das jetzt ebenfalls und stellte fest, dass mir Deutschland und die Deutschen gefielen. Ich erlebte sie ganz anders, als es mich viele Leute glauben machen wollten, und fand sehr schnell neue Freunde, die alle herzlich und lustig waren. Es beeindruckte mich, dass diese jungen Leute, die gerade mal so alt waren wie ich, also Mitte zwanzig, schon tolle Jobs oder ein erfolgreiches Business hatten. Sie besaßen Geld, konnten es sich leisten, zu reisen und schöne Autos zu fahren.

Ich sah all die Möglichkeiten, die Deutschland zu bieten hatte. Und es gefiel mir, wie zuverlässig die Menschen waren. Wenn wir uns um sieben zum Essen verabredeten, kamen tatsächlich alle um diese Uhrzeit. Wann immer ich das verwundert ansprach, hieß es, das sei eben »typisch deutsch«.

Offenbach mag keine Weltstadt sein wie Prag, trotzdem gefiel es mir nach einer Weile richtig gut dort. Auch weil es überall so sauber und gepflegt war und weil der Bus immer pünktlich kam. Hier funktionierte einfach alles. Ich fühlte mich in Deutschland wie im Schlaraffenland. Um herauszufinden, welche Schokolade mir am besten schmeckte, hätte ich drei Jahre gebraucht, bis ich mich durch das üppige Sortiment gegessen hätte. Anfangs wusste ich gar nicht, wie ich mich in dieser Vielfalt zurechtfinden sollte.

Außerdem fand ich die Deutschen sehr tolerant. Ich sah Männer auf der Straße Hand in Hand gehen, ohne dass jemand daran Anstoß nahm. Meine heterosexuellen Freunde wussten, dass ich schwul war, aber es störte niemanden. In Deutschland war das einfach kein Thema, sodass ich fast vergaß, homosexuell zu sein, weil ich mich noch freier als in Prag fühlte.

Einmal ging ich abends in eine Diskothek in Sandalen und einem schwarzen Netzoverall, unter dem ich nur einen Tanga trug. Der totale Ibiza-Look, den ich in Prag schon mal ausprobiert hatte. Aber nur in der Diskothek, denn auf der Straße wäre das trotz al-

Mit meinem Hund Willie

Chicas Walk im »Coppelia« ...

... der Eisdiele, wo es das beste Erdbeer- und Schokoladeneis gab

Auf dem »Laufsteg« am Malecón ...

... und im Restaurant »Atelier« in Havanna

Ein Spaziergang durch die Altstadt von Havanna

Jorge und die Chicas von Ballet Revolución

Im Salsafieber im Restaurant »Le Chansonnier«

ler Toleranz undenkbar gewesen. In Frankfurt lief ich mit diesem Outfit abends durch die Straßen, und niemand störte sich daran, obwohl es von Weitem aussah, als hätte ich nichts an. Natürlich waren die Leute baff und haben mich angeschaut, aber entweder gingen sie schweigend weiter, oder sie lachten und gaben einen netten Kommentar ab. Ein paar machten mir sogar Komplimente.

Da wurde mir endgültig klar, dass ich müde war von Gesellschaften, die die Menschen nach Machomaßstäben beurteilten. Ich sehnte mich nach einer Kultur, die mich so nahm, wie ich war mit meinem zweiten Ich. Aus dem Grund kamen die südeuropäischen Länder als neue Heimat nicht infrage, denn dort war dieser Machismo viel stärker ausgeprägt. In Deutschland hatte ich »schlimmstenfalls« das Gefühl, außergewöhnlich zu sein, nicht aber krank oder verkehrt. Das empfand ich als Freiheit. Es war, als würde jemand sagen: »Tu was du willst und hab keine Angst. Du bist okay, so wie du bist.«

Ende 1993 stand für mich fest, dass ich nach Deutschland gehen würde, weil dieses Land so anders war. Das fing schon beim Wetter an... Ich war bereit, mich zu verändern, wollte etwas lernen und mich verbessern. Die Frage war nur: Jorge, schaffst du es in einer Welt, die ganz anders ist als die, aus der du kommst? – Ja klar, ich liebe Herausforderungen.

Der deutsch-kubanische Cocktail

Immer wenn ich mich mit den Deutschen verglich, entdeckte ich viele Eigenschaften, die mich faszinierten, weil sie mir als Kubaner fehlten: Die Deutschen sind reserviert, pünktlich, zurückhaltend, diszipliniert, zuverlässig. Die Leute, die ich kennenlernte, hatten sich ihren Wohlstand erarbeitet. Das gefiel mir sehr.

Wenn ich in dieser Welt lebe, dachte ich, dann kann ich das auch lernen. Und vielleicht gab es ja sogar etwas, das ich den Menschen in Deutschland geben konnte. Ich hatte im Gegenzug die Lässigkeit, Lebensfreude, Wärme, Sonne, Herzlichkeit und Spontaneität Kubas zu bieten. Ich denke manchmal nicht viel nach, bevor ich spreche. Alles, was ich sage und mache, kommt direkt aus dem Herzen. Meine Lebensfreude, meine Offenheit und die Freude, mit anderen zu kommunizieren haben den Menschen hierzulande immer gefallen, vielleicht spüren sie ja, dass es nicht einstudiert ist. Ein Kubaner kommuniziert gern und liebt es, Komplimente zu machen. Er lebt von morgens bis abends mit einem Scherz auf den Lippen.

Die Deutschen, die ich traf, überlegten lange, bevor sie jemandem etwas Nettes sagten wie »Hey, ich finde dich toll«. Und wenn, wirkte es oft schüchtern und unbeholfen. Und Chicas: Nicht nur die Männer haben in Deutschland Schwierigkeiten, Komplimente zu machen. Mir hingegen fiel es nicht schwer, offen auf Leute zuzugehen und ihnen etwas Nettes zu sagen. Im Gegenteil: Ich liebe das auch heute noch.

Außerdem haben dort, wo ich herkomme, die Generationen ein sehr gutes Verhältnis zueinander. In Kuba mischen sich Alt und Jung viel mehr – dank der Musik, dank des Salsa. Dieses Miteinander, das Lebensfreude schenkt, habe ich immer genossen. In Deutschland ist das oft anders: Hier gibt es einen Schnitt zwischen den Generationen, und viele Leute meinen, dass man mit dreißig schon alt ist. Ich sage immer zu meinen Freunden: »Ich wünschte mir mehr Kommunikation zwischen den Generationen.« Denn jedes Lebensalter hat doch etwas Tolles, oder?

Den Menschen in Deutschland fällt es oft schwer, einfach so auf der Straße zu lächeln. Am Anfang dachte ich immer, sie seien alle traurig. Wenn ich jemanden anlächelte oder »*Hola*« sagte, kam nichts zurück. Wieso, fragte ich mich immer wieder. Warum sind die Menschen hier so? Warum reden die Leute nicht mit mir? Warum lachen sie so selten?

Irgendwann habe ich verstanden, dass Deutsche sehr herzlich sind und Humor haben, dass sie einfach bloß ein bisschen mehr Zeit brauchen als ich. Ich habe die Erfahrung gemacht, dass man ihnen nur Feuer geben muss, um miteinander warm zu werden. Das ist immer so. Das schaffst du aber nur, wenn dir selbst was daran liegt und du wirklich möchtest, dass sich die Menschen für dich interessieren. Einfach zu sagen: »Mag mich«, das funktioniert nicht. Ich kenne tolle, humorvolle Menschen in Deutschland, aber manche brauchen ein bisschen länger als ich, bis sie ihre Herzlichkeit zeigen können.

Die Deutschen sind nicht grundsätzlich humorlos, wie ich es so oft gehört habe. Ihr Humor ist bloß anders oder zeigt sich nicht so schnell. Das Gleiche gilt fürs Tanzen: Deutsche können sich gut bewegen, sie wachsen damit vielleicht nur nicht so selbstverständlich auf wie wir Kubaner und müssen deshalb ein bisschen mehr trainieren.

Als ich nach Deutschland kam, hatte ich das Bild des attraktiven deutschen Mannes im Kopf: groß, blond, breitschultrig, stark, aber auch sparsam mit Worten und unbeweglich. Das war mein Klischee: Jemand, der sich nicht geschmeidig bewegt und mit tiefer Stimme kurz angebundene Statements abgibt wie: »Hallo.« »Wie geht's?« »Hopp!« Und im Vergleich dazu ich, der singende und laut lachende Mulatte … Was passiert wohl, fragte ich mich, wenn ich diese zwei Typen nehme und daraus einen Cocktail mixe? Was für eine Mischung mag da herauskommen? Das wollte ich herausfinden, als ich mich für Deutschland entschied. Ich wollte meinen perfekten deutsch-kubanischen Cocktail mixen, der die guten Eigenschaften beider Mentalitäten miteinander verbindet.

Vielleicht steckten einige der deutschen Eigenschaften ja schon in mir. Ich weiß es nicht. Aber bevor ich nach Deutschland kam, war ich auf jeden Fall viel mehr Kubaner, lauter und lässiger – nach dem Motto: »*Ah, mañana* ...« Was heute nicht geht, verschieben wir auf *mañana*. Morgen ist schließlich auch noch ein Tag. Verabredest du dich in Kuba um fünf Uhr, kommen die Leute schon mal um sechs oder um sieben. Sie meinen das nicht böse, und es geschieht nicht absichtlich. Meistens gibt es sogar einen Grund, warum jemand zu spät kommt: der Bus, die Tante, die überraschend zu Besuch kommt, was auch immer. Niemand regt sich darüber auf. Das ist okay für uns.

Die Menschen in Deutschland haben mir beigebracht: Es geht nicht nur um dich. Willst du deine Mitmenschen respektieren, dann musst du deinen Job gut und korrekt machen. In Deutschland habe ich gelernt, rechtzeitig anzurufen, wenn ich nicht pünktlich kommen kann. Weil ich selbst nicht warten will, muss ich mich anderen gegenüber entsprechend verhalten. Heute weiß ich: Zeit ist kostbar. Wenn du dich mit jemandem zu einer bestimmten Uhrzeit verabredest, solltest du da sein oder Bescheid geben, dass du später kommst.

Die Deutschen fragen sich wahrscheinlich auch, warum Kubaner oft (nach-)lässig oder unpünktlich sind. Wir leben draußen in der Sonne, manchmal ist es einfach zu heiß zum Arbeiten. Wir sind auch nicht so gut organisiert wie die Deutschen. Wenn etwas nicht klappt, dann sagen wir eben: »*mañana*«. Das heißt soviel wie: »O. K., nicht ärgern, morgen ist auch noch ein Tag.« Und es ist schön, dass es *mañana* gibt, dass wir morgen noch da sein werden. Oder? Schlimm wird es erst, wenn es kein *mañana* mehr gibt.

Für mich war dieser Prozess des Verstehens sehr wichtig. Er ist Teil meines deutschen Traums, in dem es nicht nur um Erfolg, sondern auch um Entwicklung geht. Denn was bringt es, in einem fremden Land alles zu kritisieren oder nur das Schlechte zu sehen – ohne zu analysieren, warum die Menschen dort so sind?

Meine Eltern haben mir die Liebe und den Respekt für die Menschen beigebracht, aber die Akzeptanz der Gesellschaft für mein eigentliches Ich, das habe ich erst in Deutschland richtig gespürt. Ich habe in Deutschland viele Chancen bekommen und meine Persönlichkeit entfaltet, weil ich hier frei bin. Ich kann als Homosexueller leben, ohne diskriminiert zu werden, und darf so sein, wie ich bin. Und inzwischen denke ich, durch meine Adern fließt kein Blut mehr, sondern dieser ganz besondere »deutsch-kubanische Cocktail«.

5.
MEIN DEUTSCHER TRAUM

Silbertage

Eine gute Freundin, die ich in Deutschland kennenlernte, schwärmte mir immer wieder von Hamburg vor: »Jorge, du musst da unbedingt mal hin, das ist eine wunderschöne Stadt.« Also fuhren wir 1994 – damals wohnte ich schon in Frankfurt – zusammen nach Hamburg und machten dort ein paar Tage Urlaub. Und was soll ich sagen, meine Freundin hatte recht! Ich verliebte mich sofort in Hamburg und mochte einfach alles an dieser Stadt: die Menschen, das hanseatische Flair, den Hafen, die Alster, die vielen Bäume und die Sauberkeit. Egal wohin ich auch ging, sah ich Grün und Wasser. Ich war in einer Metropole und hatte gleichzeitig das Gefühl, in der Natur zu sein. Der Binnensee, die Segelboote – das alles fand ich so toll. Und die vielen Brücken. Ich habe mal irgendwo gelesen, dass Hamburg die Stadt mit den meisten Brücken in Europa ist – es gibt sogar mehr als in Venedig. Es beeindruckte mich schwer, dass die Leute mit dem Ruderboot am Steg anlegten und einen Café trinken gingen.

Esta es mi ciudad, das ist meine Stadt, meine Perle, entschied ich spontan. In Zukunft wollte ich in Hamburg leben. Deshalb bewarb ich mich als Verkäufer in einer Designerboutique. Ich bekam den Job, brach meine Zelte in Frankfurt ab und zog ein paar Tage später los, um mir eine Zukunft in Hamburg aufzubauen.

Bei meinem ersten Aufenthalt als »Tourist« hatte sich das Wetter von seiner schönsten Seite gezeigt. Als ich dann in Hamburg lebte, zeigte die Stadt auch andere Seiten und andere Farben. Vor allem sämtliche Schattierungen von Grau. In der ersten Zeit konnte ich überhaupt nicht verstehen, warum die Leute trotz strömenden Regens, trotz Wind und Kälte an der Alster spazieren gingen. Das wollte mir einfach nicht in den Kopf.

So ging es mir schon mal, als ich als Jugendlicher auf Kuba Touristen sah, blonde Menschen mit einer wunderschönen hellen Haut (*I love it*), die sich bei vierzig Grad in der Sonne verbrennen ließen. Die spinnen doch, dachte ich damals, denn bei uns galt helle Haut als Schönheitsideal. Meine Schwester ging als junge Frau fast nie in die Sonne, weil sie nicht braun werden wollte. Sie verließ tagsüber nie das Haus ohne ihren Sonnenschirm. Und sie hatte tatsächlich einen helleren Teint als viele deutsche Chicas.

In Hamburg hörte ich die Leute, die draußen in der Kälte spazieren gingen, oft über das Wetter schimpfen. Sie hatten deshalb sogar schlechte Laune. Warum, dachte ich, das ändert ja nichts. Ich wollte nicht schimpfen, sondern beschloss, meine Haltung zum Wetter zu ändern. Denn Haltung ist ja mein Spezialgebiet. Schlechtes Wetter existiert für mich ganz einfach nicht mehr. Regnerische Tage sind für mich nicht grau und ohne Sonne, sondern »silbern«. Das ist wieder so eine Art Selbstschutz. Egal wie schlimm das Wetter sein mag, ich kann den Tag schön finden, wenn ich mir sage: Das ist ein Silbertag. Silber glänzt, es ist schön und wertvoll. Wenn ich morgens aufstehe, schaue ich aus dem Fenster in den Regen und freue mich: »Aaaah, heute ist wieder ein Silbertag, da ziehe ich etwas Rotes an. Das passt gut zu Silber.«

Die Arbeit in der Designerboutique war das Fundament für meine Zukunft, für meinen deutschen Traum. Ich war so glücklich, in Hamburg einen Job gefunden zu haben und Geld zu verdienen. Und ich konnte meine Leidenschaft fürs Styling ausleben, durfte ganz nah bei meinen besten Freunden, den High Heels, arbeiten und hatte mit vielen verschiedenen Chicas zu tun, denn die meisten meiner Kunden waren Frauen. Ich konnte sie beraten, stylen, bewundern und sie mit *piropos* überhäufen. Mein Arbeitsplatz wurde zu einer bekannten Tauschbörse für Komplimente.

Der Samstag war ein bevorzugter Shoppingtag, weil die meisten Kunden Zeit hatten, in Ruhe zu bummeln. Viele Chicas kamen nicht allein wie unter der Woche, sondern mit ihren Männern. Hatten sie ein paar Tage vorher etwas Hübsches entdeckt, sagten sie mir: »Ich komme am Samstag mit meinem Mann.« Also ließ ich die Sachen reservieren. Und wenn sie dann wiederkamen, machten sie eine Modenschau für ihre Begleiter. Und ich war *ihr* Stylist und *sein* Betreuer: Ich brachte dem wartenden Mann etwas zu trinken und zeigte ihm ein paar Sachen, die ihn interessieren könnten, während die Frauen sich in der Kabine umzogen. Ich wollte dazu beitragen, dass die Männer ihnen Komplimente machten. Denn es ist ja typisch Mann, dass sie meistens nicht wirklich hinschauen, sondern bloß »Ja ja« sagen. Und dann schnell, schnell bezahlen und raus aus dem Laden. Deshalb heizte ich den wartenden Männern etwas ein. Sobald die Chica aus der Umkleide kam, sagte ich: »Oh, schau mal, wie toll sie aussieht.«

»Ja ja«, murmelten die meisten nur.

»Aber sie macht das für dich, Chico.«

Der eine oder andere ließ sich dann doch zu einem Kompliment hinreißen – und sofort umarmte ihn seine Frau und bedankte sich überschwänglich.

Manchmal habe ich samstags kurz vor Ladenschluss für die Kunden »meine« Show gemacht. Ich ging in eine Kabine, zog mich um und kam mit einem glitzernden Rock und High Heels wieder heraus und tanzte hüftschwingend zur Salsamusik, die ich aufgelegt hatte. Die Leute liebten diese Auftritte.

Mit der Zeit wurde ich zu einem sehr erfolgreichen Verkäufer, und mein Aufgabenfeld weitete sich aus. Ich ging zu den Fashionshows nach Mailand und Paris, sichtete die Kollektionen und suchte aus, was sich in Hamburg erfolgreich verkaufen ließ. Einmal kaufte ich nur Ledersachen in allen möglichen Farben: Jacken in Rot, Grün, Lila ... Meine damalige Chefin muss mich für verrückt gehalten haben. Nachdem sie die

Sachen gesehen hatte, sagte sie nur: »Wenn du das nicht verkaufst, kannst du deine Sachen packen und gehen.« Ich glaube, ich habe ihr ein paar schlaflose Nächte bereitet, denn sie sah sich schon Bankrott machen. Am Ende war es eine der bestverkauften Kollektionen, die wir je hatten, und wir mussten sogar nachbestellen.

Ich war sicher gewesen, dass wir nicht auf den Sachen sitzen bleiben würden. Schließlich kannte ich meine Kunden. Viele waren früher mit ausgefallenen Lederjacken in den Laden gekommen, und wenn ich fragte, woher sie das Teil hatten, sagten sie: »Ach, das habe ich in Paris gekauft.« – »Ach, das habe ich aus Marbella.« Da dachte ich: Warum müssen sie so weit fahren, um etwas Besonderes zu kaufen?

In diesen Jahren arbeitete ich nicht nur in dem Designerladen, sondern nebenbei immer wieder mal als Model, Stylist, Choreograf und Catwalktrainer. Das war die Ära der Topmodels, die ich hautnah miterlebte. Ich reiste viel durch Europa und genoss meine Freiheit. Das Traurige an dieser eigentlich wunderschönen Zeit war nur, dass ich nach wie vor nicht in mein Heimatland reisen durfte, um meine Familie endlich wiederzusehen. Das ließ mir einfach keine Ruhe. Auch wenn wir uns am Telefon inzwischen sprechen konnten, empfand ich eine tiefe Sehnsucht nach ihnen, vor allem nach meiner Mutter. Und ich wusste, dass es ihnen seit Beginn der kubanischen Wirtschaftskrise, der *periodo especial,* richtig schlecht ging, auch wenn meine Mutter die ernste Lage am Telefon immer herunterspielte, um mich nicht zu beunruhigen.

Bevor ich aus Kuba wegging, waren die meisten Menschen zwar nicht reich, aber sie hatten einen Job, zu essen und ein Dach über dem Kopf. Und plötzlich war von einem Moment auf den anderen – rummms – alles weg. Die Leute hatten kein Geld mehr, es gab wenig zu essen, und die medizinische Versorgung wurde immer schlechter. Sie mussten tagtäglich kämpfen, um die Familie satt zu bekommen. Eine meiner Cousinen stopfte Karton in ihre völlig durchlöcherten Schuhe und ging so zur Universität. Es war ihr einziges Paar, und neue hätte sie sich nicht leisten können.

Auch der Sextourismus in Kuba hatte zugenommen und viele junge Frauen und junge Männer prostituierten sich, um wenigstens ein bisschen Geld zu verdienen. »Das stimmt nicht, das ist Propaganda«, rief ich entsetzt, als ich einen Fernsehbericht darüber sah. Aber welche Propaganda sollte das sein, ging mir sofort danach durch den Kopf. Ich, der Kubaner, der sein Land verlassen hatte, dachte wie ein Sozialist und fühlte auch so. Als ich das Land 1985 verließ, wurde in Kuba Liebe noch mit Liebe verrechnet und nicht mit Geld. Die schlimme Zeit, die danach kam, hatte ich nicht selbst erlebt.

Ich konnte nicht akzeptieren, dass Jugendliche so weit gingen, sich zu verkaufen, um zu überleben. Sex war zu meiner kubanischen Zeit etwas Genussvolles.

Damals hieß es: »Hey, du gefällst mir, gehen wir tanzen. Komm, lass uns Spaß miteinander haben ...« Und nicht: »Ich verkaufe dir meinen Körper, weil ich etwas zu essen oder zum Anziehen brauche.« Das wollte einfach nicht in meinen Kopf gehen.

Einmal kam ein Kunde, ein älterer homosexueller Mann, in die Hamburger Boutique, der gerade in Kuba Urlaub gemacht hatte. Als er hörte, dass ich Kubaner war, saß und saß er im Laden herum und machte mir Avancen. Als ich auf Distanz blieb, sagte er plötzlich ungehalten: »Ich hoffe, du akzeptierst meine Einladung, denn in Kuba kann ich schönere Männer als dich für fünf Dollar haben.«

Ohne ihm eine Antwort zu geben, packte ich ihn am Kragen und warf ihn aus dem Laden. Nach diesem Erlebnis wurde mir klar, dass sich Kubas Image geändert hatte. Früher galten meine Leute als freundlich, höflich, lebenslustig, respektvoll und glücklich. Und auf einmal hieß es, dass sie sich selbst oder dass Mütter ihre Kinder als Prostituierte verkauften.

Aber noch etwas hatte sich in der Krisenzeit geändert: Auf einmal wurden die Homosexuellen auf der Straße nicht mehr mit Steinen beworfen. Der Machismo existierte zwar noch, doch er war nicht mehr so spürbar. Die Leute waren einfach zu beschäftigt mit dem täglichen Überlebenskampf. Homosexualität war auf einmal kein Thema mehr, denn die Menschen litten Not und wussten nicht, ob einem der Schwule aus dem Dorf am nächsten Tag nicht vielleicht helfen würde. Vielleicht hatte der schwule Friseur von nebenan ja Dollars, die er ihnen verkaufen konnte. Also tolerierte man ihn lieber. Die Homosexuellen in Kuba hatten schon so lange kämpfen müssen, daher waren sie sehr geschickt im Überleben. Außerdem arbeiteten viele in kreativen Jobs. Sie konnten den Touristen Dinge oder ihre Dienstleistung verkaufen und bekamen dafür Dollar, die man wieder teuer in Pesos wechseln konnte.

1993 wurde auf dem Internationalen Festival des neuen lateinamerikanischen Films in Havanna der Film eines kubanischen Regisseurs ausgezeichnet: *Fresa y Chocolate* , ein Titel, der sich auf das gleichnamige Eis der berühmten Eisdiele »Coppelia« bezog, ein »stiller« Treffpunkt der Homosexuellen Havannas. Als *Erdbeer und Schokolade* ein oder zwei Jahre später in die deutschen Kinos kam, konnte ich es nicht erwarten, ihn zu sehen. Immerhin war es auch mein Thema, das der kubanische Regisseur Tomás Gutiérrez Alea auf die Leinwand brachte: die harte Realität der Homosexuellen in Kuba. Als ich im Kino saß, der Saal langsam dunkel wurde und der Film anfing, kippte ich fast aus dem Sessel, als ich die zwei Hauptdarsteller sah: Mein Gott, die beiden waren mit mir zusammen im *Vocacional*, im Internat gewesen. Sie waren zwar etwas älter als ich, aber wir kannten uns aus der Theatergruppe.

Während ich das Geschehen auf der Leinwand verfolgte, lief in meinem Kopf parallel der Film meiner eigenen Jugend ab. Denn *Erdbeer und Schokolade* spielt in Havanna an all den Plätzen, wo ich auf »Reisen« mit Manuel war: in der Altstadt, auf der Calle 23, im »Coppelia«, im Teehaus, im Kino, am Malecón ... Und alles, was ich erlebt hatte, wurde in dem Film gezeigt: der Machismo, der Hass auf die Homosexuellen, das Versteckspielen, die Sehnsüchte, die Ängste, die Unterdrückung und der Preis, den man bezahlen musste, wenn man seine persönliche Freiheit leben wollte. Auch der schwule Diego, eine der Hauptfiguren, muss sein Land und alles, was er liebt, verlassen, um er selbst sein und endlich frei atmen zu können.

Ich saß da im Kino und war hin- und hergerissen zwischen Glück, Traurigkeit und Sehnsucht. Siehst du, dachte ich, du bist nicht allein. Es gibt viele, die ein zweites Ich haben und denen es genauso erging wie dir. Aber du hast es geschafft, dir deinen Traum zu erfüllen. Du hast eine neue Heimat in Hamburg gefunden und kannst deine Silbertage genießen. Doch in Kuba waren meine Wurzeln. Dort lebte meine Familie, die ich seit Jahren nicht mehr gesehen hatte und nach der ich mich so sehnte.

Der schönste Moment in meinem Leben

Im Oktober 1997 wurden neue Einreisebestimmungen für im Ausland lebende Kubaner wie mich erlassen. Endlich erhielt ich ein Visum. Einundzwanzig Tage Kuba. Ich war schrecklich nervös, denn ich hatte meine Familie seit 1989 – also über acht Jahre lang – nicht mehr gesehen.

Es wurde eine extrem emotionale Reise. Einige der Familienmitglieder kannte ich so gut wie gar nicht. Den Sohn meines Bruders, hatte ich zuletzt als Zweijährigen gesehen, und nun würde ich einem zehnjährigen Jungen begegnen. Und meine siebenjährige Nichte, die Tochter meiner Schwester, hatte ich noch nie gesehen. Am Telefon hatte ich natürlich mit ihr gesprochen und sofort gespürt, dass sie eine richtige kleine Chica war. Ich wollte immer eine Nichte haben, deshalb brach es mir jedes Mal das Herz, wenn sie am Telefon sagte: »*Tío*, Onkel, wann kommst du denn endlich?«

Weil ich so nervös war, entschied meine italienische Freundin Christina, »Orgito, ich komme mit«. Sie kam nach Hamburg, sodass wir gemeinsam aufbrechen konnten. Natürlich hatte ich nicht vergessen, welche Späße sich Christina mit mir während unserer gemeinsamen Italienreise erlaubt hatte. Wie ich mich besorgt an meine Reisetasche geklammert hatte, weil ich dachte, alle Italiener seien »Mafiosi«. Und welche Todesängste ich auf der Vespa ihres Bruders ausgestanden hatte. Nein, das hatte ich nicht vergessen ... Deshalb rieb ich mir die Hände und dachte: So, endlich ist meine Zeit für eine Revanche gekommen ...

Damals reisten gerade viele Leute nach Kuba, weil das Skelett von Che Guevara in Bolivien entdeckt, nach Kuba überführt und in Santa Clara mit einem Staatsbegräbnis beigesetzt worden war. Das Flugzeug war bis auf den letzten Platz ausgebucht. Christina saß am Fenster, ich auf dem Mittelsitz und neben mir am Gang ein sehr korpulenter Mann, der mir, auch wenn es mich Platz kostete, noch behilflich sein würde.

Irgendwann auf dem Flug sagte ich zu meiner Freundin: »Christina, wenn wir in Kuba ankommen und du meine Familie kennenlernst, dann erschrick bitte nicht. Es gibt da nämlich in unserem Ort eine besondere Tradition, wenn jemand zu Besuch kommt: Meine Eltern werden zu dir ins Auto steigen und dir eine Kette umhängen, die aus Blumensamen gemacht ist, in denen Luft ist, die manchmal rauskommt. Dann stinken die Samen ein bisschen. Aber das tut nichts. Ach ja, und sie malen dein Gesicht schwarz an. Deshalb wird einer eine Kohlenpfanne bringen, während die anderen Einwohner ums Auto tanzen und singen. Ganz wichtig: Du darfst erst aussteigen, wenn sie fertig sind. Hörst du!«

Christina schaute mich irritiert an und fragte: »Was? Warum?«

»Weil es auf Kuba ganz viele gefährliche Skorpione gibt«, antwortete ich so nebenbei.

»Waaaaaaas????«, schrie sie panisch.

»Mach dir keine Sorgen, das ist nicht schlimm. Du hast ja die Samenkette. Wenn du die auf der Straße zum Platzen bringst, verursacht das ein ganz komisches Geräusch, und die Skorpione hauen ab.«

»Orgito, ich ... glaube dir das nicht«, stotterte sie und wurde blass um die Nase. »Ich habe ein Buch über Kuba gelesen, und da stand nichts von Skorpionen!«

»Natürlich steht da nichts davon drin«, sagte ich so unschuldig wie möglich, auch wenn es mich innerlich fast zerriss vor Lachen. »Die wollen ja die Touristen nicht verschrecken.«

»O mein Gott, das muss man den Leuten doch sagen!«

»Christina, jetzt beruhige dich ...«

»Ich kann dort nicht hingehen! Skorpione!«, schrie sie den Tränen nahe. »Ich werde sterben.«

Als sie sich nach ein paar Minuten wieder ein bisschen beruhigt hatte, rempelte sie mich mit ihrem Ellbogen an und sagte: »Los, frag deinen Sitznachbarn, ob es in Kuba Skorpione gibt.«

Ich zwinkerte dem dicken Mann neben mir zu und fragte ihn, worum Christina mich gebeten hatte.

Er antwortete ganz lässig: »Ja ja, klar gibt es Skorpione. Überall in Lateinamerika. Das weiß man doch. Warum fragen Sie?«

Christina war mittlerweile am Rande eines Nervenzusammenbruchs. Sie konnte den ganzen Flug über fast nicht schlafen, weil sie nur noch die Skorpione im Kopf hatte.

Als wir landeten, hatte ich die Geschichte schon fast wieder vergessen, weil ich so aufgeregt war wegen des bevorstehenden Wiedersehens mit meiner Familie. Ich war nass geschwitzt, und das lag nicht nur an der Hitze im Flughafengebäude. Alle Reisenden, die Touristen wie die Kubaner, mussten in einer langen Schlange warten, um ihre Papiere zu zeigen. Meine Nervosität stieg, je näher ich der Passkontrolle kam. Denn ich wusste nicht, was gleich geschehen würde. Als ich die kubanischen Sicherheitspolizisten sah, rutschte mein Herz komplett in die Hose. Würden sie mich verhaften, festhalten, durchsuchen? Oder würde ich die Tür passieren dürfen, die aus der Sicherheitszone herausführte?

Christina kam vor mir dran. Sie reichte dem Kontrolleur ihren Pass, und bevor er noch etwas sagten konnte, fragte sie schon: »*Scusi*, entschuldigen Sie bitte, gibt es auf Kuba Skorpione?«

»Ja«, sagte der Kontrolleur.

»Sind die groß?«

»Normal, warum?«

»Ach, nichts, nur so eine Frage«, flötete sie, während sie nervös den Boden absuchte und von einem Bein auf das andere trat.

Als ich an der Reihe war, fragte mich der Beamte, warum ich hier sei und was ich auf Kuba machen würde. Dabei musterte er mich mit misstrauischem Blick von oben bis unten. Mein Herz schlug immer schneller, und ich dachte: Mein Gott, lassen die mich durch?

Ich schaffte es, und auf einen ganz furchtbaren Moment meines Lebens folgte nahtlos einer der schönsten Momente. Draußen standen bereits Ina und ihre Familie, Manuel und eine meiner Tanten, die in Havanna wohnte. Meine Eltern warteten in Jatibonico auf mich.

Diese erste Begegnung bewegte uns alle sehr – nach all den Jahren konnte ich meine Freunde endlich wieder in die Arme schließen. Nachdem die Tränen getrocknet waren, stellte ich Christina vor, die nach einem knappen »*Hola*« sofort wieder fragte: »*Scusate ragazzi*, Entschuldigung, Leute, aber gibt es Skorpione auf Kuba?«

Mit dem Mietwagen, den ich von Deutschland aus reserviert hatte, ging es wenig später los in Richtung Jatibonico. Christina saß hinter dem Steuer, weil ich, ihr Beifahrer, noch keinen Führerschein hatte. Ina, ihr kleiner Sohn, ihr Mann und Manuel saßen auf der Rückbank. Die Fahrt war ein totales Chaos. Die Straßen waren so schlecht und voller Schlaglöcher, dass wir nur langsam vorankamen. Immer rannten irgendwelche Leute oder Tiere über die Fahrbahn, Pferdewagen fuhren rechts neben uns auf dem Seitenstreifen, und viele Autos hatten kein Licht angeschaltet, obwohl es stockdunkel war.

»Mein Gott, was ist das?«, schrie Christina, als sie die erste Kuh auf der Fahrbahn sah und mit voller Wucht auf die Bremse stieg.

Nachdem wir das Tier vertrieben hatten und ein paar Kilometer weiter waren, fuhr Christina – bumm – über ihr erstes Schlagloch.

»Orgito, was ist denn jetzt schon wieder?«, schrie sie.

Kurz: Wir kamen nur langsam voran.

Als Christina irgendwann erneut nachfragte: »Gibt es eigentlich Skorpione auf Kuba?«, schauten sich

Manuel und Ina bloß an und brachen in Gelächter aus. Da endlich dämmerte es meiner Freundin, dass ich sie auf den Arm genommen hatte.

»Orgito, *ti ammazzo*«, schrie sie. »Ich bring dich um, wenn wir von dieser Straße runter sind.«

Gegen ein Uhr nachts erreichten wir von Jatibonico und hatten damit für ungefähr dreihundertdreißig Kilometer gut fünf Stunden gebraucht. Ich habe ja schon erzählt, wie es aussieht, wenn man in mein Dorf kommt. Am Ortseingang fährt man erst einmal über eine sehr markante Stahlbrücke. Danach sieht man die zwei Türme der Zuckerfabrik. Als Jugendlicher hasste ich diesen Anblick, wenn ich am Wochenende aus dem Internat kam, weil ich nur davon träumte, eines Tages aus Jatibonico weggehen zu können. Aber jetzt, nach acht Jahren in Europa, freute ich mich zum ersten Mal, die vertrauten Bilder zu sehen.

Natürlich wusste der ganze Ort, dass ich kam. Obwohl es schon mitten in der Nacht war, standen die Leute vor ihren Häusern, als wir ganz langsam mit dem Mietwagen, einem weißen Renault, den man damals nur selten in Kuba sah, durch die Hauptstraße fuhren. Da meine Familie mittlerweile in einem anderen Teil von Jatibonico in einem großen, modernen Plattenbau wohnte, kannte ich den Weg nicht genau. Während wir die Hauptstraße entlangfuhren, entdeckte ich etwa in der Mitte einer Gruppe von Leuten einen grauhaarigen Mann, der unruhig herumschaute.

»Halt«, schrie ich plötzlich, »da steht mein Papa.« Und noch bevor Christina bremsen konnte, riss ich die Wagentür auf und stürzte hinaus und meinem Vater in die Arme.

Mein Vater ist ebenso wie ich ein Mensch, der seine Gefühle meistens kontrolliert. Aber als wir uns sahen, war es damit vorbei. Wir hielten uns in den Armen und weinten. Er drückte und küsste mich immer wieder und rief: »*Mi hijo, mi hijo,* mein Sohn, mein Sohn.«

Als wir uns beruhigt hatten, schaute mein Vater auf das Auto und sagte: »Mit dem Wagen könnt ihr nicht vor dem Haus parken. Es hat geregnet, und die ganzen Schlaglöcher auf der Straße sind voller Wasser. Außerdem wird er da nur geklaut. Wir haben mit einer Arbeitskollegin deiner Mutter gesprochen, die hinter unserem Haus ein kleines Häuschen hat. Sie sagt, ihr könnt in ihrem Innenhof parken.«

Also fuhren wir dorthin, versteckten den Renault und gingen die fünfzig Meter zum Hintereingang des Wohnblocks. Meine Mutter und meine Schwester hatten uns schon vom Fenster aus kommen sehen und rannten die Treppen herunter – vor ihnen meine sieben Jahre alte Nichte Alicia. »*Tío, tío,* Onkel, Onkel«, schrie sie, sprang völlig aufgelöst an mir hoch und drückte mich so fest, dass ich fast keine Luft mehr bekam.

Und dann kam meine Mutter. Mit Tränen in den Augen stand sie mit ausgebreiteten Armen vor mir. Gerade als ich sie in den Arm nahm, hörten wir einen Schrei, als würde jemand sterben. »Aaaaaaaahhhhh....« Christina.

Da erst merkte ich, dass wir vor einem kleinen Verschlag standen, in dem Schweine untergebracht waren. Die Leute hielten in den schweren Zeiten überall ihre Nutztiere. Und Christina stand, nur durch einen morschen Holzzaun getrennt, einem riesigen Schwein gegenüber, das größer schien als sie selbst. Die Arme. Sie war müde von der Reise, nervös wegen der Skorpione, aufgewühlt, weil alle um sie herum weinten, und dann begegnete diese kleine, elegante Italienerin, die nichts als Musik im Kopf hat auch noch einem riesigen Schwein. In einem Wohnhaus. Ich war ihr so dankbar, denn sie brachte uns in diesem emotionalen Moment alle zum Lachen.

Wir feierten unser Wiedersehen die ganze Nacht, und meine Mutter folgte mir auf Schritt und Tritt, nahm mich in den Arm und sagte immer wieder. »*Mi negrito*, mein kleiner schwarzer Liebling.«

Darauf brummte mein Vater: »Was heißt hier *negrito*? Der ist kein *negrito* mehr, der ist ein *negrón*, ein schwarzer Riese. Schau mal diese *patas largas* an, diese langen Haxen.«

Irgendwann um acht Uhr morgens gingen wir schließlich ins Bett.

Da wir einen Gast aus Italien hatten, der die kubanischen Verhältnisse nicht kannte, war meine Mutter sehr besorgt. Ihr müsst euch das so vorstellen: Immer wieder mal fiel der Strom aus, mitten am Tag gab es plötzlich stundenlang kein Wasser mehr, und man begegnete gern mal Kakerlaken, die sich in allen südlichen Ländern zu Hause fühlen. Natürlich hatte meine Mutter geputzt, geputzt und noch mal geputzt. Aber egal wie sehr sie auch putzte, ständig tauchte irgendwo eine Kakerlake auf. Und was passierte? Ihr ahnt es schon, oder?

Am zweiten Abend unseres Aufenthalts beschloss Christina, ihre langen Haare zu waschen. Jedes Mal wenn sie ins Bad ging, fing meine Mutter an zu beten: »Lieber Gott, bitte lass das Wasser nicht weggehen. Lieber Gott, bitte lass den Strom an. Lieber Gott, bitte schick die Kakerlaken weg.«

Christina ging also in die Dusche. Auf einmal hörten wir ein lautes: »Orgiiiiitooooo!!!«

Kein Wasser mehr. Und sie hatte den Kopf voller Schaum. Also brachte meine Schwester zwei Eimer »Reservewasser« und eine Schöpfkelle und zeigte ihr, was man in Kuba macht, wenn man sich gerade die Haare eingeseift hat und das Wasser plötzlich weg ist. Christina lachte gequält und wusch tapfer weiter die Haare nach dieser Methode – bis zu dem Moment als – puff! – der Strom ausfiel.

»Orgiiiiitooooo!!!«

»O mein Gott, warum ausgerechnet jetzt?«, rief meine Mutter händeringend.

Diesmal brachte meine Schwester die Petroleumlampe ins Bad. Christina lächelte leicht gequält und machte weiter mit ihrer Prozedur, irgendwie amüsierte es sie, dass der Alltag in Kuba – bis auf die Skorpione – genauso war, wie ich es ihr immer beschrieben hatte. Für eine Weile blieb alles ruhig, bis wir wieder ein entsetztes »Orgiiiiitooooo!!!« hörten.

»Was ist denn jetzt los?«, rief meine Mutter verzweifelt.

»Kaaaaakerlaaaaaaken!!«, kam es zurück.

Ich eilte Christina zu Hilfe und sah, wie drei etwa fünf Zentimeter große schwarze Monster vom Fenster aus – ssssst – die Wand hinunterflitzten. Zurück im Wohnzimmer fragte meine Mutter: »Und???«

»Ach, nichts, Mama, nur *cucarachas*, Kakerlaken.«

»O mein Gott«, klagte meine Mutter, »ich schäme mich so.«

»Aber Mama«, antwortete ich, weil sie mir so leidtat, »wir sind doch in Kuba.« Außerdem müsst ihr eines wissen, Chicas: Drei Kakerlaken sind in Kuba nichts. Und das war erst der Anfang …

Nach dem Abendessen saßen wir im Licht der Petroleumlaterne am Tisch und unterhielten uns. Ich erzählte die Geschichte mit den Skorpionen, lief in die Küche, holte die Kohlenpfanne und gab sie Christina mit den Worten: »Nur zur Sicherheit ein bisschen Ruß, falls heute Nacht die Skorpione oder die Kakerlaken kommen und dich fressen wollen.«

»Lass das, Orgito«, schrie Christina.

»Lass das«, sagte auch meine Mutter. »Die Ärmste hat heute wirklich schon genug erlebt.«

Ein bisschen später, ich stand gerade in der Küche und machte etwas zu trinken, hörte ich plötzlich wieder: »Orgiiiiitooooo!!!«

Ich hatte vergessen, Christina vor den fliegenden Kakerlaken zu warnen, die es auf Kuba gibt. Das sind ebenfalls mindestens fünf Zentimeter lange Monster, die wie alle Insekten ins Licht fliegen, nur dass diese Exemplare auf ihrem Weg zur Lampe eine Runde ganz nah bei Christinas Gesicht drehten. Doch die Chica hielt sie für fliegende Dinosaurier. Meine Mutter wusste nicht mehr, was sie machen sollte. Es war ihr so wichtig, dass sich meine Freundin bei uns wohlfühlte. Aber das ist eben Kuba.

Nach ein paar Tagen fuhren wir mit der ganzen Familie und meinen Freunden ans Meer nach Trinidad, wo ich ein wunderschönes Holzhaus mit einer Terrasse gemietet hatte, die ums ganze Haus lief. Im Garten gab es viele Palmen und exotische Früchte – Bananen, Mangos, Papayas, Chirimoyas. Jetzt, im Oktober, waren nicht viele Fremde da, sodass wir im Prinzip die einzigen Touristen waren. Die Fischer kamen vorbei und boten uns ihre Fänge an, die Bauern verkauften uns ihre Milch – wir hatten eine wunderbare Zeit.

Eines Abends kam Christinas Revanche. Wir saßen gerade auf der Terrasse und lauschten dem Meeresrauschen. Ich liebe dieses Geräusch, weil es mich so beruhigt. Deshalb fiel ich – schnarch – in meinem Schaukelstuhl in Tiefschlaf.

Da kam meinem Vater eine tolle Idee. Er ging zu Christina, gab ihr einen Eimer voll Wasser und sagte zu ihr: »*Chica*, jetzt ist deine Zeit gekommen.« Christina holte mit dem Eimer aus, schüttete den ganzen

Inhalt über mir aus und machte mich von Kopf bis Fuß nass. Ich schreckte hoch, sprang aus dem Schaukelstuhl und hätte die kleine Italienerin am liebsten wie eine Kakerlake zerquetscht. Alle lachten sich tot, applaudierten und schrien: »Bravo, Christina, bravo.« Mein Vater gestand mir erst viel später, dass die Idee mit dem Wasser von ihm stammte. Er mochte Christina, und weil ich sie immer ärgerte, gönnte er mir diese Abreibung.

Natürlich gingen wir auch an den Strand, wo meine Tante Fela mich fünf Jahre zuvor in der Zeitschrift entdeckt hatte. Der Strand von Trinidad besteht aus mehreren Abschnitten. An der *Playa Inglés*, wo sich unser Haus befand, durften die Einheimischen baden gehen. An der *Playa Ancón*, wo sich die Touristen aufhielten, durften Einheimische weder die Hotels noch die Shops oder die Strandabschnitte betreten und auch nicht die Hotelanlagen. Aber das wusste ich nicht.

Eines Nachmittags sagte ich zu meiner Mutter, zu Christina und Ina: »Kommt, Chicas, wir gehen zum Hotel, kaufen was zu trinken und gehen in den Shop.« Dort wollte ich Badeschuhe für meine Mutter kaufen.

Vor dem Hotel hielt uns ein Sicherheitsmann an und fragte schroff: »Wohin?«

»Ins Hotel«, antwortete ich.

»Sie beide ja«, sagte er und deutete auf Christina und mich, aber die beiden anderen nicht.« Der Sicherheitsmann musste an meinem Look gemerkt haben, dass ich aus dem Ausland kam.

»Wie bitte?«, fragte ich. »Das sind meine Mutter und meine Freundin. Und wir möchten in dem Shop etwas kaufen.«

»Kubaner dürfen da nicht rein.«

Christina kochte fast über, weil es für sie undenkbar war, dass die Leute im eigenen Land nicht in ein Hotel durften. Sie verstand das einfach nicht und fing an zu schimpfen. Die Touristen, die um uns herumstanden, schauten schon zu uns herüber. Und auf einmal kam der Chef der Sicherheit und ordnete an, uns reinzulassen, um weiteres Aufsehen zu vermeiden.

Also gingen wir alle zusammen in den Shop und verließen das Hotel so schnell wie möglich. Ich fühlte mich erbärmlich. Erniedrigt. Gedemütigt. Und es tat mir so weh, als meine Mutter während der Diskussion mit dem Sicherheitsmann zu mir sagte: »*Niño*, lass das. Für mich ist das kein Problem. Geh du allein rein.« Sie wollte einfach nicht, dass wir Ärger bekamen.

Man muss sich das mal vorstellen: Meine Mutter war nach 1959 in Kuba geblieben, weil sie an die Ideale der Revolution glaubte. Nach vielen Jahren kommt ihr Sohn zu Besuch mit einer Freundin aus dem Ausland, aber sie darf sich nicht frei bewegen. Sie darf nicht dort hingehen, wo ihre Gäste hingehen. Sie darf es einfach nicht. Das Land gehörte nicht mehr den Kubanern, sondern dem Staat und dem Tourismus. In dem Moment kam es mir so vor, als wären wir zum Feudalismus und zum Sklaventum zurückkehrt. Nur dass meine Mutter die Sklavin war und ich mich auf der anderen Seite befand. Die Touristen durften alles machen, was sie wollten. Die einheimischen Kubaner dagegen fast nichts. Es mag sein, dass das alles auch mit den Vorsichtsmaßnahmen wegen des zunehmenden Sextourismus zu tun hatte. Aber ich war nicht mit einer kubanischen Prostituierten im Hotel, ich war da mit einer älteren Dame, mit meiner Mutter!

Nach dem Aufenthalt in Trinidad fuhren wir alle gemeinsam nach Havanna, wo ich ebenfalls eine Wohnung organisiert hatte. Eines Abends, Christina war schon im Bett, sagte ich zu Manuel: »Christina schläft, ich klaue ihr jetzt den Schlüssel vom Mietwagen, und wir gehen aus.«

Er fragte verwundert: »Kannst du fahren?«

»Natürlich kann ich fahren«, antwortete ich. »Ich habe zwar keinen Führerschein, aber fahren ist ja leicht mit einem Automatikmodell.«

Das war gegen halb eins. Wir schlichen uns davon, nahmen das Auto und blieben die ganze Nacht weg, um all das zu machen, was wir als Jugendliche so oft gemacht hatten: erst ein Eis, dann ein Drink, ein Abstecher in die Disco, Sonnenaufgang am Malecón ... Irgendwann kurz vor dem Morgengrauen saßen wir dort an der Uferpromenade, erzählten uns Geschichten von früher und erinnerten uns an alles, was wir als beste Freunde gemeinsam erlebt hatten. Da merkte ich, wie stark mein Ich in Europa, in Deutschland geworden war. Der Jorge, der diesen Abend genoss, war homosexuell und frei.

Als wir gegen acht Uhr morgens zurückkamen, erwartete uns schon das »Militärtribunal«: Mama, Papa und Christina, die uns mit ihren strengen Blicken fast durchbohrten.

Christina rief aufgebracht: »Wie kannst du so was machen? Du hast einfach das Auto genommen. Es hätte dir doch was passieren können. Du kannst nicht fahren. Ein Unfall ... die Polizei ... Was denkst du dir nur?«

Sie war so was von sauer, und es dauerte eine ganze Weile, bis sie sich wieder beruhigte. Obwohl wir uns irgendwann an diesem Tag alle wieder vertrugen, blieb Christina misstrauisch.

Als sie am nächsten Abend mit einem »Gute Nacht« verschwunden war, wartete ich eine Weile, bis ich auf Zehenspitzen in ihr Zimmer schlich. Dort suchte ich nach dem Schlüssel, als mir plötzlich – kabomm – etwas auf die Finger knallte. Es war Christinas Hausschuh, der griffbereit zur Verteidigung ihres Autoschlüssels unter ihrem Kopfkissen lag.

»Den wirst du nie mehr in die Finger bekommen, Orgito«, sagte sie triumphierend. Da erst sah ich, dass sie sich den Schlüssel mit einer Schnur um den Hals gebunden und unter den Pyjama gesteckt hatte.

Ein paar Tage später war es dann Christina, die unbedingt ausgehen wollte – in eine Salsadisco. Ich war nicht begeistert, weil ich noch das Bild aus früheren Zeiten im Kopf hatte, wie dort Machos die Frauen mit dummen Sprüchen anmachten. Aber Christina setzte sich durch. Als wir in die Diskothek kamen, mussten wir zunächst zehn Dollar Eintritt bezahlen. Dafür erhielten wir einen Coupon, mit dem man so viel trinken konnte, wie man wollte. Ich schaute mich erst mal ein bisschen in dem Laden um und entdeckte ungefähr fünfzehn Chicas, topgestylt, sexy und eine hübscher als die andere, auf der Tanzfläche. Toll, dachte ich, da ist eine Showgruppe, die ein Tanzprogramm macht.

An der Bar bestellte ich einen Mojito. Bevor ich überhaupt getrunken hatte, kam eine der wunderschönen Chicas, nahm mein Glas, trank es leer, leckte sich die Lippen und sagte: »So, und was machen wir jetzt?« Ich schaute sie an und begriff schlagartig die traurige Realität Kubas. All diese hübschen Chicas waren Prostituierte, die hier auf Arbeit hofften.

»Sag mal«, fragte ich sie, »hast du keine Angst, dass ich Herpes, Syphilis oder sonst eine Krankheit habe?«

»Pfff, ich hab schon so viele Antikörper«, sagte sie gelangweilt. »Viel wichtiger ist doch: Was machen wir jetzt?«

»Was ich mit dir machen soll?«, fragte ich. »Nichts. Ich bin Kubaner.«

»Nein«, sagte sie und grinste verschwörerisch, »du bist kein Kubaner. Zumindest keiner von hier. Wenn, dann aus Miami.« Damit meinte sie die Exilkubaner mit Geld.

»Auch wenn ich ein Kubaner aus Miami wäre, könnte ich nichts mit dir anfangen. Denn ich bin gay.«

Als sie das hörte, sagte sie nur: »Oh, kein Problem«, schaute nach ihren Freunden und rief: »Roberto, Pablo, Pedro, hierher ...«

Nach diesem Erlebnis drehte ich mich zu Christina und sagte: »Weißt du was, ich muss hier raus.« Das war nicht mehr mein Kuba, sondern das neue Kuba, das ich bisher nur aus dem Fernsehen kannte und an das ich mich erst gewöhnen musste. Es fiel mir schwer, diese neue Realität zu akzeptieren. Auch weil ich in meinem eigenen Land zum Touristen geworden war, der die heißbegehrten Dollars besaß, mit denen man sich alles kaufen konnte. Sogar Menschen.

Die Stunde der Wahrheit

Kurze Rückblende: Ein Jahr vor meiner Reise nach Kuba hatte ich meinen Job in der Boutique gekündigt und mich als Stylist und Imageberater selbstständig gemacht. Außerdem absolvierte ich ein Praktikum als Kostümbildner beim Fernsehen, und zwar für eine beliebte Krankenhausserie. Ich wollte wissen, was hinter den Kulissen vor sich ging. In dieser Zeit traf ich meinen jetzigen Lebensgefährten, der mich sehr darin unterstützte, diesen Weg zu gehen. Sobald ich genug Erfahrungen gesammelt hatte, entschlossen wir uns, zusammen eine Eventagentur zu gründen. Wir organisierten und produzierten Events und Musicals. Mittlerweile ist daraus eine Künstleragentur geworden. Die High Heels blieben auch bei dieser Arbeit immer präsent: Über die Jahre organisierten wir viele Fashionevents, und ich arbeitete als Choreograf von Fashionshows, als Catwalktrainer für Modelagenturen, als Designer oder als Stylist.

Nachdem wir fast zwei Jahre ein Paar waren, wollten wir im Sommer 1998 nach Kuba fliegen, damit meine Familie endlich meinen Lebensgefährten kennenlernen konnte. Ich hatte nie mit meinen Eltern über meine Homosexualität gesprochen. Deshalb sagte ich meiner Mutter am Telefon: »Mama, ich bringe meinen Freund mit.«

Daraufhin sprach sie am Abend mit meinem Vater: »Gude, unser Sohn kommt bald zu Besuch und bringt seinen Partner mit. Du weißt, er hat seinen eigenen Lebensstil, und wir müssen akzeptieren und respektieren, wie er lebt.«

»*Claro que sí*, na klar«, antwortete mein Vater, und damit war die Sache erledigt.

Ihr kennt mich ja jetzt schon. Natürlich war ich nervös vor dieser Begegnung. Also beschloss ich, um die Situation etwas aufzulockern, meinen Freund ein bisschen zu »ärgern«. Kurz vor der Abreise erzählte ich ihm: »Weißt du was, wenn du meine Familie zum ersten Mal triffst, dann musst du bitte unbedingt einen Anzug und eine Krawatte anziehen. Mein Vater ist nämlich sehr konservativ.« Einen Anzug mit Krawatte. Ende Juli, wenn es in Kuba superheiß ist, so vierzig Grad im Schatten bei hoher Luftfeuchtigkeit ...

In Havanna angekommen, wohnten wir die ersten paar Tage im Haus von Freunden, wo meine Eltern uns besuchen wollten, bevor wir alle zusammen nach Jatibonico fuhren. Am nächsten Tag kam dann die Stunde der Wahrheit: Es klingelte an der Tür und ich – in Flipflops, Shorts und T-Shirt – rief meinen Freund, der im Schlafzimmer war, um sich umzuziehen.

Als er in voller Montur – schwarze, blitzsauber geputzte Schuhe, hellblaues Nadelstreifenhemd mit weißem Kragen, dunkler Anzug mit Krawatte und Einstecktuch – ins Wohnzimmer kam, wo meine Eltern mittlerweile Platz genommen hatten, sagte mein Vater statt des üblichen »*Hola*« in meine Richtung: »Sag mal, heiratet er, oder ist er Rechtsanwalt?«

Mein Freund hatte natürlich einen konservativen Mann im Anzug erwartet. Doch es erschien ein älterer Herr in Shorts, Latschen und kurzärmeligem Hemd. Alle kapierten sofort, dass ich meinen Freund auf den Arm genommen hatte, und brachen in schallendes Gelächter aus. Das Eis war gebrochen ... Meine Eltern waren begeistert von der Natürlichkeit und Herzlichkeit meines Partners. Sie akzeptierten ihn vom ersten Moment an und schlossen ihn ins Herz. Das war einer der schönsten Momente in meinem Leben. Es war mir so wichtig, weil sie mir damit zeigten, dass sie nichts falsch an mir fanden.

Während dieses Aufenthalts in Kuba präsentierte Manuel, der inzwischen eine Karriere als Modedesigner gestartet hatte, seine erste Kollektion auf einer Fashionshow in Havanna, und zwar in dem prächtigen Innenhof des Modehauses »La Maison«. Manuel hatte einen Newcomer-Wettbewerb gewonnen und sich in Kuba mit seinen Kreationen bereits einen Namen gemacht. Nach der Show lief ich zu ihm, umarmte ihn und rief begeistert: »Manuel, du musst unbedingt nach Europa.« Ich war hin und weg von seiner Kollektion. Was für ein Talent! Dass er begabt war, wusste ich, seit er als Jugendlicher aus der alten Bettwäsche seiner Tanten Klamotten genäht oder ihre Kleider aus den Fünfzigern umgeschneidert hatte. Aber dass er so talentiert war, das ahnte ich damals nicht.

Auch bei dieser Kubareise wurde ich von ein paar Freunden aus Deutschland begleitet. Neben meinem Partner waren ein befreundeter Mode- und Werbefotograf und seine Frau mitgekommen. Wir organisierten mit dem Fotografen ein richtig professionelles Shooting in Havanna mit Manuels Kollektion.

Danach fuhren wir alle zusammen nach Varadero, um Urlaub an einem der beliebtesten Strände Kubas zu machen. Wir hatten eine Unterkunft zusammen mit meinen Eltern gemietet, und meine Freunde aus Deutschland, der Fotograf und seine Frau, waren in einem sehr schönen Hotel untergebracht. Sie kannten meine Eltern und luden sie eines Abends auf einen Drink in die Bar ihres Hotels ein. Wieder ließen die Sicherheitsleute meine Eltern nicht rein. Meine Freunde waren außer sich. Sie packten am nächsten Tag ihre Koffer und fuhren zurück nach Havanna. Später sagten sie mir: »Jorge, wir lieben dein Land, wir lieben deine Leute, aber unter diesen Voraussetzungen kommen wir nie mehr nach Kuba.«

Das war ein Schlag für mich. Wieder einmal hatte ich die Erfahrung gemacht, dass sich bei aller Freiheit, die ich gewonnen hatte, nicht wirklich etwas geändert hatte. Aber ich musste immer wieder nach Kuba, weil meine Familie dort lebte.

Kubanische Herzensbrecher

Viele Jahre hatte ich den Traum, meinen Eltern meine neue Heimat zu zeigen. Doch da Kubaner nur einen Personalausweis besaßen und damals nicht ohne spezielle Einladung und Bürgschaft ihres Gastgebers reisen durften, war die Realisierung gar nicht so einfach. Wir mussten viel bürokratischen Papierkram in der deutschen Botschaft und bei den kubanischen Behörden erledigen, bis es 2003 endlich so weit war. Meine Mutter rief an und schrie in den Hörer: »*Mi negrito*, stell dir vor, ich hab einen Pass in meiner Hand, wo mein Foto drin ist.« Meine Eltern wollten drei Monate bleiben und bei mir zu Hause wohnen. Außerdem planten wir eine Europareise zusammen mit meinem Partner und seinen Eltern.

Im April flogen sie via Paris nach Deutschland. Ich hatte eine Betreuung organisiert, die sie in Kuba ins Flugzeug brachte und am Ankunftsort wieder hinausbegleitete. Aber während des Flugs waren sie komplett auf sich gestellt. Es war ihre erste richtige Reise außerhalb von Kuba. Selbst einen Flughafen hatten die beiden bis dahin nur ein einziges Mal betreten:

Um mir »Adiós« zu sagen, als ich mit gerade achtzehn Jahren zum Studieren in die Tschechoslowakei ging. Im Inneren eines Flugzeugs waren sie überhaupt noch nie. Hinzu kam, dass beide auch nicht mehr die Jüngsten waren, meine Mutter war siebenundsechzig und mein Vater stolze einundachtzig.

Als er während des Fluges den Kaffee probierte, den die Stewardess ihm brachte, spuckte er alles wieder aus und rief: »Was ist das?« Er hatte statt Zucker Pfeffer hineingetan, weil er die Aufschrift auf den verschiedenen weißen Päckchen, die er beim Essen bekommen hatte, nicht verstanden hatte. Auf der Toilette bekam er die Tür nicht auf, als er wieder raus wollte. Auch die Klospülung blieb meinen Eltern ein großes Geheimnis ... Aber zum Glück nahmen die beiden alle Hindernisse mit Humor.

Ich holte meine Eltern am Flughafen von Paris ab, um zusammen mit ihnen nach Hamburg zu fliegen. Als wir dort ankamen, begrüßte uns wunderschönes Wetter. Goldtage ... Und das Ende April! Mama und Papa waren begeistert von Deutschland: Ihr Sohn fuhr sie in einem modernen Auto herum, das sich auf Kuba nur Touristen leisten konnten. Die Menschen waren ganz anders, die Straßen so sauber und die Luft so frisch. Schon der Flughafen, sagte mein Vater, käme ihm so groß vor wie ganz Jatibonico. Auf der Fahrt schauten sie nach links und rechts und bewunderten die schön renovierten Häuser. In Kuba gibt es zwar viele tolle alte Häuser und Paläste, aber sie sind längst nicht in einem so guten Zustand wie in Deutschland.

Ich hatte in meinem Lieblingscafé eine leckere Torte mit der Aufschrift »Willkommen in Hamburg« bestellt. Die Wohnung sah aus wie eine Sommerwiese, überall standen Vasen und Töpfe voller bunter Blumen – Rosen, Tulpen, Orchideen –, weil meine Mutter Blumen so liebte. Sie war bereits auf der Fahrt vom Flughafen nach Hause ganz verzaubert von den gepflegten Grünanlagen und Gärten. Besonders angetan war sie von den Tulpen, die sie bis dahin noch nie gesehen hatte.

Am Tag der Ankunft haben wir alles gemacht, was man so tut, wenn man sich nach langer Zeit das erste Mal wiedersieht: gemeinsam essen, Fotos anschauen, immer wieder Händchen halten und reden, reden, reden. Am nächsten Tag sind wir an der Alster spazieren gegangen. Meine Mutter war hin und weg von den Enten. »In Kuba wären die schon längst aufgegessen worden«, sagte sie fassungslos.

Ich zeigte meinen Eltern die Agentur, die mein Partner und ich aufgebaut hatten, und stellte ihnen im Laufe der Zeit meine Freunde vor. Und so fingen sie nach und nach an zu verstehen, warum ich so glücklich in Deutschland war. Endlich durften sie sich mit eigenen Augen davon überzeugen, dass ich mich hier gefunden und mir ein Nest gebaut hatte.

Natürlich war ich mit meiner Mama auch beim Shopping in den Einkaufspassagen. Sie fiel von einer »Ohnmacht« in die andere. Als wir das erste Mal mit der Rolltreppe fuhren, konnte sie es kaum fassen. Und in einem Küchenladen war sie ganz verzückt beim Anblick all der elektrischen Geräte, der Töpfe und Pfannen in allen Größen, Farben und Formen. Meine Mutter liebte Küchenutensilien, und so viele auf einmal hatte sie noch nie gesehen. Ein paarmal brachte ich sie einfach nur in diesen Laden und holte sie irgendwann wieder ab. Sie konnte dort stundenlang nur herumstöbern.

Auch die Supermärkte machten meine Eltern sprachlos. Einmal, als wir Schinken kaufen wollten, stand sie fassungslos vor der Theke, in der etwa zwanzig verschiedene Sorten auslagen. Das Gleiche passierte bei Brot und Käse, bei Obst und Gemüse und bei den Süßigkeiten. »Wie können sich die Leute hier nur entscheiden«, fragte meine Mutter immer wieder. »Woher wissen sie, was sie kaufen sollen bei so vielen Sachen? Da brauchst du ja zwei Jahre, bis du alles probiert hast.«

Mama und ich haben natürlich auch gemeinsam Chica-Shopping gemacht. Wir kauften ihr schöne Sachen zum Anziehen und ließen sie stylen: Sie war beim Friseur, bei der Maniküre und bei der Pediküre. Ich habe es genossen, sie hübsch zu machen.

Nach einiger Zeit sind wir in einem gemieteten Minivan zu unserer ersten Reise aufgebrochen. Zunächst legten wir einen Stopp bei den Eltern meines Freundes ein, die uns begleiten sollten, dann ging es weiter Richtung Süddeutschland, wo wir weitere Verwandtschaft kennenlernten. Darunter eine kleine stämmige Tante, die mich sehr an meine Tante Fela, den Feldwebel, erinnerte. Sie hatte extra für den Besuch meiner Eltern ein Hühnerfrikassee nach deutscher Art gemacht: so richtig mächtig mit Weißwein, Sahne, Spargel und Champignons. Als Beilage gab es Reis. Wir essen in Kuba zwar auch Hühnerfrikassee, aber die Art der Zubereitung ist völlig anders: etwas leichter mit Zwiebeln und Knoblauch in Tomatensauce.

Während meine Mutter dem fremden Essen gegenüber aufgeschlossen war und alles gern probierte, wollte mein Vater, ein typischer Kubaner, immer nur ein Stück Fleisch mit Bohnen und Reis. Deshalb war ich überzeugt, dass das deutsche Hühnerfrikassee ein Schock für ihn sein würde. Bis dahin hatte er noch nie etwas von Champignons oder Spargel gehört.

Als die Tante ihm das Frikassee servierte, verdrehte er zwar kurz die Augen, versuchte aber Haltung zu bewahren. Nicht dass es ihm nicht geschmeckt hätte. Er war eher wie ein kleines Kind, dem man etwas mit einer komischen Konsistenz zu essen gibt. Nach jedem Bissen Frikassee trank er sofort einen Schluck Wein. Ich habe meinen Vater noch nie so viel und so schnell trinken sehen wie an diesem Tag. Aus Höflichkeit aß er alles auf und machte der Tante damit eine riesengroße Freude. »Das ist schön, dass es euch schmeckt«, rief sie und lief in die Küche, um neues Frikassee zu holen.

Als sie mit Topf und Schöpflöffel zurück war, schaute sie meinen Vater aufmunternd an und fragte: »Ja?«

»*Ya*«, antwortete mein Vater und lächelte gequält.

Buff, klatschte ihm die Tante einen neuen Löffel voll Frikassee auf den Teller.

»*Ya*«, rief mein Vater entsetzt. Buff, noch ein Schöpflöffel landete auf dem Teller.

Dabei war das alles nur ein Missverständnis. Denn das spanische »*ya*« bedeutet so viel wie »genug« oder »es reicht«.

Meine Mutter schaute mich nur an, und ihr Blick sagte: »Bitte, *niño*, tu etwas.« Natürlich habe ich nichts unternommen, weil ich so viel Spaß an der Situation hatte ...

Meine Mutter machte sich mit jedem Löffel, den sich mein Vater in den Mund schob, mehr Sorgen, dass er sich gleich am Tisch übergeben würde. Doch er aß heldenhaft alles auf. Ach ja, und von dem Tag an benützte er nie wieder das Wort »*Ya*« in Deutschland, sondern lernte das Wort »danke«.

Nach dem Frikassee-Abenteuer fuhren wir weiter nach Luxemburg und von dort aus nach Paris. Von der Aussichtsplattform des Eiffelturms habe ich meine Schwester in Jatibonico angerufen und das Telefon weitergereicht an meine Mutter, die fassungslos ins Handy rief: »Ach, wie schön, wir sind hier ganz oben und schauen über Paris, und ich kann dabei mit dir telefonieren.«

Anschließend waren wir in Frankreich unterwegs, danach in Spanien, Italien und in Österreich. Sogar Tschechien und die Slowakei haben wir besucht, denn ich wollte, dass meine Eltern die Orte kennenlernten, an denen ich studiert und gelebt hatte. Ich zeigte ihnen die Universität, mein Internat und mein Zimmer mit der Nummer 513, wo Christina und Maria vor dreizehn Jahren den falschen Koffer mitgenommen hatten. Wir trafen viele meiner Freunde aus dieser Zeit und fuhren nach Žilina, um Mišo und seine Familie zu besuchen, die ja seit den Studienjahren zu meiner zweiten Familie geworden waren.

Zum Schluss machten wir dann noch eine Städtetour durch Deutschland. Wir waren in München, in Köln, in Hannover, in Berlin und auch in Potsdam. Weil mein Partner und ich dort einen geschäftlichen Termin hatten, drückten wir unseren Eltern ein Handy und ein Wörterbuch in die Hand, denn ohne uns konnten sich die vier normalerweise nicht verständigen. Die deutschen Eltern sprachen nicht spanisch und die kubanischen nicht deutsch. Aber irgendwie haben sie sich durchgeschlagen. Wenn Menschen kommunizieren wollen, dann sprechen ihre Hände jede Sprache. Man überwindet sich, wenn man sich mag.

Als wir nach unserem Termin alle beim Essen waren, wollten sie von uns wissen, ob sie alles verstanden hätten. Und ich muss sagen, es hat gepasst. Die Chicos hatten sich über Autos unterhalten (worüber sonst!?!) und die Chicas über die Familie und über Klamotten, die sie beim Schaufensterbummel sahen. Die beiden haben sich sogar in einer Boutique die gleichen Hosen gekauft. Und mittags waren die vier allein im Restaurant, wo die deutschen den kubanischen Eltern mit viel »Muh« und »Mäh« und »Grunz« die Gerichte auf der Speisekarte erklärten.

Wir fuhren auch ein paar Tage nach Amsterdam. Bei einem Ausflug in die Umgebung war meine Mutter völlig überwältigt, als sie die vielen Tulpenfelder sah. »Oh, diese Farben«, rief sie immer wieder, »das sieht wie ein Regenbogen aus.« Besonders gut gefielen ihr die fliederfarbenen Blüten. Sie lief stundenlang durch das fliederfarbene Meer und sagte danach zu mir: »Ach, wie schön. *Mi negrito*, wenn ich einmal tot bin, dann will ich, dass du meine Asche über so einem Tulpenfeld verstreust.«

Wir wohnten in einem Hotel, in dem jedes Zimmer einen anderen Namen hatte. Das meiner Eltern hieß »Liebe«. Ich hatte es extra reservieren lassen, denn die Wände waren rosa und hinter dem Bett hing ein riesiges rotes Herz. Für den Abend hatte ich einen Tisch in einem sehr eleganten und feinen Restaurant reserviert – ich glaube, es hatte sogar einen Stern. Natürlich kannten meine Eltern so etwas nicht. Deshalb bat ich sie, sich richtig schick zu machen. Mein Vater trug einen schwarzen Gehrock, den er von mir geliehen hatte, und meine Mutter eine wunderschöne Brokatjacke aus den Achtzigern, die ich in einem Vintageshop in New York gekauft hatte. Beide sahen superelegant aus.

Als wir am Tisch saßen, musterte mein Vater kritisch den eingedeckten Tisch, die vielen Gläser und das viele Besteck. Und während die Kellner den ersten Gang brachten, sagte er: »*Niño*, sag den Leuten hier, dass ich nicht so viele Gabeln brauche. Ich brauche was Richtiges auf dem Teller und nicht die paar kleinen Sachen, die gerade gekommen sind.«

Nachdem wir mit dem Hauptgang fertig waren, kam der Oberkellner an den Tisch und fing an, sich mit uns zu unterhalten. Als er hörte, dass meine Eltern aus Kuba kamen und das erste Mal in ihrem Leben Europa besuchten, war er ganz gerührt. Er ging hinter die Bar und legte eine CD mit alten kubanischen Songs auf. Zum Dessert lief ein Bolero, *Dos gardenias parat ti*, einer der Lieblingssongs meines Vaters. Sofort forderte er, ohne zu zögern, meine Mutter auf, und die beiden fingen an, ganz innig zu tanzen. Einen Bolero tanzt man langsam, man nimmt sich Zeit dafür. Und so schwebten meine Eltern im Rhythmus der Musik eng umschlungen zwischen den Tischen dahin. Die anderen Gäste applaudierten, bis mein Vater und meine Mutter sich verbeugten und wieder hinsetzten. Der Oberkellner meinte später, dass er so etwas noch nicht in seinem Lokal erlebt habe.

In der Nähe unserer Wohnung in Hamburg gibt es einen kleinen Zeitungskiosk, und ich hatte dort vor der Ankunft meiner Eltern für meinen Vater eine spanische Tageszeitung abonniert. Als der Mann vom Kiosk hörte, dass meine Eltern aus Kuba kämen, erzählte er mir, dass er ein bisschen spanisch spreche. Toll, dachte ich, dann kann Papa, wenn er sich erst mal in der Gegend auskennt, jeden Morgen allein seine Zeitung holen.

Als meine Mutter ein paar Tage nach der Ankunft morgens allein in die Küche kam, wo ich gerade das Frühstück machte, fragte ich sie: »Wo ist Papa?«

»Der ist nach unten gegangen, um seine Zeitung zu holen.«

»Wie? Nach unten gegangen? Ganz allein?«, sagte ich und lief sofort auf den Balkon.

Und was soll ich sagen, da kam er in einem dunkelrot und braun gestreiften Pyjama und mit Hausschuhen vom Kiosk zurück und lief gerade an der gut besuchten Terrasse eines Cafés vorbei. Alle Leute haben geschaut und gelacht. Und was machte Papa? Der pfiff nur fröhlich vor sich hin, griff sich zum Gruß mit den Fingern an die Stirn und rief den Leuten grinsend zu: »*Hoooolaaaaa*«.

Es wundert euch wahrscheinlich nicht, dass mein Vater schon nach kurzer Zeit in Hamburg alle Nachbarn kannte, vor allem die weiblichen. Am Anfang begrüßte er sie noch mit »Hola«, aber irgendwann bekam er mit, dass man in Deutschland »Hallo« sagt. Von dem Moment an rief er jedem, dem er begegnete, ein tiefes »Halloooooo« zu – bis meine Mutter ihm irgendwann befahl: »Lass das, Gude.«

Natürlich lächelte mein Vater weiterhin alle hübschen Frauen an und machte ihnen Komplimente. Meine Mutter amüsierte sich sehr über ihn. Denn egal, wo wir hinkamen, flirtete er, was das Zeug hielt: »*Hey, que linda. Mira que linda sonrisa.*« Hey, meine Hübsche. Schau mal, wie schön sie lacht.

Obwohl die meisten Chicas nicht verstanden, was

er sagte, wussten sie instinktiv, dass es etwas Nettes war. Deshalb haben sie gelacht und sich gefreut. Papa ist eben ein richtiger Filou oder, wie wir auf Kuba sagen, ein *rompecorazones*, ein Herzensbrecher.

Einmal besuchten wir in einer Bar ein Konzert. Die Gruppe spielte fast nur Soulmusik. Doch auf einmal kam *Oye como va*. Ihr kennt das Lied vielleicht von Carlos Santana. Mein Vater hörte den Song, sprang auf und lief los, um zu tanzen. Da fiel ihm ein, dass er meine Mutter am Tisch vergessen hatte. Also kam er zurück, packte sie an der Hand und zog sie an sich. Die Band spielte den Song gleich zweimal hintereinander, weil die Atmosphäre so toll war. Denn kaum fingen Mama und Papa an zu tanzen, bildeten die Leute einen Kreis um sie und klatschten und klatschten. Meine Eltern forderten die Leute zum Mittanzen auf, und kurz darauf haben alle die Hüften geschwungen.

»Ach, Deutschland ist ein Paradies«, schwärmte meine Mutter, als sie wieder zurück in Kuba war. »Die Leute sind so leise, so höflich und so respektvoll. Alles ist so sauber, du siehst nicht ein Papier auf der Straße. Die Mülltonnen haben verschiedene Farben, für jeden Müll eine andere. Und in den Bars und Restaurants gibt es in den Toiletten sogar Klopapier.« Dazu muss man wissen, dass es in Kuba nur ganz selten Klopapier gab. Als ich ein Kind war, benutzten wir alte, klein geschnittene Zeitungen. »Auf diese Weise lernen alle unsere Augen lesen.«, sagte mein Großvater immer, »und wir bekommen die Informationen auch von hinten.«

Auch mein Vater war voller Lob: »Wenn ich jung wäre, würde ich nach Deutschland gehen – und als Müllmann arbeiten.« Er liebte es, zuzuschauen, wenn morgens der Müllwagen kam. In Kuba wurde der Müll auf offenen, dreckigen Lastern weggebracht, die fürchterlich stanken und auf denen sich Fliegen und Ratten trafen. »Schau mal«, sagte er einmal zu mir, als der Wagen der Hamburger Müllabfuhr gerade wieder vorbeikam, »die haben eine Uniform an und müssen sich gar nicht schmutzig machen. Denn das Auto macht alles allein.«

Dass ich meiner Mutter und meinem Vater zeigen konnte, wie ich lebe und wer meine Freunde sind, war für mich ein echter Höhepunkt in meinem Leben. Ich hatte ihnen am Telefon davon erzählt oder Fotos gezeigt, als ich in Kuba war, aber das ist nicht das Gleiche, wie es selbst zu erleben. Ich liebe meine Eltern nicht nur, weil ich ihr Fleisch und Blut bin, sondern vor allem, weil sie mich mit so viel Liebe großgezogen haben. Deshalb wollte ich ihnen zeigen, wo diese Liebe heute weiterwächst – wo ihr Sohn sein neues Zuhause und sein ganzes »Ich« gefunden hat.

Tío Jorge und die magischen Schuhe

Ich wollte immer schon eine Nichte haben, eine kleine Chica, die ich verwöhnen kann. Alicia, die Tochter meiner Schwester, ist deshalb mein größter Stolz. Auch wenn ich meinen Neffen, den Sohn meines Bruders, sehr liebe, lässt sich dieser Chico einfach nicht für Geschenke wie schöne Kleider oder High Heels begeistern.

Viele Jahre lang kannte ich leider nur Alicias Stimme, denn ich durfte ja nicht nach Kuba reisen. Persönlich kennengelernt habe ich sie erst, als ich mit Christina 1997 nach Kuba flog, da war sie schon sieben Jahre alt. Aber meine Mutter und meine Schwester erzählten ihr immer von mir, deshalb war ich präsent in der Familie, ohne anwesend zu sein.

Alicia ist mir sehr ähnlich. Am Telefon sagte meine Mutter manchmal zu mir: »*Mi negrito*, sie ist genauso wie du, als du klein warst.« Irgendwo spielte Musik – Alicia tanzte. Irgendwo gab es eine Party – Alicia feierte in der Mitte. Sie war schon als kleines Mädchen immer gestylt, trug rote Schuhe und dazu eine rote Schleife im Haar und hatte eine ganz genaue Vorstellung, wie sie aussehen wollte. Heute, als erwachsene Frau, ist sie wie ich verrückt nach schönen Sachen zum Anziehen. Und die High Heels sind auch ihre besten Freunde.

Alicia ist mir aber nicht nur in dieser Hinsicht ähnlich. Sie ging immer gern zur Schule, war eine sehr gute Schülerin und eine ehrgeizige Studentin. Gerade erst hat sie ihr BWL-Diplom mit eins geschafft. Und sie liebt es, mit älteren Menschen zusammen zu sein und geht sehr respektvoll mit ihnen um. Die älteren Damen in Jatibonico sind für sie alle ihre *abuelitas*, ihre Omas.

Alicia ist charmant und weiß genau, was sie will. Mit einem Augenaufschlag kann sie mich um den Finger wickeln. »Noch ein Paar Schuhe!?!«, fragte ich kürzlich, als sie mir bei einem Besuch in Kuba eine ihrer neuesten Errungenschaften zeigte.

»Du sagst besser nichts«, rief meine Schwester dazwischen, »denn sie ist genauso wie du.«

Alicia verdrehte nur die Augen und flüsterte mir zu: »*Tío*, Onkel, du weißt schon ...«

Seit unserer ersten Begegnung habe ich versucht, so viel Zeit wie möglich mit meiner Familie zu verbringen, um nachzuholen, was ich in den acht Jahren meines »Exils« versäumt hatte. Deshalb wollte ich auch unbedingt dabei sein, als meine kleine Alicia, die gar keine kleine Alicia mehr war, im Oktober 2005 ihren fünfzehnten Geburtstag feierte, in Kuba ein wichtiges Ereignis im Leben einer Chica. Fünfzehn ist das Signal: Jetzt bist du eine Frau. Dieser Tag wird richtig groß gefeiert, und die Mädchen tragen meist lange weiße Kleider – ähnlich wie die Debütantinnen, die mit einem Ball in die Gesellschaft eingeführt werden – und dem Vater gehört der erste Tanz mit seiner Tochter.

Doch die Zeiten haben sich geändert. Mittlerweile feiert man meist eine Party, zu der *jeder* eingeladen wird. Da kommt das ganze Dorf, auch Leute, die man gar nicht kennt, feiern mit. Und alle bringen Geschenke für die Chica.

Vor ihrem Geburtstag rief ich Alicia aus Deutschland an und fragte, ob sie wirklich so eine anonyme Riesenparty feiern wollte. Der Gedanke gefiel mir nicht, dass sie wie viele der jungen Mädchen auf erwachsen gestylt werden sollte – als kleine Braut mit toupierten Haaren und das Gesicht zugekleistert mit Schminke –, nur um hinterher auf dem traditionellen Foto wie eine Dreißigjährige auszusehen. Das wirkt einfach viel zu gestellt. Das mochte ich nicht. Deshalb versuchte ich, meine Nichte zu beraten und herauszufinden, was sie wirklich wollte. Ich hatte ihr versprochen, diese Party auszurichten, und war bereit, ihre Wünsche zu erfüllen.

»Ich mache, was du willst, denn es ist deine Feier«, sagte ich ihr am Telefon, »aber möchtest du wirklich bei vierzig Grad in einem Plastikbrautkleid rumlaufen und mit Leuten feiern, die du gar nicht kennst? Wenn du deinen Onkel fragst, der dich über alles liebt, dann kann er dir ein Fest vorschlagen, das du mehr genießen wirst, weil du keinen Stress hast.«

Ich wusste ganz genau, was sie wollte – ich wusste aber auch, dass sie sich das nicht vorzuschlagen traute. Also malte ich ein Szenario in bunten Farben: »Wenn du jetzt zum Beispiel zu mir sagen würdest: ›*Tío*, ich wollte immer schon mal in die Diskothek »El Chevere« und in die Show vom »Tropicana« gehen‹, dann würde ich als dein Onkel antworten: ›Okay, lad deine besten Freundinnen und deine Familie ein, und dein Onkel mietet ein Auto, das alle nach Havanna bringt. Die Chicas gehen tagsüber shoppen, und am Abend feiern wir mit der ganzen Familie. Und wenn du dieses hässliche ‚Brautfoto' nicht machen willst, dann gebe ich dir eine Kamera, mit der du den ganzen Tag Fotos knipsen kannst, aus denen wir dir später ein schönes Album machen.‹«

Alicia war im Glück. An ihrem großen Tag feierten dann insgesamt »nur« dreißig Leute. Es kamen sogar ein paar meiner Freunde aus dem Ausland, wie zum Beispiel Mišo, der mich schon einmal nach Kuba begleitet hatte, als Alicia noch klein war. Damals war sie so verliebt in den »Prinzen mit den blauen Augen«. Dieser Prinz brachte ihr nun zum Geburtstag einen riesigen Strauß Orchideen, die ersten Blumen von einem Mann. Wir feierten in der Diskothek »El Chevere«, einem superheißen Outdoor-Dancefloor in Havanna, in ihren Geburtstag hinein und tanzten die halbe Nacht. Vor allem der Onkel und seine Nichte wackelten unermüdlich mit dem Popo und schwangen die Hüften zum Rhythmus des Salsa.

Am nächsten Tag gingen die Chicas – Alicia und ihre besten Freundinnen, meine Mutter und meine Schwester – in einem der Shops einkaufen, in denen man nur mit Dollar oder Chavito, dem kubanischen Dollar, bezahlen konnte. Dort war die Auswahl an Sachen einfach viel größer, und in der Zwischenzeit war es den einheimischen Kubanern erlaubt, in solchen Läden einzukaufen. Alicia wollte Geschenke für ihre

Freundinnen besorgen und für sich nach passenden roten High Heels für das wunderschöne rote Kleid schauen, das ich ihr – von Manuel extra für diesen Anlass geschneidert – aus Deutschland mitgebracht hatte. Natürlich hatte *Tío* Jorge auch die perfekten High Heels zum Kleid im Gepäck: hochhackige goldene Sandaletten. Aber das sollte eine Überraschung sein.

Nach der Shoppingtour waren die Chicas und ich zum Mittagessen verabredet. Als Mišo und ich mit dem Auto am Treffpunkt in der Innenstadt ankamen, hatte uns Alicia bereits entdeckt. »*Tío*«, schrie sie und lief uns mit Einkaufstüten bepackt entgegen.

Doch kurz bevor sie bei unserem Parkplatz ankam, stellten sich ihr zwei Polizisten in den Weg.

»Papiere«, befahl einer von ihnen, während der andere Alicia am Arm packte.

Alicia rief verschreckt: »Aber, aber, da hinten ist meine Mama.«

In dem Moment war ich auch schon bei ihr und ging aufgebracht dazwischen: »Entschuldigung. Ich bin ihr Onkel, und nicht jedes junge Mädchen in diesem Land ist eine Prostituierte.«

Mir war sofort klar, dass die Polizisten genau das dachten. Weil sie hübsch gekleidet war, Einkaufstüten in der Hand hielt und die Männer in dem Touristenauto freudig begrüßte. Ein Mädchen, das gerade den fünfzehnten Geburtstag feierte!? Noch immer hatte sich nichts geändert, dachte ich, noch immer kannst du von einer Sekunde auf die andere wegen nichts in Schwierigkeiten geraten.

Nach diesem unangenehmen Zwischenfall fuhren wir in die Wohnung meiner Tante, wo wir während des Aufenthalts in Havanna wohnten, und versuchten wieder in Partystimmung zu kommen. Einer meiner Freunde, ein Haarstylist aus Barcelona, war extra wegen des Geburtstags nach Kuba gekommen und machte Alicia die Haare. Sie bekam außerdem ein professionelles Make-up, und ich legte heimlich die goldenen High Heels auf ihr Bett, wo schon das Kleid bereitlag.

Alicia hat den gleichen Tick wie ihr Onkel Jorge und alle Chicas unserer Familie: Sie liebt Schuhe – je höher, desto besser. Diese hier waren dreizehn Zentimeter hoch. Als sie sie entdeckte, konnte man ihr »*Ah, que duro*, stark, *que mágico*, magisch!!!« durch die ganze Wohnung hören. Sie fing sofort an, damit zu laufen und zu tanzen. So war sie schon immer. Als ich ihr mit vierzehn das erste Paar höhere Schuhe schenkte, zog sie sie an und bewegte sich damit, als hätte sie nie etwas anderes getan. Dann schnappte sie ihr Fahrrad und fuhr mit den High Heels davon, um sie ihrer besten Freundin zu zeigen.

Als alle Chicas und Chicos fertig gestylt waren, gingen wir ins »Tropicana«, den weltberühmten Open-Air-Nachtclub in Havanna, den es schon seit den Dreißigerjahren gibt. Dort feierten vor der Revolution berühmte Stars und berüchtigte Gangster, und es traten große Künstler auf wie Josephine Baker, Frank Sinatra und Nat King Cole. Die Revue ist auf der ganzen Welt berühmt. Du sitzt unter dem Sternenhimmel in einem Park und bestaunst eine Show mit vielen tollen Tänzern in sexy Kostümen auf der riesigen Bühne, in die mehrere gewaltige Bäume integriert sind. Die Showgirls tragen aufgetürmten Schmuck oder Kristalllüster auf dem Kopf und schwingen in knappen, glitzernden Outfits die Hüften zu heißen Rhythmen. Eine Wahnsinnsshow. Früher gingen viele Kubaner ins »Tropicana«, doch heute können sich das meist nur noch Touristen leisten. Denn gezahlt wird in Devisen oder mit kubanischen Dollar, und der Eintritt für eine Person entspricht in etwa dem durchschnittlichen Jahresgehalt eines Einheimischen.

Weil ich die Leute vom »Tropicana« seit ihrer Tournee durch die damalige Tschechoslowakei kannte, wo ich während meines Studiums als Übersetzer für sie gearbeitet hatte und mit ihnen durchs Land gereist war, hatten mir die Veranstalter die besten Plätze besorgt. Der erste Tänzer begrüßte Alicia am Eingang, als wir ankamen, und er holte sie am Ende der Show sogar auf die Bühne, um bei der Schlussnummer mit ihr zu tanzen. Alicia war hin und weg.

Sie sagte mir am nächsten Tag, dass sie sich wie eine Prinzessin gefühlt habe. Ich war unendlich stolz, als ich sah, wie glücklich meine Mutter und meine Schwester waren, weil diese junge Chica ihren Traum leben durfte. Ich glaube, ich hätte als Junge auch gern so einen Onkel wie mich gehabt. Wahrscheinlich macht mir das solchen Spaß, weil ich mit sehr viel Liebe groß geworden bin.

Auch in diesem Punkt ist Alicia wie ich: Sie ist nicht nur glücklich, wenn sie etwas bekommt, sie ist genauso glücklich, wenn sie etwas geben und anderen eine Freude machen kann. Ich liebe es zwar, Geschenke zu bekommen. Aber ich liebe es noch mehr, welche zu machen. Wenn ich für jemanden etwas Tolles gefunden habe, dann kann ich es kaum erwarten, was der Beschenkte sagen wird. Ich freue mich so sehr auf das Lachen und die Freude, weil es mir umgekehrt genauso ergeht. Wenn ich meiner Familie in Kuba Geschenke mitbringe, dann ist das immer eine Zeremonie. Meine Schwester zum Beispiel reißt das Geschenkpapier auf, sieht ihr Präsent – wie immer ein Paar weiße High Heels – und schreit: »Ahhhhhhhhh ...« Ich liebe es, wenn sie das tut. Das macht mich so zufrieden.

Deshalb war ich überglücklich, als ich das Gesicht meiner Mutter sah – wie stolz sie war und wie viel Liebe, Zufriedenheit und Glück sie beim Anblick von Alicia und ihrer ganzen Familie empfand. Beide, meine Mutter und meine Schwester, weinten, als sie Alicia da oben beim Tanzen zuschauten. Denn die Chica sah an diesem Abend wie in einem Märchen aus, als sie da wie verrückt in ihren magischen goldenen High Heels tanzte. Sie war wunderschön und auf dem Weg, eine junge Frau zu werden, sah aber zugleich immer noch wie eine Fünfzehnjährige aus.

Mein größter Luxus

Kurz nach dem Fest war meine Rückreise nach Deutschland geplant. Als ich am Morgen vor meinem Abflug zu meiner Mutter auf die Terrasse kam, war sie gerade beim Blumengießen. Sie sah mich etwas müde an und sagte: »Ach, *niño*, heute hab ich wieder solche Schmerzen im Bauch.«

»Welche Schmerzen?«, fragte ich.

»Das sind so Stiche hier an der Seite«, antwortete sie und deutete auf ihre Leiste.

»Warst du schon beim Arzt?«, fragte ich beunruhigt.

»Ja ja, er sagt, das sind bloß die Narben vom Kaiserschnitt. Er meint, ich hätte zugenommen, und dann könne das schon mal wehtun.«

»Aber Mama, wenn das so bleibt, musst du wieder zum Arzt gehen.«

»Mach dir keine Sorgen, *mi negrito*. Ich hab den Bauch ja kontrollieren lassen. Es ist alles okay«, versuchte sie mich zu beruhigen. In diesem Moment habe ich nicht gedacht, dass der Arzt falschliegen könnte und bin nach Deutschland zurückgeflogen. Eine Journalistin hat mich mal gefragt, ob ich irgendwas in meinem Leben bereuen würde. Nein, habe ich damals geantwortet. Heute würde ich sagen, dass ich schon etwas bereue. Und zwar, dass ich an dem Morgen nicht nachgebohrt habe. Dass ich meine Mutter nicht sofort gepackt habe und mit ihr zum Arzt gegangen bin. Vielleicht wäre dann alles anders gekommen.

Ich war gerade mal acht Tage in Hamburg, als ich von meiner Cousine, die Ärztin ist, eine SMS bekam: »Bitte dringend zurückrufen.« Als ich sie endlich am Telefon erwischte, sagte sie mir, was ich schon befürchtet hatte: Meiner Mutter ging es sehr schlecht. Meine Cousine hatte sie zu sich ins Krankenhaus nach Santa Clara zur Untersuchung bestellt, wo sie als Onkologin arbeitete. Das Ergebnis: Gebärmutterkrebs.

Ich setzte mich ins nächste Flugzeug nach Havanna. Als ich spätabends dort ankam, musste ich erst einmal in der Stadt übernachten, denn es ist zu gefährlich, allein und mitten in der Nacht auf den schlechten Straßen zu fahren.

Meine Mutter sollte am nächsten Morgen um sieben Uhr im Krankenhaus sein. Ich fuhr noch vor dem Morgengrauen in Richtung Santa Clara los, das etwa zwei Stunden von Havanna entfernt liegt, weil ich unbedingt vor meiner Mutter im Krankenhaus sein wollte, um sie in Empfang nehmen zu können. Sie kam ein paar Minuten nach sieben Uhr in Bademantel und Hausschuhen zur Tür herein und ging ganz langsam, den Blick auf den Boden gerichtet, zum Empfang. Einen Moment schaute sie kurz hoch. Als sie mich sah, breitete sie die Arme aus und lief mit Tränen in den Augen auf mich zu: »*Mi negrito.*«

Ich bin, das habe ich euch ja schon erzählt, ein sehr emotionaler Mensch, und weil ich das weiß, hatte ich mich in Gedanken auf diesen Moment vorbereitet. Ich wollte ganz für meine Mutter da sein und auf keinen Fall weinen. Also stand ich lachend auf, ging ihr entgegen und sagte: »Maaamaaaa!«

»*Dios mío*, mein Gott. Kind, du bist ja schon da, *niño*«, sagte sie immer wieder und drückte und küsste mich dabei.

»*Claro que sí*, na klar, Mama, wir müssen doch schauen, was mit deinem Popo ist«, scherzte ich, weil mein Vater ihr immer Komplimente wegen ihres Popos machte. Ich wollte sie zum Lachen bringen und ihr Kraft und Unterstützung geben – und mir vielleicht auch.

Sie wurde noch am gleichen Tag operiert. Die ganze Familie, mein Vater, meine Schwester, alle elf Geschwister meiner Mutter und ein paar von deren Kindern warteten in der Zwischenzeit draußen. Beinahe wäre sie gestorben bei der OP, weil ihr Herz und ihr Kreislauf schlecht auf das Narkosemittel reagierten. Die Ärzte wollten den Eingriff fast stoppen und die Wunde wieder zumachen, so schlimm stand es um sie. Der Tumor war fast elf Zentimeter groß und wucherte in einem rasanten Tempo. Da, wo meine Mutter die ganze Zeit dachte, sie hätte zugenommen, breitete sich in Wirklichkeit das Geschwür aus. Zum Glück hatte ich meine Cousine vor der Operation beschworen: »Egal, was passiert, der Tumor muss weg.« Also beschlossen sie und die anderen Ärzte weiterzumachen.

Während der ganzen Zeit lief ich unruhig vor der OP-Tür hin und her. Bis meine Cousine endlich herauskam und sich die OP-Haube vom Kopf zog. Ich konnte in ihren Augen lesen, dass etwas schiefgegangen war. Sie sagte nur: »Jorge, wir haben alles getan, was wir konnten. Wir hoffen, sie kommt durch, aber es sieht nicht gut aus.«

Es war furchtbar, diese schlechten Nachrichten meiner Familie zu überbringen, die draußen wartete. Alicia, die sehr an ihrer Oma hing, weinte so heftig, dass sie in Ohnmacht fiel. Mein Vater, mein Bruder und meine Schwester, die Tanten, sie alle waren wie gelähmt, denn meine Mutter war mit ihrer Liebe und Fürsorge für die ganze große Familie ein Fixpunkt.

Nach der Operation kam meine Mutter auf die Intensivstation. Sie lag im Koma, und die Ärzte hatten keine große Hoffnung, dass sie es schaffte. Wenn du so etwas hörst, dann bist du am Boden zerstört. Aber ich wollte stark sein für meine Mutter und auch für meine Cousine. Sie ist die Tochter von Tante Olga, der jüngsten Schwester meiner Mutter. Meine Mama hatte Olga praktisch großgezogen. Bis sie zwölf Jahre alt war, dachte sie, meine Mutter sei ihre Mama. Meine Cousine hatte deshalb schon als Kind ein sehr enges Verhältnis zu meiner Mutter und liebte wie sie von klein auf schöne Kleider und Schminke. Sie trug sogar eine Blume im Haar, weil meine Mutter das so machte. »Wenn ich mal groß bin«, sagte sie dann immer, »will ich auch so schön sein wie meine Tante Cuca.« Sie hing genauso an meiner Mutter wie ich, und ich sah, wie sehr sie gerade litt. Deshalb wollte ich nicht schwach sein. Ich versuchte, sie nicht nur als Ärztin zu betrachten, die alles für ihre Patientin tat, sondern auch als die kleine Cousine, der es fast das Herz zerriss.

Während meine Mutter im Koma lag, setzte ich alle Hebel in Bewegung, damit sie die bestmögliche Behandlung bekam. Denn zu der Zeit war die medizinische Versorgung längst nicht mehr so gut, wie vor 1985, als ich Kuba verlassen hatte. Die Ärzte, die nach wie vor sehr gut ausgebildet waren, mussten unter unglaublichen Bedingungen arbeiten – meine Cousine operierte oft bis zu zwölf Patienten am Tag, was eigentlich gesetzlich verboten ist. Und manchmal konnte gar nicht operiert werden, weil es keine Plastikhandschuhe gab oder weil der Strom ausfiel. Also habe ich versucht, mit kubanischen Dollars einzukaufen, was fehlte. Und ich besorgte für die Ärzte zu essen und zu trinken, denn das war das einzige Dankeschön, das ich ihnen machen konnte.

Meine Mutter brauchte zum Beispiel eine Magensonde, die es nicht gab. Also fuhr einer der Ärzte mit mir in ein Lager, wo man so etwas bekommen konnte. Nach Stunden hatten wir endlich gefunden, was wir suchten. Der Arzt kam deshalb sogar zur Geburtstagsfeier seines einjährigen Sohnes zu spät. Aber er wollte meine Mutter nicht im Stich lassen. Damit er ihren Zustand in der Nacht überwachen konnte, begleitete ich ihn zum Kindergeburtstag, wartete dort eine Stunde auf ihn und fuhr ihn anschließend wieder ins Krankenhaus zurück – sonst wäre er bei den schlechten kubanischen Transportmöglichkeiten stundenlang unterwegs gewesen.

Die Ärzte der Intensivstation waren so nett, mir ein Bett neben dem meiner Mutter aufzustellen. So konnte ich rund um die Uhr bei ihr sein. Eines Nachts konnte ich einfach nicht schlafen und schlich vor die Tür, um mich ganz leise mit dem diensthabenden Arzt zu unterhalten. Da hörte ich auf einmal eine Stimme aus dem Zimmer rufen: »*Mi niño, acuéstate.* Kind, geh doch ins Bett.« Meine Mutter war aus dem Koma aufgewacht, hatte aber vorher offenbar schon alles mitbekommen. Sie muss all ihre Kraft zusammengenommen haben, um nach mir zu rufen. Ich ging sofort zu ihr, nahm ihre Hand und legte mich neben sie auf mein Bett. So schlief ich ein – während sie meine Hand ganz fest drückte, als wollte sie mir sagen: »Hab keine Angst, alles wird gut.«

Als es ihr ein bisschen besser ging, konnte sie die Intensivstation verlassen. Nur gab es in diesem Krankenhaus keine Ein-, Zwei- oder Dreibettzimmer, wie in Deutschland üblich. Hier lagen die Menschen in riesigen Schlafsälen, zehn, zwanzig oder noch mehr Patienten zusammen, und in einigen Räumen standen sogar Etagenbetten. In der schlechten Verfassung, in der meine Mutter war, wollte ich auf keinen Fall, dass sie in so einen Saal kam.

Meine Cousine besorgte einen winzigen Raum, der eigentlich gar kein Krankenzimmer war. Als ich ihn mir anschaute, traf mich fast der Schlag: ein Fenster, dessen Glas einen Sprung hatte, eine dreckige, alte, kaputte Klimaanlage. An den Wänden bröckelte der Putz, in den Ecken hingen Spinnweben, und auf dem Bett lag eine löchrige, dreckige Matratze. In der Toilette war die Kloschüssel kaputt, das Wasser lief die ganze Zeit, und der Klodeckel war gesprungen. Das kann nicht wahr sein, dachte ich, hier wird selbst ein Gesunder krank.

Aber es war schon ein Luxus, überhaupt ein »Einzelzimmer« zu haben. Also atmete ich tief durch, dankte dem Himmel und ging in den Shop des Krankenhauses, um Putzmittel einzukaufen. Weil es dort fast nichts gab, kaufte ich fünf Flaschen Shampoon und machte mich auf die Suche nach der Putzfrau, die verantwortlich war für die Etage, auf der das Zimmer lag, um Lappen, Besen, Eimer und Wischmopp zu besorgen. Irgendwann fand ich zwei Frauen und fragte: »Entschuldigung, wer von Ihnen ist zuständig für dieses Stockwerk?«

Eine der Frauen antwortete gelangweilt: »Ich habe hier schon geputzt.«

»Aber ich brauche unbedingt Ihre Hilfe. Meine Mutter soll heute von der Intensivstation in ein Zimmer auf dieser Etage verlegt werden, das total dreckig ist. Ich brauche wenigstens etwas zum Putzen. Denn so kann meine Mutter nicht in das Zimmer.«

»Nein, nein, nein«, sagte sie kopfschüttelnd, zündete sich eine Zigarette an und ging weg.

Okay, dachte ich, jetzt lernst du mich kennen. Ich zog fünf Dollar, viel Geld für Kubaner, aus der Hosentasche und rief der anderen Frau zu: »Wenn ich dir fünf Dollar gebe, putzt *du* dann das Zimmer?«

Da drehte sich die erste Frau wieder um, kam zu mir zurückgerannt und schrie: »Das geht so nicht, denn ich bin in diesem Stock fürs Putzen verantwortlich.«

»Nein, sie hier geht jetzt«, sagte ich und zog die zweite Frau mit mir weg. Sie half mir, das Zimmer innerhalb von ein paar Stunden mit dem Shampoo so sauber zu machen, dass meine Mutter die erste Nacht wenigstens nicht in einem schmutzigen Raum schlafen musste. Am nächsten Tag brachte meine Familie alle möglichen Sachen mit, während ich loszog, um eine Kloschüssel, eine Matratze, Bettwäsche, Vorhänge, Blumen und so weiter zu kaufen. Obwohl die Regale in den Geschäften leer waren, gab es unter der Hand für einige kubanische Dollar zusätzlich fast alles zu kaufen. Am Schluss sah das Zimmer so schön aus, dass ständig Leute vorbeikamen, um es anzuschauen. Das war mir ziemlich peinlich. Die alte Matratze legte ich auf den Boden, um in der Nähe meiner Mutter sein zu können, bis sie aus dem Krankenhaus entlassen wurde.

Da meine Cousine angeboten hatte, sich auch nach der Entlassung aus dem Krankenhaus um meine Mutter zu kümmern, wollte ich ein Haus in ihrer Nähe mieten, wo auch meine Familie immer wieder bleiben konnte. Bei einem Spaziergang durch Santa Clara entdeckte ich ein wunderschönes Haus, das mich an das Zuhause meiner Großmutter mütterlicherseits erinnerte. Auf einem Schild stand »Hostal«, und vor dem Haus saß eine korpulente Frau, die den vorbeifahrenden Touristenautos zuwinkte. Diese dicke Frau mit ihrer herzlichen Art, ihren blondierten Haaren und groben Bewegungen war mir sofort sympathisch. Deshalb hielt ich bei ihr an und erzählte ihr, dass ich eine Wohnung suchte.

»Ach, wie schade«, sagte sie, »leider habe ich nur ein Zimmer, und in drei Tagen kommen Gäste, die für eine Woche gebucht haben.«

Aber als sie hörte, dass meine Mutter aus dem Krankenhaus käme, packte sie mich bei der Hand und zog mich hinter sich her.

»Komm mit, ich muss mal kurz telefonieren, und dann bring ich dich zu einem Haus.«

Auf dem Weg dorthin kamen wir ins Gespräch, und ich erzählte, dass ich aus Jatibonico käme und in Cabaiguán geboren sei. Da schrie sie: »Wo?«

»In Cabaiguán.«

»*Nooooo*! Von welcher Familie kommst du da?«

»Von den Madrigal«, sagte ich. Das ist der Name meiner mütterlichen Linie.

»*Nooo*!«, rief sie wieder, »du bist von den Madrigal?«

Elsa, so hieß die robuste Blondine, kannte meine ganze Familie. Mein Onkel, der Vater der Ärztin, hatte als Junge in Cabaiguán in ihrer Straße gewohnt, und seine Schwester war ihre Freundin.

»Ich war die Chefin von der Straße«, erzählte mir Elsa mit einem Zwinkerauge, »ich hab deinen Onkel und die anderen Jungs als Kinder immer verprügelt, wenn sie frech waren. Alle haben mich respektiert. Und dein Onkel hatte immer Angst vor mir.«

Schau mal an, dachte ich, eine Chica als Chefin der Straße.

Elsa vermittelte uns ein Haus, in dem wir fast zwei Monate blieben, bis es meiner Mutter besser ging und sie mit der Chemotherapie beginnen konnte. Dazwischen flog ich kurz mal für ein paar Tage nach Deutschland, um in der Agentur nach dem Rechten zu sehen und mein Visum für Kuba zu verlängern, denn normalerweise durfte ich nur einundzwanzig Tage im Land bleiben. Außerdem musste ich einige Medikamente und medizinische Sachen besorgen wie ganz feine Infusionsnadeln, weil meine Mutter extrem dünne Venen hatte. Und diese Nadeln gab es nicht in Kuba.

Nach meiner Rückkehr begann die Bestrahlung. Inzwischen wohnten wir bei Elsa, weil das andere Haus nicht mehr zur Verfügung stand. Sie hatte den kompletten »Markt« in Santa Clara unter Kontrolle. Sie konnte einem alles besorgen, egal was. Ich wollte Süßkartoffeln, die meiner Mutter guttaten – Elsa nahm das Telefon und kümmerte sich darum. Ich glaube, wenn ich eine Turbine gebraucht hätte, sie hätte auch das hinbekommen. Wir blieben bei ihr, bis es meiner Mutter so gut ging, dass sie endlich nach Hause durfte. Und Elsa war in dieser schwierigen Zeit zu einem Teil unserer Familie geworden.

Als wir wieder in Jatibonico waren, sind wir nur noch für die Chemotherapie nach Santa Clara gefahren, denn Mama wollte danach immer sofort nach Hause. Verständlich, denn die Zustände im Krankenhaus waren furchtbar. Die Chemo fand in einem kleinen Zimmer statt, in dem ganz viele Stühle an der Wand standen. Da saß ein Patient neben dem anderen und bekam seine Chemo. Die einen starrten nur vor sich hin, die anderen mussten sich übergeben.

Während wir einmal warteten, bis meine Mutter an der Reihe war, kam ein großer, ganz hagerer Mann in Begleitung seiner Tochter. Er sollte ebenfalls eine Chemo bekommen. Doch der Arzt konnte seine Vene einfach nicht finden. Der Arme konnte sich vor Schmerzen kaum mehr halten, trotzdem hielt er tapfer seinen Arm hin. Er sah aus wie ein Achtzigjähriger, dabei war er gerade mal Mitte vierzig. Meine Mutter schaute mich an, ich schaute sie an, und da war klar, dass wir ihm helfen wollten. Ich gab der Krankenschwester die Spezialnadel, obwohl ich nur eine einzige dabeihatte. Der Arzt schaffte es an diesem Tag zum Glück, meiner Mutter die Infusion mit einer normalen Nadel zu setzen. Danach brachte ich meine Mutter immer in ein angrenzendes kleines Zimmer, denn ich wollte vermeiden, dass sie solche Szenen zu sehr mitnahmen. Das waren unsere Leute da im Krankenhaus, es ging ihnen sehr schlecht, aber wir konnten nicht allen helfen. Ich wusste, dass meine Mutter genauso unter den Zuständen im Krankenhaus litt wie ich – und das wollte ich nicht. Ich wollte, dass sie diese ganze Geschichte überlebte und wieder gesund wurde.

Nach der nächsten Sitzung passierte, was wohl keiner erleben will, insbesondere keine Frau. Meiner

Mutter fielen die Haare aus. Sie hatte gerade geduscht und sich die Haare gewaschen, und plötzlich war eine Stelle am Kopf ganz kahl.

»Kannst du mir bitte den Kopf rasieren?«, sagte sie zu mir.

Mir war zum Heulen zumute, aber ich biss die Zähne zusammen und rief mit einem breiten Grinsen: »Oh, wie cool, jetzt machen wir eine Sinéad O'Connor aus dir.«

Als alle Haare abrasiert waren, habe ich ihr ein bisschen Lippenstift aufgetragen, Ohrringe angelegt und den Spiegel geholt.

»O Mama, du siehst toll aus. Das passt so«, sagte ich und reichte ihr den Spiegel.

Sie schaute sich lange schweigend an. Dann strich sie sich mit den Händen über den Kopf, lächelte und sagte leise: »*Dios mío*, mein Gott, ich sehe aus wie ein Dinosaurier.«

»Na ja, auch ein Dinosaurier hat seine Schönheit«, motivierte ich sie. »Mama, ich finde dich schön. Dein Gesicht sieht so jung aus, und du strahlst so.«

Weil sie nicht wollte, dass der Rest der Familie sie ohne Haare sah, machte sie sich von da ab immer einen Turban, und von meiner nächsten Reise nach Deutschland brachte ich ihr eine Perücke mit.

»Du siehst toll aus ohne Haare«, sagte ich ihr, als sie mit den neuen Haaren aus dem Badezimmer kam, denn meine Mutter hatte ein wunderschönes Gesicht. »Aber mit Perücke siehst du aus wie Shirley MacLaine.«

Wenn ich heute Fotos aus der Zeit anschaue, kann ich trotz der Spuren der Krankheit ihren Glam erkennen. Meine Mutter war immer sehr feminin und hatte eine sehr elegante Haltung mit fließenden Bewegungen. Selbst als es ihr so schlecht ging, strahlte sie noch immer von innen heraus. Aber der Krebs und die Chemotherapie zehrten an ihren Kräften. Sie war schwach und dünn geworden und sah oft sehr müde aus.

Nach einer der nächsten Chemos bat sie mich auf einmal um ihre Handtasche.

»Warum brauchst du die denn jetzt«, fragte ich.

»Gib mir mein Schminktäschchen mit dem Puder und dem Lippenstift. Ich will mich schön machen. Dein Vater soll mich nicht so sehen.«

Dann stand sie auf, als hätte sie nicht gerade eine Chemo bekommen, sondern als wäre sie zu Hause und würde gleich mit ihrem Mann ausgehen.

Ich schaute sie an und dachte: Mein Gott, wie diese Frau kämpft. Woher nimmt sie nur die Kraft? Ich denke, sie wollte uns zeigen, dass sie mit der Krankheit umgehen konnte. Sie wollte uns sagen: »Ich will leben und bin bereit, zu kämpfen.« Deshalb habe ich die ganze Zeit nie vor meiner Mutter geweint und nicht einen Moment der Schwäche gezeigt. Ich habe Späße gemacht, war stark, auch wenn ich im Inneren halb tot vor Sorge war.

In dieser Zeit der Krankheit erlebten wir viele traurige, aber auch viele schöne Momente. Denn nach einem Chemotherapie-Zyklus ging es Mama immer eine Weile besser. Dann reisten wir in Kuba herum, und ich brachte sie an alle Orte, wo sie gern hinwollte. An ihrem zweiundsiebzigsten Geburtstag habe ich einen Bus gemietet und alle Verwandten und Freunde – über hundertfünfzig Leute – nach Jatibonico eingeladen, um mit meiner Mutter zu feiern. An diesem Tag haben wir sogar vergessen, dass sie gerade die x-te Chemo hinter sich hatte. Alle wollten einfach nur feiern und fröhlich sein. Zwei ihrer Schwestern, die richtige Entertainer sind, hatten sich als Männer verkleidet: mit Anzug, Sonnenbrille, Hut und coolem Blick, wie kubanische Machos eben. Aus dem Hosenschlitz schauten Plastikschamhaare heraus ... Sie liefen breitbeinig um meine Mutter rum und riefen mit tiefer Stimme: »*Venga*, komm, *mi cariño*, meine Süüüüße. Du bist meine Liebste, *mi amor*. Ich liebe dich.« Meine Mutter konnte sich fast nicht halten vor Lachen.

Eine andere Schwester hatte bunte Torten gebacken und Papierhüte mitgebracht – alles sah aus wie auf einem Kindergeburtstag. Wir haben gelacht, getanzt und gesungen. In der Nacht schliefen meine Mutter und ihre fünf Schwestern alle in einem Bett, so wie sie es als junge Mädchen gemacht hatten. Bis morgens konnten wir sie kichern hören. Ich habe dieses Fest sehr genossen. Wenn du so viel Leid in dir trägst, vergisst du das zwar nicht, aber es tut gut, Menschen um dich zu haben, die du liebst und die dich lieben. Und weil meine Mutter so glücklich war, wenn sie ihre Schwestern um sich hatte, holte ich die

Tanten einmal pro Woche in Cabaiguán ab und brachte sie nach Jatibonico. Das war für Mama immer die beste Medizin.

Drei Jahre dauerte die Krankheit meiner Mutter. In dieser Zeit pendelte ich ständig zwischen Kuba und Hamburg hin und her. Ein paar Wochen hier, ein paar Wochen dort. Das kam immer ganz darauf an, wie sie sich zwischen den Chemotherapien fühlte.

Mein Partner unterstützte mich in dieser Zeit voll und ganz und kümmerte sich um unsere Agentur. Das ist auch ein Luxus, einen Menschen zu haben, der dich liebt und in schlimmen Momenten an deiner Seite steht und dir Rückhalt gibt. Das gab mir Kraft und war für mich unglaublich wichtig.

2008 ging es meiner Mutter wieder schlechter. Es würde nicht mehr besser, und sie könne den Zustand nur noch halten, erklärte mir meine Cousine. Zu dieser Zeit war sie gerade schwanger. Sie hatte jahrelang immer wieder Fehlgeburten gehabt, und es nun mit viel Mühe endlich geschafft, schwanger zu werden. Meine Mutter war superhappy. Denn meine Cousine war für meine Mutter in der Zeit ihrer Krankheit einer der wichtigsten Menschen neben mir – und nun erwartete sie ein Baby, was sie sich schon so lange wünschte.

Trotzdem wollte sie meine Mutter in all der Zeit einfach nicht allein lassen. Sogar im achten Monat kam sie noch zur Untersuchung zu uns nach Hause. Als sie dann hochschwanger war, brachte ich meine Mutter zu ihr nach Santa Clara, damit sie es bequemer hatte. Ich wollte verhindern, dass ihr auf der Fahrt etwas passierte.

Irgendwann bestand meine Mutter nur noch aus Haut und Knochen. Aber sie zeigte keinem, wie sie sich wirklich fühlte. Sie lachte, machte Witze, spielte Domino und sorgte sich immer um meine Cousine: »Aufpassen, *cariño*, mein Liebes, du mit deinem Bauch.«

Mama wusste, dass meine Cousine eine Tochter bekommen würde. Sie war voller Vorfreude und machte sich dauernd Gedanken, wie das Kind heißen könnte. Irgendwann kam sie auf den Namen Thalia, was so viel wie »die Blühende« bedeutet. Ich selbst hatte ganz unterschiedliche Gefühle: Traurigkeit, weil meine Mutter langsam von dieser Welt ging, und Freude, weil meine Cousine ein neues Leben zur Welt bringen würde.

Meine Mutter wollte dieses Kind unbedingt noch kennenlernen. Sie bat meine Schwester und mich, alles für die Ankunft der Kleinen zu besorgen. Aber wir waren nicht sicher, ob sie das noch erleben würde. Es ging ihr immer schlechter, und wir spürten, dass das Ende ganz nah war.

Eines Morgens ging es meiner Mutter gar nicht gut. Als meine Cousine Mama untersucht hatte, schaute sie mich traurig an und sagte: »Ich schätze noch zwei oder drei Tage.«

Also rief ich meinen Freund in Deutschland an, der sich sofort ins nächste Flugzeug setzte, und trommelte die ganze Familie zusammen. Ein paar Tage später, es war ein Samstagnachmittag, starb meine Mutter in meinen Armen. Ich werde diesen Moment nie vergessen: Meine Cousine mit ihrem dicken Bauch saß auf einem Stuhl neben mir, ich saß auf dem Bett, hielt meine Mutter und versuchte mit ihr zu reden. Ich habe ganz langsam und laut mit ihr gesprochen, aber sie reagierte nicht. Immer wieder suchte ich ihren Blick, bis es mir gelang, einen Kontakt herzustellen. Sie schaute mich an, und da spürte ich auf einmal, dass sie mir sagen wollte: »Lass mich los. Lass mich gehen.« Sie wollte, glaube ich, dableiben für uns, aber sie konnte einfach nicht mehr.

Danach hat sie die Augen zugemacht, und irgendwann bewegten sich ihre Hände nicht mehr. In diesem Augenblick schlug mein Vater, der die ganze Zeit neben dem Bett gesessen hatte, die Hände über dem Kopf zusammen, atmete tief aus und sagte: »*Coño*. Verdammt.« Dann ging er weg. In Kuba halten wir die Uhren an, wenn jemand stirbt, deshalb weiß ich, dass es genau siebzehn Uhr war.

Noch am gleichen Abend versammelten wir uns in der *funeraria*, dem Beerdigungsinstitut. Das ist eine Tradition bei uns. Während die gesamte Familie im Beerdigungsinstitut neben dem Sarg wachte, stürmte und regnete es draußen. Denn zu dieser Zeit wütete gerade der fürchterliche Hurrikan Gustav auf der Insel.

Meine Mutter wollte verbrannt werden und hatte sich damals, auf unserer Reise nach Amsterdam, gewünscht, dass ihre Asche über einem Tulpenfeld verstreut würde. Aber ausgerechnet zu dieser Zeit war der Transporter nicht verfügbar, mit dem der Leichnam zur Feuerbestattung nach Havanna transportiert werden sollte, noch dazu fehlten Materialien, die man für eine Feuerbestattung brauchte. Es hat mich fast um den Verstand gebracht, dass ich meiner Mutter diesen Wunsch nicht erfüllen konnte.

Die Beerdigung sollte bereits am nächsten Tag um zehn Uhr stattfinden. Denn wir hatten nicht die Möglichkeit, den Leichnam mehrere Tage aufzubahren. Ich bereitete meine Mutter auf die Bestattung vor: Für ihre große Reise zog ich ihr ihr fliederfarbenes Lieblingskleid an und schminkte sie so, wie sie es gern mochte. Ich wollte nicht, dass die Leute sie krank in Erinnerung behielten, denn sie war immer eine so attraktive und lebensfrohe Frau gewesen. Sie sah wunderschön aus – so als würde sie schlafen.

In dem Moment, als wir den Sarg vor dem Bestattungsinstitut in den Leichenwagen hoben, kam die Sonne raus. Das Wetter blieb strahlend schön, bis die Beerdigung und alle Feierlichkeiten vorbei waren. Am Nachmittag zogen Wolken auf, der Wind kam zurück, und es fing wieder an zu regnen. Das Unwetter kehrte zurück und wütete erneut über Kuba, sodass wir mehrere Tage weder Strom noch fließend Wasser hatten. Als alles vorbei war, bot sich ein Bild der Verwüstung, mit abgedeckten Dächern und umgefallenen Strommasten und entwurzelten Bäumen.

Ein paar Wochen später brachte meine Cousine ihre Tochter auf die Welt. Sie heißt Thalia.

Die Zeit nach dem Tod meiner Mutter waren schwarze Tage für mich. Ich habe mich oft zurückgezogen und geweint. Manchmal sieben oder acht Stunden lang, weil ich einfach nicht mehr aufhören konnte. Jeder, der jemanden verliert, den er liebt, fragt sich: Warum? Warum ausgerechnet dieser Mensch? Ich hatte das Epizentrum meines Lebens verloren. Normalerweise habe ich meine Emotionen gut im Griff, aber wenn ich über meine Mutter spreche, dann geht das nicht. Der Schmerz über ihren Tod saß und sitzt ganz tief in meinem Herzen und wird ein Leben lang dortbleiben. Wenn ich über meine Mutter spreche, bekomme ich meine Emotionen nicht in den Griff.

Zugleich empfinde ich ein tiefes Gefühl der Dankbarkeit. Für mich ist es ein großes Glück, die Liebe meiner Mutter gehabt zu haben. Und es ist der größte Luxus, dass ich ihr das zurückgeben konnte. Meine Mutter und mein Vater mussten sich immer viel Gerede und böse Bemerkungen über ihren homosexuellen Sohn anhören. Deshalb war es ein großes Geschenk für mich, als sie sich auf dem Sterbebett meiner Mutter bei mir dafür bedankten, dass ich für sie da war. Einen größeren Luxus gibt es nicht.

Mein größter Luxus hat für mich nichts zu tun mit materiellem Erfolg, sondern damit, dass ich es mir leisten konnte, meine Mutter drei Jahre lang zu begleiten und zu pflegen, bis sie am Ende in meinen Armen starb. Ich hatte die Freiheit, mir selbst und meiner Familie meine Zeit schenken zu können.

Mein größter Luxus war zugleich das Schlimmste, was mir bisher im Leben passiert ist. Ironie des Schicksals. Ich genieße mein Leben, wie es ist, und freue mich an dem, was ich habe. Aber, wenn ich könnte, würde ich alles hergeben, um meine Mutter wiederzubekommen.

In dem Moment, als ich sie losließ, wurde mir klar, wie schnell das Leben vergeht. Eben noch hatte ich ihre Hand gehalten, und dann kam schon der Arzt, der ihren Tod bescheinigte, den Leichnam freigab, und sie in einen Sarg legte. Mein Gott, dachte ich, dieser Mensch ist jetzt weg – für immer. Ich kann meine Mutter nicht mehr anfassen, nicht mehr küssen. Ihr Platz ist leer. Und wir enden alle so. Denn jeder von uns wird früher oder später sterben. Ich habe keine Zeit, um zu hassen oder negative Energie zu verbreiten. Schlechte Laune lohnt sich nicht. Es ist normal und menschlich, sich auch mal zu ärgern oder einen miesen Tag zu haben. Doch seit dem Tod meiner Mutter konzentriere ich mich noch mehr auf das Positive, wenn ich mal schlecht drauf bin.

Für meinen Vater war die Zeit sehr schwer. Da hast du fünfundfünfzig Jahre mit einem Menschen so eng zusammengelebt, und auf einmal ist er nicht mehr da. Mein Vater ist ein sehr starker Mann, aber ich konnte die Traurigkeit in seinen Augen lesen. Eines Abends wollte er duschen und ging nach draußen, um sein Handtuch zu holen, das ich morgens zum Trocknen in die Sonne gehängt hatte. Ich sah ihn etwas ratlos vor dem Wäscheständer stehen. Er war gewohnt, dass meine Mutter alles für ihn machte und ihm sogar nach dem Duschen sein Handtuch brachte. Als er da im Garten stand und vor sich hin murmelte: »Hm, welches Handtuch ist meines?«, verstand er, dass seine Frau nicht mehr da war.

Für mich gibt es nichts Schlimmeres als den Tod meiner Mutter. Ich sage immer: »Keiner hat meine Mutter so geliebt wie ich.« Das ist eigentlich egoistisch, denn für meinen Vater war sie sein Leben. Fünfundfünfzig Jahre mit einem Menschen sind ein ganzes Leben. Und nun musste er ohne sie weitermachen.

Mein Vater wollte meine Mutter unbedingt, als er jung war. Er war ein gut aussehender Mulatte und, wie seine Brüder auch, immer schick gekleidet. Sie waren verschrien als *Los Caraballos,* weil die Plantage ihres Großvaters so hieß. Wenn sie unterwegs waren, alle im weißen Anzug und mit Panamahut, sahen sie aus wie Mafiosi. Sie hatten den Ruf von Herzensbrechern. Deshalb sagte meine Oma zu meiner Mutter, als sie merkte, dass mein Vater ihr den Hof machte: »Du musst aufpassen mit diesem *caimán*, diesem Alligator.«

Damals war meine Mutter gerade mal dreizehn Jahre alt, hatte aber bereits viel Verantwortung in der Familie, weil sie eine der Älteren unter den elf Geschwistern war und ihrer Mutter viel helfen musste. Deshalb wurde sie schnell erwachsen. Sie war wunderhübsch und steckte sich, wie ich schon erzählt habe, immer Blüten in die Haare: am liebsten eine

Mariposa, die 1936, im Geburtsjahr meiner Mutter, zur Nationalblume von Kuba erklärt wurde und ein wichtiges Symbol auf der Insel ist.

Diese Blume soll den Revolutionären im 19. Jahrhundert wichtige Dienste im Kampf gegen die Spanier geleistet haben. Während sich die Männer in den Bergen versteckten, übermittelten ihnen ihre in den Dörfern zurückgeblieben Frauen Nachrichten, die sie auf die weißen Blütenblätter schrieben, weil niemand dort eine geheime Information vermutete.

Als mein Vater meiner Mutter begegnete, hatte er eine Freundin, die nicht weit entfernt von ihr wohnte. Er musste also immer an ihrem Haus vorbei und hat sich sofort in sie verliebt, wie sie da so hübsch zurechtgemacht mit der Mariposa im Haar auf der Veranda saß. Da war sie, wie gesagt, gerade dreizehn Jahre alt. Wow, was für ein schönes Gesicht, dachte er. Mir hat er später einmal erzählt, dass er sofort die Beziehung zu dem anderen Mädchen beendete. Zwei Jahre lang kam er immer wieder vorbei, flirtete ein bisschen mit meiner Mutter und unterhielt sich mit ihren kleinen Schwestern und Brüdern. Als sie fünfzehn war, fragte er meinen Großvater, ob er seine Tochter besuchen dürfe. Mein Vater erzählt heute noch gern, wie er sich immer geärgert hat, dass meine Oma, die sehr streng war, die ganze Zeit in der Nähe sitzen blieb. Kaum stand Mama auf, um mit Papa in den Garten zu gehen, erhob sie sich ebenfalls und lief hinterher. Muss sie denn nie mal Pipi machen, schimpfte mein Vater dann in sich hinein.

Am Sonntagnachmittag sind meine Großeltern manchmal mit meiner Mutter in einen Salon gegangen, wo Tanzfeste veranstaltet wurden. Dort durfte sie unter den wachsamen Augen der Eltern mit einem jungen Mann tanzen. Natürlich war auch mein Vater, der »Alligator«, da, der immer nur Augen für meine Mama hatte. Sie zeigte ihm anfangs die kalte Schulter, als wollte sie ihm sagen: So einfach wird es nicht für dich, *caimán.* Doch irgendwann durfte er sie schließlich zum Tanzen auffordern. Und als sie sechzehn war, hat er um ihre Hand angehalten.

Es gibt Menschen, die dafür geschaffen sind, zusammen zu sein. Meine Eltern gehörten dazu. Zwischen ihnen gab es immer so viel Liebe, Respekt und Harmonie. Als wir 2008 gemeinsam Silvester feierten, war ich so gerührt, die beiden beim Tanzen zu beobachten. Jeder konnte sehen, wie nah sie sich waren. An diesem Tag war ich mit meiner Mutter zur Behandlung im Krankenhaus gewesen, und die Ärzte hatten ihr fast einen Liter Flüssigkeit aus dem Bauch geholt. Sie reagierte auf das Schmerzmittel, das sie nehmen musste, allergisch. Es ging ihr also gar nicht gut, deshalb schlug ich vor, sie nach Hause zu bringen. Aber sie sagte nur: »Nein, es ist Silvester, wir fahren nach Havanna. Dein Freund kommt extra hierher. Wir feiern.«

Sie wollte, obwohl es ihr so schlecht ging, lieber mit uns zusammen sein und den Augenblick genießen. Sie hat gegessen, getanzt, gelacht und am Ende des Abends zu mir gesagt, wie viel Kraft ihr das gegeben hat. Da habe ich gelernt, wie wichtig es ist, einem kranken Menschen mit einer positiven Haltung und Energie zu begegnen. Denn dieser Mensch will leben – und dazu braucht er Kraft. Wenn du sagst: »Nein, du musst ins Bett«, dann ist das so, als würdest du sagen: »Nein, du bist tot.« Meine Mutter wollte aber nicht tot sein. Und sie wollte auch kein Mitleid. Sie wollte leben.

Für diesen Abend hatte ich ihr extra ein Kleid in ihrer Lieblingsfarbe Flieder aus Deutschland mitgebracht. Sie sah wunderschön aus und war zugleich so schwach. Als wir miteinander tanzten, hatte ich richtig Angst, sie anzufassen, weil sie so zerbrechlich wirkte. Sie hielt sich an mir fest, und ich fühlte die Knochen durch den Stoff des Kleides. In dem Moment spürst du, dass jemand dabei ist wegzugehen.

Danach tanzte sie mit meinem Vater, und die beiden standen eng umschlungen auf der Tanzfläche, kokettierten und spielten miteinander – so wie sie es immer gemacht hatten, als ich klein war und sie den *Ladrillito* tanzten. Das war ihr letztes Silvester.

Meine Mutter liebte meinen Vater sehr, selbst wenn sie manchmal dachte, er sei ihr Kind. Ich erinnere mich noch an den fünfundachtzigsten Geburtstag meines Vaters, den wir im Haus meiner Tante in Cabaiguán feierten. Die ganze Familie war da. Wir hörten Musik und tanzten. Und was tat mein Vater? Er kletterte auf den Tisch und fing an, dort oben zu tanzen. Während die anderen drum herum standen und klatschten, lief meine Mutter nervös um den Tisch und rief: »Pass auf, Gude, fall nicht runter.«

Ich sagte extra laut zu ihr: »Ach, lass ihn doch, Mama. Wenn er runterfällt, bist du frei und kannst einen Hübscheren heiraten.«

Meine Mutter lächelte ihn nur an und sagte: »Nein, nein, Er ist doch *mi negro.*«

Bei diesem Geburtstagsfest war auch mein Partner dabei. Wir schauten uns nur an, und ich sagte: »Siehst du, das will ich auch.« Ich glaube, jeder will das.

Als mein Vater das letzte Mal bei mir zu Besuch in Deutschland war, habe ich ihn gefragt: »Papa, sag mal, du hast Mama niemals betrogen?«

»Anfangs, als wir nur befreundet waren, ja«, antwortete er, »denn da waren wir jung und durften nichts machen. Aber sobald ich deine Mutter geheiratet hatte, gab es nur noch sie – bis sie starb.« Und ich weiß, es stimmt.

Nachspiel: Auf dem Laufsteg meines Lebens

Nach dem Tod meiner Mutter kehrte ich im September 2008 nach Deutschland zurück. Ich war sehr traurig und innerlich ganz leer. Obwohl ich schon als kleiner Junge wegwollte aus Kuba und meinen Kindheitstraum, der Freiheit bedeutete, verwirklicht habe, war ich im Kreis meiner Familie immer glücklich. Wenn ich nach Kuba reiste, explodierte ich fast wie ein Vulkan vor lauter Freude. Aber nachdem meine Mutter gestorben war, war der Magnet, der mich immer dorthin zog, plötzlich weg. Und obwohl ich den Rest meiner Familie sehr liebe, existierte dieser Mittelpunkt auf einmal nicht mehr. Kuba würde für mich nie mehr so sein wie früher.

Deshalb wollte ich mich nach meiner Rückkehr so schnell wie möglich wieder in mein Leben und in meine Arbeit in Deutschland integrieren, auch wenn es mir ziemlich schwerfiel. Und genau an diesem Punkt aktivierten meine besten Freunde, die High Heels, meine Kräfte, als wollten sie mir sagen: Das Leben geht weiter, du musst wieder auf den Laufsteg des Lebens zurück. Und zwar zusammen mit deinen besten Freunden. Es war der Anfang als Catwalktrainer bei GNTM.

Als ich zwei Jahre später spätnachts nach dem Finale 2010 im Bett meines Hotelzimmers lag und an den Sturz auf den Popo dachte, musste ich über mich selber lachen: Mein Gott, dachte ich, das war ja genauso wie als Kind, als du in den High Heels deiner Oma rumgestolpert bist. Nur dass dir diesmal nicht dein Vater, sondern Millionen Menschen dabei zugeschaut haben.

Doch in den Jahren dazwischen ist so vieles passiert. Was damals ein Spielzeug war, ist mittlerweile ein Arbeitsinstrument. Als mein Vater 2012 zu Besuch nach Deutschland kam, durfte ich sogar unter seinen Augen mit den High Heels spielen. Nach einem Fernsehauftritt, zu dem er mich begleitete, sagte er: »*Hijo*, Sohn, gib mir diese Dinger, diese High Heels, du wirst sehen, wie ich hier laufe.« Bei diesem Satz war mir klar, dass mein Vater mir und meinem Leben mit all seinen Facetten ganz nah und dass er stolz auf mich ist.

Ich kam damals ohne Gepäck und mit leeren Händen nach Deutschland. Ich konnte die Sprache nicht, aber ich hatte meinen deutschen Traum. Die meisten Leute sprechen immer vom amerikanischen Traum und meinen damit »vom Tellerwäscher zum Millionär«. Mein deutscher Traum bedeutete nicht, reich zu sein, Erfolg zu haben oder als Catwalktrainer bei GNTM bekannt zu werden. Er war nie materiell, sondern immer ideell. Es ging mir darum, akzeptiert und respektiert zu werden, egal wie ich lebe.

In Deutschland hat sich dieser Traum erfüllt, denn ich habe hier meine innere Freiheit gefunden. Ich bin dem Mann aus meinen Träumen – dem Prinzen, dem Musketier, dem Homosexuellen, dem freien Menschen – in der Realität sehr ähnlich geworden. Ich kann auf die Straße gehen, ohne mein Ich verstecken zu müssen. Da wo ich herkomme, ging das nicht. Ich konnte mich nicht frei bewegen, nicht reisen und auch nicht sein, wie ich wollte. Deshalb habe ich mein wunderschönes Land verlassen. Was Freiheit wirklich bedeutet, habe ich erst richtig verstanden, als ich nach Deutschland kam: Du kannst sein, wie du bist. Du kannst sagen, was du willst. Du kannst leben, wie du möchtest. Alles, was du dafür tun musst, ist deine Mitmenschen zu tolerieren und zu respektieren.

Ich habe in Deutschland Toleranz, Hilfsbereitschaft und Offenheit gefunden und selbst niemals Rassismus gespürt – auch wenn ich weiß, dass es ihn gibt. Die Menschen hier sind vorsichtig und brauchen eine Weile, bis sie die Tür zu ihren Herzen öffnen. Aber ist sie einmal auf, dann darfst du für immer bleiben. Wenn du keine Angst hast, dich zu zeigen, wie du bist, und die Nähe der Menschen suchst, dann öffnen sie sich und schließen dich ins Herz. Das spüre ich immer – auch wenn mich manche vielleicht als »Paradiesvogel« ansehen. Doch sie lachen, grüßen höflich und freuen sich meistens, sobald ich ihnen auf der Straße begegne. Daraus sind schon einige Freundschaften entstanden. Ich will mit den Menschen reden, ich interessiere mich für sie und fühle mich gar nicht wie ein solcher Vogel. Wenn überhaupt, dann bin ich ein konservativer Paradiesvogel mit Werten. Ich genieße zwar exzentrische Kleidung und liebe Tanzen und laute Musik, komme aber auch genauso gern nach Hause und entspanne mit meinem Freund

und meinem Hund vor dem Fernseher. Viele Leute denken vielleicht: Wenn du in der Modebranche arbeitest, dann trägst du nur rote Sohlen, kaufst ständig teure Sachen und interessierst dich bloß für die Glitzerwelt. Das ist ein Klischee, und nicht mein Ding, denn ich liebe die Extreme. Und Kontraste ziehen sich seit meiner Kindheit durch mein Leben. Ich habe viele Facetten und bin weder typisch kubanisch noch typisch deutsch. Ich liebe Kuba, dort sind meine Wurzeln. Und ich liebe den Rhythmus, die Lebensfreude und Freundlichkeit der Menschen dort … In Kuba begrüßt jeder jeden mit »*Hola*« auf der Straße – das liegt mir im Blut. So viel Kuba ist noch in mir drin, auch wenn ich seit einiger Zeit sogar auf Deutsch träume …

Deutschland – vor allem Hamburg – ist zu meiner Heimat geworden. In Deutschland haben sich viele meiner Kindheitsträume erfüllt. Ich liebe die Menschen hier und ihre Mentalität und fühle mich wohl und akzeptiert. Und ich genieße es, an einem Silbertag mit meinem Hund Willie an der Alster spazieren zu gehen und danach in meinem Lieblingscafé einen Latte macchiato zu trinken und Karottenkuchen zu essen. Oder in den kleinen Läden in der Gegend, wo ich wohne, meine Lebensmittel einzukaufen. Wenn ich auf Reisen bin, sehne ich mich spätestens nach zwei Wochen zurück auf mein Hamburger Sofa. Und wenn Leute, die ich gar nicht kenne, auf der Straße »*Hola*, Jorge!« sagen, dann habe ich jedes Mal ein richtiges Kuba-Gefühl. Das ist mein deutsch-kubanischer Cocktail. Das liebe ich!

Saludos y Gracias

Die High Heels sind von meinen »Feinden« zu meinen besten Freunden geworden. Sie haben mir ganz oft im Leben geholfen und mir gezeigt, wann es Zeit ist, wieder auf den Laufsteg des Lebens zu gehen. Dank ihrer Hilfe habe ich erreicht, wovon ich als Kind immer geträumt habe – frei zu sein und so akzeptiert zu werden, wie ich bin. Die High Heels haben mich auch zu euch geführt.

Saludos und Danke, dass ich meine Geschichte und meinen deutschen Traum mit euch teilen kann. Und, *chicas y chicos*, nicht vergessen: Mein Name ist *Jorge Alexis González Madrigal Varona Vila*.

El mundo de las chicas – die Welt der Chicas

Eine Frau kann ihr Leben lang eine Chica sein – und jede Etappe ihres Lebens hat einen individuellen Chica-Style, der ihre Schönheit entfaltet.

Die **Chicas unter 20** sind auf dem Weg, richtige Frauen zu werden. Weil sie in diesem Alter gern mit der Mode spielen und sich oft ausgefallen kleiden, ist es wichtig, mit dem Outfit die richtigen Signale zu setzen und nicht zu viel zu zeigen. Eine Chica unter zwanzig sieht vielleicht schon sexy und erwachsen aus, aber innerlich fühlt sie sich wahrscheinlich noch gar nicht so. Manchmal vergessen junge Mädchen das. Doch eine Sechzehnjährige bleibt so alt, wie sie ist. Auch wenn sie mit ihren Outfits schon zwanzig oder fünfundzwanzig zu sein scheint, ihre Attitude, ihre Haltung, ihr Glam bleiben der einer Sechzehnjährigen. Und das ist gut so. Deshalb ist ein natürlicher Look so wichtig. Also, Chicas, aufpassen beim Styling und klug kombinieren!

Bleib eine Chica, bleib du selbst, bleib jung! Wenn du ein transparentes Top anhast, das deinen BH zeigt, dann zieh nicht auch noch einen transparenten Rock an. Wenn du Sky Heels trägst und dazu einen kurzen Rock, unbedingt aufpassen auf deinen Gang und auf deine Haltung – und darauf, wie du sitzt. Eine Chica, die mit Minirock breitbeinig dasitzt, ist nicht sexy. Bei der Mode geht es um das Spiel mit den Elementen und darum, den extravaganten Look zu kompensieren, statt sich auf den ersten Blick komplett zu zeigen. Schönheit und Sexappeal finden im Kopf der Menschen statt. Lass mit deinen Outfits Platz für die Fantasie der Chicos.

Die **Chicas zwischen 20 und 30** sind in einer sehr wichtigen Etappe ihres Lebens, weil sie ihren persönlichen Stil und Glam finden. In dem Alter ist eine Chica schon etwas reifer, hat erste Erfahrungen in der Liebe und mit Liebeskummer gemacht. Und zugleich ist sie zwischen zwanzig und dreißig noch eine junge Frau. Die einen sind dabei, Karriere zu machen, die anderen denken darüber nach, Kinder zu bekommen. Oft haben diese Chicas keine Lust, sich mit gleichaltrigen Chicos abzugeben, weil sie reifer sind als diese. Deshalb präsentieren sie sich mit ganz anderen Facetten, um Männern zu gefallen, die schon ein paar Jahre älter sind.

Weil nicht jede Chica Modelmaße hat, kommt wieder die Kompensation ins Spiel. Statt deinen Körper in weiten Klamotten zu verstecken, weil du etwas an dir nicht magst, kannst du dein Outfit schmeichelhaft kombinieren. Die wichtigste Frage in dem Spiel heißt: Wo ist meine Stärke? Denn jede Chica – und ich meine jede Chica! – hat etwas an sich: die Beine, die Schultern, den Hintern, den Busen, den Rücken, das toll ist und das sie betonen kann. Dafür bekommst du oft Komplimente von anderen Leuten. Finde dein gewisses Etwas und spiele damit. Weniger ist mehr, heißt die Devise. Wer schöne Beine in einem kurzen Kleid zeigt, muss dazu nicht auch noch einen tiefen Ausschnitt präsentieren. Da wissen die Männer ja nicht, wo sie zuerst hinsehen sollen. Und am Ende schauen sie gar nicht mehr auf die Signale, die du aussenden wolltest, sondern nur noch in den Ausschnitt.

Chicas zwischen 30 und 50 sind meistens selbstbewusst, denn sie haben viele Erfahrungen gemacht und sind in ihrem Leben angekommen. Eine dreißigjährige kann Signale senden, um etwas zu betonen. Sie weiß in der Regel, was sie tut, und lebt nach dem Motto: Ich bin so, wie ich bin. Viele Chicas haben in diesem Alter schon Kinder, ihr Körper und ihre Haut haben sich verändert. Wenn du zum Beispiel kein optimales Dekolleté mehr hast, warum willst du es zeigen? Du kannst das tun, musst aber mit den Konsequenzen (= unschöne Blicke) leben. Die Frauen ab dreißig sind sich ihrer starken Seiten meistens genauso bewusst wie ihrer »Schwachpunkte«. Wenn eine Chica in diesem Alter ihr Dekolleté oder ihren Popo schön findet, dann ist das auch so. Sie kennt ihren Körper und hat ihren Stil gefunden. Sie kann Entscheidungen treffen und dazu stehen. Wenn sie also etwas trägt, was in den Augen der anderen nicht passt, dann weiß sie in der Regel, was sie tut. Präsentiert sie ihren Look selbstbewusst und unterstreicht damit ihren Glam, dann ist das kein Fehler, sondern ihr persönlicher Stil.

Die **Chicas zwischen 50 und 70** haben schon so viel ge- und erlebt, dass sie nicht mehr alles machen müssen, was die jüngeren Chicas tun. In diesem Alter wird der Glam, die Attitude, die Haltung immer wichtiger. Dein Lachen, dein Blick, deine Eleganz, deine Bewegungen geben dir eine zeitlose Schönheit. In diesem Alter kannst du viel mit Accessoires spielen oder mit Details Akzente setzen. Ich liebe es ja, wenn eine Chica komplett in Schwarz gekleidet ist und ihren Sexappeal nur mit einem ausgefallenen Schmuckstück, zum Beispiel einem großen Statementring zeigt. Oder wenn sie ihren schönen Rücken in einem vorn hochgeschlossenen langen Kleid präsentiert. Natürlich ist es schön, wenn sich eine Frau in diesem Alter modisch stylt, aber es muss zu ihr passen. Die Schönheit einer Chica über fünfzig sind ihr Wissen und ihre Weisheit. Sie spielt meisterhaft mit ihrem Glam. Ihre Präsenz gibt ihr etwas Göttliches. Ihr Sexappeal ist ganz anders, sehr subtil und reizvoll. Die Liebe schaut nicht auf Alter und Körpermaße, sie schaut ins Herz – und lässt sich von der Ausstrahlung, der Aura, der Präsenz, den Worten und dem Lächeln einer Chica verzaubern.

Chicas ab 70: Was soll ich euch sagen – meine Oma liebte es noch mit über achtzig, sich zu stylen. Ich habe euch erzählt, dass sie ihre High Heels immer unter ihrem Sessel parat hatte für den Fall, dass Besuch kam. Und das, obwohl sie nicht mehr gut laufen konnte. Sie benutzte auch immer Lippenstift. Will eine Chica in diesem Alter eher hochgeschlossen gehen, kann sie das in einem schicken Hosenanzug tun und einen Akzent mit einem Schal in einer kräftigen Farbe, zum Beispiel einem leuchtenden Fuchsia, setzen. Manche Chicas haben mit über siebzig noch wunderschöne Beine und präsentieren sie in einem knielangen Bleistiftrock. Andere lieben ausgefallene Accessoires wie große Brillen oder dramatischen Schmuck. Ich sage nur Marlene Dietrich oder Iris Apfel, googelt diese Chicas mal, toll!